にっぽんアニメ創生記

集英社

渡辺泰
松本夏樹
フレデリック・S・リッテン
訳 中川譲

序文　『にっぽんアニメ創生記』発刊にあたって

『アニメＮＥＸＴ＿１００』プロジェクト　顧問
株式会社手塚プロダクション　代表取締役
松谷孝征

２０１５年、来たるべきアニメ１００周年に向けて『アニメＮＥＸＴ＿１００』プロジェクトが立ちあがり、数年間にわたってさまざまな企画を実施してまいりました。この本もその一環として企画され、こうして出版の運びとなりました。

知識、実績ともに優れたアニメ研究家の方たちが執筆に携わってくださり、貴重な一冊が仕上がったと感じております。アニメの関係者として、著者をはじめこの書籍に関わった皆様に、深く感謝申しあげます。資料としてだけでなく、読み物としても興味深い本になったと思います。ぜひ、楽しんで読んでいただければ幸いです。

かつて日本のアニメは漫画映画と呼ばれ、漫画と同様、文化として認めてはもらえませんでした。しかし、おもしろく良質なアニメ作りをめざした先人たちの奮闘が徐々に認められ、特に今世紀に入ってから、日本のアニメは世界各国で数多のファンを獲得する人気コンテンツとなりました。今や、産業としても文化としても、世界に認めてもらえるまでになったのです。12世紀の作といわれる『鳥獣人物戯画』（この作品はアニメではありませんが）に始まり、100年前の『なまくら刀』を経て、先人たちが必死に作品づくりに取り組んだ成果です。

私たちは、こうした先人たちの努力にむくいるためにも、これからの100年、心血をそそいで作品を作り続けなければなりません。世の中では電子化が進み、表現媒体も想像を超える進化を続けています。この激動の渦中にあって、NEXT100年のアニメを構想するのはとても困難な課題です。

しかし、時代の変化、革新は今に限ったことではありません。乗り越えられぬ壁などなく、解決できぬ困難などないと信じています。アニメに関わるすべての人々、すべてのファンとともに、日本のアニメの未来を思い、進むべき道を定め、より心に響き楽しめるアニメ作品を創作する環境を整えましょう。そうして、アニメというかけがえのない文化を、未来をになう子どもたちに引き継いでいきましょう。

そのための素晴らしい素材として、この本をお読みください。

2020年3月

まえがき　『アニメNEXT_100』プロジェクトの中の『にっぽんアニメ創生記』

一般社団法人日本動画協会　理事長
『アニメNEXT_100』プロジェクト 代表
日本アニメーション株式会社　代表取締役
石川和子

２０１７年、日本のアニメーションは商業アニメとしての劇場公開から１００周年を迎えました。一般社団法人日本動画協会では、その記念すべき年を迎えるに際し２０１６年より『アニメNEXT_１００』プロジェクトを始動。宮河恭夫・株式会社サンライズ代表取締役（当時／現・株式会社バンダイナムコエンターテインメント代表取締役）が統括プロデューサーを務め、国産アニメの「これまで」と「これから」を結ぶ節目の年にどのように臨むか、アニメの起源に寄り添い「１００周年」をいかに生き生きとさせるか？　をテーマに、アニメーション制作に携わる多くの皆様、アニメーション産業に携わる関係各位の声に耳を傾けながら、『アニメNEXT_１００』は船出を果たしました。

それは「オールジャパン」という各社あるいは各自の垣根を超えた連帯・連携を基本としながら、「アニメのチカラを世界へ」というメッセージのもとに、総計100タイトルを超える作品画像が一堂に会した記念すべきキービジュアルとスペシャルムービーに実を結びました。

さらに、プロジェクトとしての活動分野を3つのコンセプトで構成するかたちとなりました。

1

「日本のアニメ大全」

「日本のアニメ大全」は、日本のアニメーション史、データベース、オーラルヒストリー、国際シンポジウムをメインテーマあるいは取り組み課題として、100年におよぶ日本のアニメーション史を網羅するかたちでアカデミックな見地から検証し、日本のアニメーション文化とその創造力を世界へ発信、未来へつなげることを目指すものとなりました。

2

「アニメーション教育・人材発掘・育成」

「アニメーション教育・人材発掘・育成」は、日本の未来のにない手である子どもたちの可能性とアニメーションを結ぶ、かけがえのない分野であり、「想像・創造する力を芽吹かせ、さまざまな分野で自らの力を発揮できる基礎力を高め、生きる力を育てる」ことを主眼としたアニメーション教育活用プロジェクトやサマージャンボリーなどの活動をラインナップしました。

3 「アニメの未来」

「アニメの未来」は国内外フェスティバルや巡回企画展、企画上映会やシンポジウムなど多様なイベントの企画立案とともに、アニメをビジネス面からも未来へとつなぐ可能性に着目し、海外への発信力とインバウンドの拡大を推進するものとなりました。

固有のコンセプトに基づいた3つの大きな活動分野からは、２０１７年以来、さまざまな成果を生み出しています。代表的な事象を紹介しますと、日本初のアニメーテッドラーニングへの試みとなった「アニメイク キッズサマージャンボリー２０１７」の開催。日本初の長編カラーアニメーションである『白蛇伝』の公開日にちなんで10月22日を「アニメの日」として一般社団法人日本記念日協会に登録。また、環境省の委託を受け、「ＣＯＯＬ ＣＨＯＩＣＥ」とのコラボによる『ガラスの地球を救え！』プロジェクトを発足、全国の小中高生が地球温暖化について関心を持ち、自身でできる取り組みを考え、行動する意識を育むためのアニメを制作し、現在も広く活用されています。アニメ１００周年を象徴する１２２作品のアニメ映像を集めたスペシャルムービーは、『アニメＮＥＸＴ＿１００』公式ソングとして発売された『翼を持つ者～Not an angel dreamer～』（田中公平プロデュース／エイベックス・ピクチャーズ）とともに、国内はもとより世界のコンテンツ見本市やアニメフェス、G20などでも公開され、大きな反響を呼びました。協会会員社より8社が実行委員会を組成し誕生した「アニメフィルムフェスティバル東京」は、新宿における秋のアニメ上映イベントとして2019年に第3回開催を迎えています。日本のアニメ100周年である2017年を起点として、現在進行形で数々の取り組みが継続しています。

本書『にっぽんアニメ創生記』は、言うまでもなく「日本のアニメ大全」の中心に位置づけられる書籍です。日本のアニメーション史の記録、データベースの構築というメインテーマを背景に行った「国産商業アニメーション映画第一号に関する調査」の成果をまとめた、学術的な価値も高い本になったと思います。かつて手塚治虫先生が熱い序文を寄せられた、作品情報のあるべき基本を構築されながらいまや入手困難な名著『日本アニメーション映画史』(山口且訓、渡辺泰・共著)の著者である渡辺泰様が本書の執筆者に加わってくださり、過去の名著の精神を未来につなぐ注目すべき原稿となりました。さらにまたフレデリック・S・リッテン様による論文や松本夏樹様による論考が一冊の書籍にまとめられた点は快挙に値するものだと思われます。渡辺様、松本様、ならびに企画調査・編集を推進してくださったプロジェクトアドバイザーの大徳哲雄様(樹想社)、本書にご理解とご協力を賜りました集英社の皆様には感謝するばかりです。

本書は内容的にも位置づけからも「日本のアニメ100周年」という機会に、『アニメNEXT—100』プロジェクトの、「日本のアニメ大全」という活動が果たすべき役割を通じて、日本のアニメーション史における「これまで」と「これから」を結ぶ一助となる画期的な学術書と呼べるものだと信じています。

漫画やアニメに「歴史」を語る人は少なかった。カルチャーとして存立することのほうが先決だったからだろう。そもそも呼び名も「アニメ」じゃなかった。「凸坊新畫帖」や「茶目坊新畫帖」、描いた線が動くので「線畫」とも言われた。だが、日本製アニメも「神代（かみよ）」を発掘する時代に突入した。この未開封のフィールドで、著者3人は「ゴッドハンド」級の大発見をする。その意見のぶつかり合いも楽しく、初々しい。

京都国際マンガミュージアム館長・作家
荒俣宏

活動大写真と絵が動くことを可能にした時代に直面したときに、想像力にあふれた先達の人びとはアニメに挑戦した。それは現代でいえば、デジタル技術にいかに生な感触をつけくわえて新しい境地を拓こうとするのか、というレベルと同じなのだろうと思い知らされた。先達のビビッドな歴史は過去のことではなく、媒体の威力というものを想像する力は必要なのだ、と教えられた。それが一読を薦める理由である。

映画監督　**富野由悠季**

ボクは漫画を描くことに精いっぱいで、みずからアニメの創作に携わることは早々に諦めてしまった人間だけど、自分の作品がアニメ化され、キャラクターたちが生き生きと画面いっぱい駆けまわっている姿には、大きな喜びの反面、原作より面白いものを創られる焦りのような気持ちもありました。アニメの功績はさまざまだけど、海外に日本のコンテンツがこれだけ愛され、爆発的に広がったのは、漫画だけではとても成しえなかった大変な偉業だと思います。

漫画家　**ちばてつや**

『にっぽんアニメ創生記』 目次

第2部　『なまくら刀』発見ものがたり

映像文化史研究家　松本夏樹

第3部　「アニメ」が始まった時
―1919年までの日本・欧米のアニメーションを通して―

近・現代史研究家　フレデリック・S・リッテン（Frederick S Litten）
訳：キャラクター表現研究家　中川譲

あとがき

『にっぽんアニメ創生記』と「日本のアニメ大全」

一般社団法人日本動画協会 副理事長
『アニメＮＥＸＴ＿１００』プロジェクト「日本のアニメ大全」チームリーダー
株式会社トムス・エンタテインメント 特別顧問
吉田力雄

編者あとがき

『アニメＮＥＸＴ＿１００』プロジェクト アドバイザー
「日本のアニメ大全」国産商業アニメーション映画第一号に関する調査チーム 代表
株式会社樹想社 代表取締役
大徳哲雄

『アニメＮＥＸＴ＿１００』プロジェクト 事務局長
一般社団法人日本動画協会 データベースアーカイブ委員会 委員長
株式会社アーイメージ 代表取締役
植野淳子

デザイン 志村謙（バナナグローブスタジオ）

本書の記述、表記について

■本書は3人の著者がそれぞれの視点で日本のアニメーションの起源について記しています。したがって、取りあげる題材、内容、引用文献などの重複がきわめて多くなっていますが、各著者がそれぞれの論考に必要と判断し記述している事情を尊重し、省略することなく収録しています。また、同一の事象、問題に対する意見、主張が異なる個所も、それぞれの著者の見解を尊重し、そのまま収録しました。

■第1部、第2部の原稿に関しては著者の意向を尊重し、固有名詞、引用文献の記述にはなるべく原表記（旧字、旧仮名遣い）を生かしていますが、著者と編集部の判断で適宜、変更を加えています。なお、引用文献内の記述については、読みやすさを優先して拗音促音を現行の仮名遣いで表記しています。第3部は翻訳原稿という特性も考慮し、現行の漢字表記、仮名遣いに従っています。

■引用文中を除き、算用数字を使用しています。年号は、原則として西暦で表記し、和暦を括弧内に併記していますが、近接して同じ年号が表記される場合は、和暦表示を省略している個所もあります（第3部は西暦表示のみ）。

第1部

日本のアニメーションの黎明——パイオニア3人の肖像

アニメーション研究家　渡辺泰

下川凹天

北山清太郎

幸内純一

はじめに

■1917年、日本国産アニメのパイオニア3人衆

2017（平成29）年、日本のアニメーション（以下、アニメと略）は、生誕100周年を迎えた。

前年の2016（平成28）年7月、アニメ作家としても著名な庵野秀明《あんのひであき》が総監督を務めた特撮映画『シン・ゴジラ』（監督・樋口真嗣《ひぐちしんじ》）が大ヒット、続いて8月、新海誠《しんかいまこと》監督の劇場用アニメ『君の名は。』が大ホームランとなった。ミニ・シアター系列で11月に公開された片渕須《かたぶちす》直《なお》監督の劇場用アニメ『この世界の片隅に』も、地味な作品にもかかわらず日本における劇場最長上映期間（1133日。中断日のない連続上映として最長）を誇る話題作となった。

2017年1月24日付で日本映画製作者連盟は前年2016年度の映画概況を発表。総興収（興行収入）は2355億円で過去最高の好成績となった。『君の名は。』の235億円という記録的な興収や、恒例の『名探偵コナン　純黒の悪夢《ナイトメア》』が63億円、『映画　妖怪ウォッチ　エンマ大王と5つの物語だニャン！』が55億円、『ONE PIECE FILM GOLD』は51億円、とアニメの好調が映画業界全体の数字を押しあげたのだ。

一方、その前年、2015（平成27）年10月のTV秋期改編におけるTVシリーズ・アニメ新作は過去最高の70タイトルに達した。9月までに放映された約280タイトルのTVアニメ（単発タイトル、前年以前から継続のシリーズも含む）に加え、15年度の劇場用アニメ80タイトルを加えると年間400タイトル以上のアニメが放映され、劇場公開されたことになる。

かくのごとく、いまや日本のアニメは「隆盛を極めている」状況だが、ではその誕生の瞬間はいかなるものだったのだろうか。

2017年からさかのぼること100年、1917（大正6）年初頭、天然色活動寫眞《しゃしん》株式會社（天活）がアニメ映画『凸坊新畫帖《でこぼうしんがちょう》　芋助猪狩《いもすけししがり》の巻（凸坊新畫帖　名案の失敗）』を公開した（正確な公開月日は不明／後述）。

これが日本の国産アニメ第1作である。他の映画（洋画）のおまけ、いわば前座として上映されたおそらく5分前後の作品だが、日本の国産アニメの歴史はここから始まった。アニメ史を考えるうえで絶対に欠かせない作品だ。このアニメを制作したのは下川《しもかわ》凹天（注＝名前の読みは「へこてん」もしくは「おうてん」／詳細後述）。大正期から太平洋戦争期にかけて活躍した漫画家として著名だが、彼こそが日本アニメのパイオニア第1号である。

下川の『凸坊新畫帖　芋助猪狩の巻』に続いて、同年5月には日本活動寫眞株式會社（日活）が北山清太郎《きたやませいたろう》制作の『猿蟹合戰《さるかにがっせん》』を、6月には小林《こばやし》商會が幸内純一《こううちじゅんいち》制作の『なまくら刀（塙凹内名刀《はなわへこないめいとう》之《の》巻《まき》）』を公開した。いずれも下川同様、5分前後の「前座」作品だ。

このの ち、下川、北山、幸内の3人はそれぞれ数作のアニメを制作、日本アニメのいしずえを築いた。彼らこそが「日本国産アニメのパイオニア3人衆」であろう。

しかし100年以上も前、他の作品の添え物としてスタートしたこともあり、彼らの作品のほとんどはフィルムが失われており、作品についての記録もわずかしか残っていない。

前記3本のうち、今日フィルムが存在しているのは、幸内の『なまくら刀（塙凹内名刀之巻）』だけである。

そのため、これだけアニメに関する情報が氾濫《はんらん》している現在、先駆者である彼らについて語られることが少ないのは、まことに残念だ。

筆者は、本稿でこのパイオニア3人衆の業績、生涯、作品を紹介し、日本のアニメがいかにして誕生したか、を記録にとどめたいと思う。

第1章　日本のアニメ誕生前夜

■日本人と「活動写真」の出会い

日本のアニメ誕生について語る前に、映画というメディアとアニメの誕生と成長、それがいつ日本に伝わり、日本における国産アニメ制作の気運がいかに生まれたか、について書いておこう。少々長くなるが、おつきあい願いたい。

日本で最初に「映画」というメディアが公開されたのは１８９６（明治29）年11月、神戸。１８９１（明治24）年にエジソンが発明したキネトスコープである。ただ、これはボックス型でひとりでのぞき眼鏡で見るシステムだった。「活動写真」という呼び名で公開されたが、この「活動写真」（略して「活動」）という用語が、明治、大正、昭和初期を通して、映画というメディアの呼称となる。「映画」は、大正後期ごろから定着し、昭和に入って「活動」に取って替わった用語である。

一方、フランスのリュミエール兄弟（兄オーギュスト＝1862〜1954年、弟ルイ＝1864〜1948年）はエジソンのキネトスコープを見て、スクリーンに映像を投影すればたくさんの人びとが見られると考え、新方式の映写機を考案した。彼らがミシンの駆動装置にヒントを得て発明したのがシネマトグラフである。

この映写機はフィルムを映写するだけでなく映画の撮影もできる兼用機であった。世界初の映画の劇場公開は1895（明治28）年12月28日、パリ市内オペラ座近くのグラン・カフェ地下にある『サロン・ナンディアン』で行われた。フィルムの長さ17m、映写時間わずか50秒の実写フィルム10本がスクリーンに上映された。翌1896（明治29）年、エジソンもリュミエール兄弟に負けずスクリーン投影用のヴァイタスコープを開発する。

キネトスコープの日本初公開の翌1897（明治30）年1月、スクリーン投影のシネマトグラフが輸入され京都で初公開（無料試写）。2月には大阪、3月には横浜（いずれも有料公開）でも上映された。東京では横浜と同じ3月に公開されたが、こちらはエジソン発明のヴァイタスコープであった。さらに同年6月にはフランスの映画会社ゴーモン製のゴーモンカメラを東京の小西本店*欄外注（現コニカミノルタ株式会社）が輸入した。

日本人の手で初めて撮影された映画は1897年に小西本店の浅野《あさの》四郎《しろう》が撮影した『日本橋

＊注＝「小西寫眞店」「小西寫眞器店」などと表記されている文献もあるが、正しくは「小西本店」。だが「小西本店」も通称で、当時の正式社名は「本店小西六右衛門」（1879〜1916年使用）。

の鉄道馬車』と言われている（異説あり）。浅野はその後、記録映画数編を撮った後、物語要素を持つ短編映画『化け地蔵』『死人の蘇生《そせい》』を1898（明治31）年に撮影した。残念なことに、どの作品もフィルムは残っていない。フィルムが現存する最古の日本映画は1899（明治32）年11月に撮影され、1903（明治36）年に公開された『紅葉狩《もみじがり》』。九代目市川團十郎《いちかわだんじゅうろう》と五代目尾上菊五郎《おのえきくごろう》共演の歌舞伎演目であり、このフィルムは国の重要文化財に指定されている。

ここで、後にパイオニア3人衆（下川、北山、幸内）にアニメを作らせることになる、映画会社について簡単に書いておきたい。

写真撮影のカメラや器材を輸入販売していた東京の代理店、吉澤《よしざわ》商店は1900（明治33）年には国産映写機の製造販売を始めた先駆的な会社であった。吉澤商店は自社製品を用いて記録映画や簡単な劇映画を製作、それを上映する映画館も開設した。日本最古の映画会社のひとつである。この吉澤商店の援助で1909（明治42）年6月には日本最初の映画雑誌『活動寫眞界』が創刊されている。映画人気の高まりにつれ、吉澤商店に続きM・パテー商會、横田《よこた》商會、福寶堂《ふくほうどう》といった映画会社が次々と設立された。それぞれ外国映画の輸入、公開にとどまらず、映画館経営、日本国産の実写劇映画製作なども手がけ、競うように事業を拡大していったが、1912（明治45）年3月、前記4社が合併し日本活動フィルム株式會社が誕生した。同

（改元され大正元）年9月、『日本活動寫眞株式會社』、略して『日活』と社名を変更。1913（大正2）年10月、向島《むこうじま》に日活向島撮影所を建設した。

1913年11月にはイギリスで開発されたキネマカラー・システムで撮影された『日光の風景』が公開された。それまでフィルムに人工着色する手彩色《しゅさいしき》の映画（フランス・ゴーモン）はあったが、キネマカラーは特殊な映写機で上映することによって画面がカラー化される新システムだった。このシステムを用いて日本でもカラー映画を製作するべく、1914（大正3）年3月、『天然色活動寫眞株式會社』が設立される。略称は『天活』。4月には日本製初のカラー劇映画『義経千本桜《よしつねせんぼんざくら》』を製作公開、以後カラー映画を量産するものの、大成功とはいかなかったようだ。

その天活を設立した中心人物が、日活の営業部長だった小林喜三郎《きさぶろう》（1880～1961年）である。映画の巡回興行から映画界に入り、弁士としても活躍。アイデアマンでもあり、歌舞伎座の大舞台いっぱいのスクリーンを作り、拡大映写を行った。現在の大型スクリーン「IMAX《アイマックス》」の先がけである。福寶堂、つづいて日活の営業責任者として辣腕《らつわん》をふるった後、1912（明治45）年に製作・配給会社として常盤《ときわ》商會を設立、さらにカラー映画の将来性に賭けて天活を作った（このとき常磐商會は天活に吸収）のだが、半年ほどで退社する。天活を離れた小林は、その年の1月に設立し、天活作品の配給・興行を行っていた自身の会社『小林商會』において、独自に映画の製作、配給を始めた。

以上述べてきた3社が間もなくアニメ製作に乗りだし、天活が下川凹天、日活が北山清太郎、小林商會が幸内純一をそれぞれ雇いいれ、アニメを製作、公開することとなる。この後、ひとりひとりについて詳述するので、とりあえずは3つの映画会社をご記憶願いたい。

■日本人が初めて見たアニメ『不思議のボールド』

日本で国産アニメ制作の気運は、いつごろ起きたのか。

映画というメディアにおいて、スクリーン上映というシステムを発明したのはフランスのリュミエール兄弟だが、映画制作のシステムを発達させたのはアメリカである。

映画制作の初期段階はサイレントで1秒間16コマ撮影であった。アニメの基本は1コマ撮り(frame-by-frame)であるが、このテクニックがいつ発見されたのかは不詳。

一説には1905(明治38)年、スペインの映画制作者セグンド・デ・チョーモン(Segundo de Chomon　1871~1929年)が1コマ撮りで制作した『El hotel eléctrico』が最初のアニメとも伝えられる(この作品は1908年制作とする説も多い)が、通説ではアメリカの映画制作者ジェームズ・スチュアート・ブラックトン(以下J・S・ブラックトン／James Stuart Blackton　1875~1941年)が1906(明治39)年4月に制作公開した『Humorous Phases of Funny Faces』(通称『愉快な百面相』)が、世界最初のアニメとされている。

さて、前述した日活の前身、吉澤商店が『活動寫眞器械、同フィルム定價表《ていか》』という冊子を出している。要するに、フィルム在庫リストである。

筆者はアニメの起源調査のため民間の映画アーカイブ『プラネット映画資料図書館』（現在は『神戸映画資料館』。所蔵フィルム1万6千本の民間アーカイブ。国立映画アーカイブ＝旧東京国立近代美術館フィルムセンター＝に次ぐ施設）でこの冊子を閲覧《えつらん》した。フィルムは、映実写、正劇、喜劇、人情劇、新派悲劇、史劇とジャンル別に分類されている。ただし洋画、邦画の区別はなく、洋画でも英語原題は記されていない。しかし在庫リストに載り、価格がつけられているのだから、すべて劇場で公開されたと考えてよいだろう。

1910（明治43）年の冊子を見ると「喜劇及滑稽《こつけい》之部」の次に「魔術奇術及曲藝《きよくげい》之部」がある。筆者はその中の『不思議のボールド』という映画の紹介に注目した。ボールドとは、黒板（blackboard）のことであろう。世界最初のアニメと言われるJ・S・ブラックトンの『愉快な百面相』も黒板に描かれた男女の顔の表情がアニメ化されている。しかも、ストーリーも似通っている。つまり、『愉快な百面相』が吉澤商店によって輸入され、『不思議のボールド』というタイトルで公開されたのではないか。筆者はこの2作品は同一作品だと確信し、日本アニメーション学会が刊行している学会誌『アニメーション研究（The Japanese Journal of Animation Studies）第3巻第1号A』（2001年）で発表した。後に、1907（明治40）

年版の冊子にも『不思議のボールド』が掲載されていることが判明した。

日本に初めて輸入された外国アニメは、アメリカのブラックトンが製作し、吉澤商店が輸入した『不思議のボールド（愉快な百面相）』であり、1907年には公開されていた、と断定していいだろう。


日本で最初の映画評論家となったのは吉山旭光《よしやまきょっこう》（本名・吉山圭三）である。吉山はおもに活動寫眞雑誌社から出版された月刊誌『活動寫眞雑誌』に映画評を書いていた。1884（明治17）年東京生まれ。1904（明治37）年早稲田大学文学部卒。日本で最初に映画紹介と批評を書き、映画評論というジャンルを作った映画研究者だ。

吉山は著書『日本映畫界事物起源《じぶつきげん》』（1933年、シネマと演藝社刊）の七章、「線畫《せんが》及び漫《まん》畫《が》映畫」で、3ページにわたって日本のアニメ史を書いている。貴重な研究だが、「線畫映畫では明治四十二年の春浅草帝國館《あさくさていこくかん》（其《そ》の頃は吉澤商店の封切館）に上映されたパテー會社作品の『ニッパールの變形《へんけい》』が一番早いものではないかと思ふ」と記している。

しかし前述のようにJ・S・ブラックトンによる『Humorous Phases of Funny Faces（愉快な百面相）』が日本で『不思議のボールド』の邦題で公開されている。世界初のアニメ映画を日本人は見ていたのだ。

なお、吉山が「日本で公開された最初のアニメ」と考えていた『ニッパールの變形』は、長らく謎の作品とされていたが、本書の共著者、ドイツのバイエルン州立図書館研究員のフレデリック・S・リッテン（Frederick S Litten　1965年～）の研究によって、その全容が明らかになった。詳細は本書第3部のリッテンの文章（P197～）をお読みいただきたい。

■「凸坊新畫帖」といえば、「アニメ」のこと

『不思議のボールド』に次いで、ゴーモン（フランスの大手映画会社。当時、パテー社と並び称されていた）で1907（明治40）年に制作された『La Course aux Potirons』（英語題は『The Pumpkin Race』）が、『滑稽南瓜《カボチャ》の競走』（『瓜の競争』と表記する資料もある）という邦題で1909（明治42）年4月20日に帝國館にて公開されている。手描きアニメではなく、1コマ撮りによるストップモーション・アニメである。監督は、ゴーモンで1コマ撮りのトリック（特撮）映画を多く制作したロメオ・ボセッティ。南瓜を満載した荷車が横転、南瓜が逃げだすように町の中を転げまわったり、空中に飛びあがったりするというストーリーである。必死に回収しようと追いかける農夫と南瓜との追っかけっこがユーモラスだった。

次に、エミール・コール（Emile Cohl　1857～1938年）が1910（明治43）年5月にゴーモンで制作した『Le Mobilier Fidèle』（英題名は『His Faithful Funiture』、邦題は『忠《ちゆう》實《じつ》なる家具』）が、1911（明治44）年5月16日に福寶堂直系の福寶館で上映された。これも、

1コマ撮りのストップモーション・アニメである。引っ越しのトラックから家具が勝手に動きだし、部屋に収まる。観客は動かないはずの家具が自由に動きまわるのに驚いたことだろう。

コールは著名な漫画家だったが、大手のゴーモン映画に入り特撮映画や手描きアニメを制作。アメリカのブラックトンが制作した初のアニメが評判を呼び、ゴーモンもアニメ映画製作に参入したと推測される。ゴーモンの撮影スタッフとコールは、ブラックトンのフィルムを研究し1コマ撮り技術を解明。初めて制作したのが36メートルのミニアニメ『Fantasmagorie』で、上映時間わずかに1分57秒だった。このアニメは1908（明治41）年8月17日、ジムナース劇場で公開された。キャラクターが自由自在に動きまわり、漫画家でアニメ作家でもあった手塚治虫《てづかおさむ》の言葉「アニメはメタモルフォーゼで面白くなる」という言葉そのものの、エスプリの利いたアニメだった。コールはブラックトンを意識してかフィルムをネガ状態で制作している。このミニアニメが戦前、日本で公開された形跡は見つかっていない。

しかし、1908（明治41）年から1914（大正3）年にかけてコールが制作した7作品は日本で上映されたことを、筆者は当時の記事等で確認している。題名と日本公開年は以下。『バラの造花』（1908年）、『忠實なる家具』（1911年）、『脳髄修繕《のうずいしゅうぜん》』（1911年）、『凸坊新畫帖　音楽狂』（1911年）、『紙片の冒険』（1911年）、『ニッパールの變形』（1912年／前出。吉山旭光が日本で初めて公開されたアニメと考えていた作品）、『新しき玩具《がんぐ》』（1914年）。

『忠實なる家具』を公開した福寶堂（前出。後に吉澤商店らと合併して日活となる映画会社）は、フランスのゴーモンから喜劇映画とともにトリック映画（アニメなど）を次々と輸入して系列の福寶館で公開した。その際、劇映画と区別するためにアニメ作品を『凸坊新畫帖』と名づけた。人気が高まるにつれ、この『凸坊新畫帖』という言葉がアニメの代名詞として使われるようになる。

この呼び名は1911（明治44）年ごろからついたものと推測される。『凸坊新畫帖』はサブタイトルで、それに続けて本題がつけられた。『凸坊新畫帖　○○の巻』といった具合だ。『凸坊』を辞書で見ると「凸坊　①頭やおでこの大きな子供。②いたずら盛りの男の子供。腕白小僧」（日本国語大辞典／2001年、小学館刊）、「凸坊　漫画に、いたづら子供をおでこに書いて凸坊と名づけたのが源で、腕白小僧を凸坊と云《い》ふやうになった」（大増補改版新しい言葉の字引／1925年、實業之日本社刊）とある。なお、凸坊は男の子で、お茶目な女の子は「茶目子《ちゃめこ》」と呼ばれていた。（P118・注1）

拙著（共著）の『日本アニメーション映画史』（1978年、有文社刊）の索引を見ると『凸坊の成功』、『凸坊の夢物語』、『凸坊猛獣狩《もうじゅうがり》』があった。女子が主人公の『茶目子の一日』、男子主人公の『茶目坊《ちゃめぼう》空気銃の巻』、『茶目坊主《ちゃめぼうず》魚釣《うおつり》の巻』、『茶目坊新画帳　蚤夫婦《のみのふうふ》仕返《しかえし》の巻』もある。

■前座アニメの人気が国産アニメ製作を呼ぶ

筆者は、日本に続々と輸入されるようになった外国アニメの入荷本数を調べてみた。

1907（明治40）年〜1911（明治44）年まで7作品。フランス6本、アメリカ1本。1912（明治45／大正元）年はフランスの5本のみ。1913年は調べがつかず不明。1914年は仏2、米3、英2の7本。1915年は仏3、米16、英3、ロシア1の23本。1916年は仏1、米15、英2、イタリア1の19本。1917（大正6）年（国産アニメ誕生の年）は米42、英4、ロシア1の47本で、圧倒的にアメリカ製アニメが多い。1918（大正7）年は米29、イタリア1の30本、1919（大正8）年はアメリカ1本のみ。この時期、トータル139本が日本で外国の劇映画の前座（おまけ）として上映された（著者調査による）。

戦前、映画の人気は高かったが、映画鑑賞の条件に関しては夏期、冬期は最悪だった。どこの映画館にも冷暖房設備はなかった。夏は完全サウナ状態で、かつて銭湯の天井についていたのと同様の大きな4枚羽根の扇風機が生温かい空気をかき回すだけであった。冬期も暖房設備は何もなくコンクリートの床から冷気が体に差しこんだ。

そこで、観客の夏枯れ、冬枯れ対策として映画館側は、チャップリンなどの喜劇映画を10本ほど集め「ニコニコ大会」と称して上映した。この催《もよお》しは、予想外に人気で下手な劇映画上映より興収は多かったそうだ。なかでも名門劇場である有樂座《ゆうらくざ》の「ニコニコ大会」は名物となった。東京での「ニコニコ大会」人気は大阪にも伝わり、大阪や名古屋でも同様の催しが行われた。喜劇は大人向けということで、子ども向けにアニメの凸坊作品を集めて「凸坊大会」も開催されたが、これも大人気だった。

人気を呼んだアニメ映画だが、当初は輸入した作品を公開するにとどまっていた。しかし、前座公開の外国アニメ（当時は1巻5分前後）がこれだけ人気を呼んでいるのを日本の興行者たちが見のがすはずはない。おそらく映画会社上層部では、国産アニメが作れないかというアイデアが話し合われたのだろう。やがて、日活、天活、小林商會という3つの会社が相前後してアニメ製作を手がけることとなるのだ。

ただし、当時の映画雑誌はまだ、アニメに関しては無関心であった。映画ジャーナリズムがアニメに本格的に関心を持つようになったのは1930年代に入り、アメリカからフライシャー兄弟制作のトーキーアニメ『ベティ・ブープ』やウォルト・ディズニーの『ミッキーマウス』などの短編アニメが続々と輸入公開されるようになってからだ。

映画雑誌では映畫評論社の月刊誌『映畫評論』1932年8月號《ごう》が、初めて「發聲《はっせい》漫畫　特殊映畫研究」という特集号として出版された。目次には「發聲漫畫管見《かんけん》」、「發聲漫畫に就《つ》いて」、「笑の哲學《てつがく》」、「發聲漫畫の藝術性」という、アニメに対する4つの論考が掲げられていた。

フライシャーのベティ・ブープのキャラクターカットなどが掲載されていたが、ディズニーのミッキーマウスのイラストと、まったく別のクレイジー・キャットのイラストを間違っているお粗末さである。編集者もアニメに無関心だったのだろう。他にはワーナー社のボスコ、かえるのフリップで、使用イラストは全部で5点。

『映畫評論』は1934年7月號で「漫畫映畫と短篇映畫研究」と題して大々的な特集を組んだ。目次だけでも壮観だ。参考までに列記する。「發聲漫畫論考」、「漫畫映畫の特異性」、「AD LIBITUM」、「發聲漫畫の解釋學《かいしやくがく》」、「日本最初の漫畫映畫製作の思ひ出」、「漫畫映畫製作への抱負」、「漫畫映畫の技術的研究」として「發聲漫畫映畫の製作」、「トーキー 漫畫の出來るまで」、「發聲漫畫の製作に就いて」、「千代紙映畫と色彩映畫について」、「漫畫短篇映畫製作者評傳《ひょうでん》」では「フライシャー兄弟小傳」、「ウォルト・ディズニー素描」、「ウォルト・ディズニー略傳」、『漫畫短篇映畫作品目録』では「マックス・フライシャー作品」、「ウォルト・ディズニー作品」、「J・O・トーキー漫畫作品」、「村田安司《むらたやすじ》作品」、「大藤信郎《おおふじのぶろう》作品」、「其《その》他《た》」。また前衛アニメとして評価されたオスカー・フィッシンガーについても「フィッシンガーの映畫」が論じられている。おまけとして大藤信郎の新作アニメの『トーキー漫畫録音臺《だい》本天狗《ほんてんぐ》退治』が掲載されている。アニメ誕生の話から少しそれてしまったが、この1冊のアニメ特集号の資料的価値は計りしれない貴重なものだった。

第2章
下川凹天――日本最初のアニメを作った男

■日本最初のアニメ映画、『凸坊新畫帖　芋助猪狩の巻』

いよいよ、国産アニメ第1号の制作者、下川凹天の登場である。
前章で紹介した『映畫評論』1934年7月號の「漫畫映畫と短篇映畫研究」特集の中で国産アニメ誕生に関する貴重な記事があるので引用する。

「※日本最初の漫畫映畫製作の思ひ出　下川凹天
漫畫映畫乃《すなわ》ち其頃の『凸坊の新畫帳』は日本で其前に誰もやった話を訊《き》かないところをみると私が一番最初だったかもしれない當時《とうじ》私は下谷《したや》の東京パック社に居たのですが、東京パック社の廣告《こうこく》部の人と當時の天活會社（今の松竹の前身）＊欄外注の人との間に話があり廣告部の人が私を推薦したので天活の太田《おおた》専務と面會《めんかい》月給五十圓《えん》歩合附《つき》と云ふ事で淺草の某料亭で契約を取換《とりかわ》しました。なにしろ當時は映畫雑誌がタッタ一册《さつ》月刊であるばかりで外國の事情を知る由《よし》もなし、止《や》むを得ず總《すべ》て自分一人で考へて行《や》る事にした。最初は神田錦輝館《かんだきんきかん》前に在《あ》る天活工場に通ひ撮影技師を前に立たせて黑板に白墨で一々描いたものです。手を動かす處《ところ》は手の部分だけを移動させ、要《い》らない部分を消してゆくと云ふ方法ですが、どうしても不便で完全にいかないので、助手を一名雇って貰ひ、背景を三種類位印刷にして置き人間や動物は其上へブッつけに描く事にしました。そして人間の居る部分だけ背景をホワイトで消して行くといふ方法です。私は助手の分と二つ造り箱みたいな物で中に電燈をつけ机の上を畫の大さだけに硝子《ガラス》帳りにし繪《え》が電燈の光で引寫《ひきうつ》しになる様《よう》にしたのですが、半年もやってる間に電燈を下から直射してゐたので眼《め》を害し、そこへ以《も》ってきてヘンな病氣迄併發《までへいはつ》したので約一ヶ年半で赤十字病院入社と同時に此《この》仕事を止めざるを得なくなったのです。私が止める時分に日活で北山清太郎君、小林で幸内純一君とそれ〴〵各自獨特《どくとく》な方法で始めた様でしたが、如何《どう》も時期尚早《なおはや》しかうまくいかなかった様です。第一回作品『芋川椋三玄關番《いもかわむくぞうげんかんばん》の巻』他二本はキネマ倶樂部《クラブ》で封切されました。なにしろ總てが眼分量でブッつけて行るので歩いてる人間がピョン〴〵兎《うさぎ》みたいにとんだり此方《こちら》で想像もつかない歩きっ振りをして反《かえ》ってお可笑《かし》くってお客に拍手されたり幼稚極《きわま》りないものでした。其當時の面白さは如何《いか》にも自然で寫眞がその儘《まま》線になって動いてる様なものが受けてゐ

＊注＝原文ママ。松竹の前身は「帝活（帝國活動寫眞株式会社）」。

ました。だから今の様に擴張《かくちょう》第一音樂的効果第一の時代から觀《み》ますと意味としての面白さは少ないかもしれませんが畫としての面白さは遥《はるか》に昔の方が優《すぐ》れてゐた様です。『凸坊の新畫帳』！私には何んともいへない懐《なつか》しい思ひ出です。私の新婚生活はこの漫畫映畫開始と共に始められたからです」（注＝拗音促音のみ現代表記。他は「新畫帳」などすべて原文ママ）

この文中、下川凹天自身が「第一回作品『芋川椋三玄關番の巻』他二本はキネマ倶樂部で封切」と記している。そのため、近年まで日本のアニメ最初の作品は『芋川椋三玄關番の巻』だと思われてきた。

しかし、正しい第1作は『凸坊新畫帖　芋助猪狩の巻（もしくは、『名案の失敗』）』であった。それが判明したのは、2010年代に入ってからのことである。

ドイツの日本アニメ史研究家フレデリック・S・リッテン（前出：『ニッパールの變形』の謎を解明）が、当時の映画雑誌『キネマ・レコード』1917年3月號に『凸坊新畫帖　名案の失敗』という作品が2月上旬には公開されている記述を発見し、この作品が日本アニメの第1作ではないかと指摘した。

前章で述べたように、「凸坊新畫帖」とはアニメのことである。この画期的発見は、2013年7月8日付の毎日新聞夕刊で取りあげられた。

では、『凸坊新畫帖　芋助猪狩の巻』の正確な公開日、つまり国産アニメ第1号の誕生日はいつなのか。この問題を解決するため、日本動画協会は国産アニメ生誕100年を前に、調査チームを編成し、1917（大正6）年前後の新聞、雑誌を精査することにした。筆者もチームリーダーとして参加し、他にアニメ・映画研究家の木村智哉《きむらともや》氏などが加わって、100年前の讀賣《よみうり》新聞、東京朝日新聞、都《みやこ》新聞、萬朝報《よろずちょうほう》、東京日日新聞（毎日新聞の前身）、各種映画雑誌などをくまなく調べた。

その結果、当時の映画雑誌『活動寫眞雜誌』（1915年6月號～1918年12月號、活動寫眞雜誌社発行）および『キネマ・レコード』（1913年10月號～1917年12月號、キネマ・レコード社発行）を精査したところ、『活動寫眞雜誌』1917（大正6）年3月號の「フィルム一覽」ページに「（一月中）西洋物（封切）」として掲載されている各映画館の公開データ中、『キネマ倶樂部』の上映作品リストに『凸坊新畫帖　芋助猪狩の巻』に関する記述を発見した。『キネマ倶樂部』は下川の記述にも登場したが、浅草六区にあった天活直営の洋画封切館である。

上映作品は、シリーズ物の恋愛活劇『金剛星《こんごうせい》』、喜劇『チャップリンの皿廻《さらまわ》し』、喜劇『デブ君のため涙』、喜劇『ハムと小町娘』、イタリアのミステリー『死體《したい》の紛失』の5本立て。そして、おまけ上映に「滑稽『凸坊新畫帖、芋助猪狩の巻』一巻（天活東京派撮影）」とある。1917年1月、天活で撮影されたアニメ作品が公開されていたのだ。この記事の「（一月中）」

とは何を指すのだろうか。他の映画雑誌には、上期、中期、下期という表記もあるので、「中」は中期（11〜20日）だろうか。

そして、詳細は後述するが、リッテンが発見した『凸坊新畫帖　名案の失敗』と『凸坊新畫帖　芋助猪狩の巻』は同一作品だと推定される。これこそが、日本アニメ映画の第1作であり、その公開は1917年1月である。

下川が第1作を制作していたのは1916年で、『映畫評論』誌に「日本最初の漫畫映畫製作の思ひ出」のエッセイを書いたのは1934年。18年前の記憶で第1作と第2作を間違えたのであろうか。

調査チームはさらに1917年1月の新聞各紙を精査したが、残念ながら『凸坊新畫帖　芋助猪狩の巻』にふれた記述は発見できず、公開日を確定することはできなかった。調査結果は、日本動画協会が作成している『アニメNEXT＿100』のホームページで報告されている（2017年1月1日付）。

ただ、東京朝日新聞1月6日付で、キネマ倶樂部での『金剛星』試写の紹介記事があり、そこに劇映画の他に「一寸《ちよつと》面白い添物には例のチャップリンとデコ坊があった」という記述が見つかった。これが下川作品である可能性は捨てきれないが、断定するには至《いた》らない。今後の新資料発見を期待したい。

■日本のアニメ第1号は「黒板アニメ」

下川凹天はなぜ、国産の劇場公開アニメ第1号を作ることになったのか。

下川がその人生を終えたとき、訃報《ふほう》を伝えたのは読売新聞1紙のみ。訃報記事は1973(昭和48)年5月31日付である。

「下川凹天氏(しもかわ・おうてん＝本名・貞矩《さだのり》、日本漫画家協会名誉会員)26日午前8時、肺結核のため茨城県稲敷《いなしき》郡 東村幸田《あずまむらこうだ》1274、宮本《みやもと》病院水郷荘《すいごうそう》で死去。81歳。沖縄県宮古島《みやこじま》出身。葬儀は6月6日午後1時から東京都品川区小山《こやま》1の4の15、長応寺《ちょうおうじ》で。喪主は義兄、菅原《すがわら》栄治《えいじ》氏。昭和5年に創設された本紙日曜夕刊『漫画ページ』を編集、同8年から朝刊に『男やもめの巌《がん》さん』を連載、好評を博した」(注＝原文の漢数字を算用数字に変更)

かなり長文の訃報だ。自社の連載漫画執筆者だった関係で訃報に取りあげたと推測されるが、下川が国産アニメを制作した事実についてはまったくふれられていない。読売以外の他紙は下川について何も報じていない。

この記事を読んでもわかるように、生前の下川は漫画家として知られていた。アニメの世界に入る直前、下川は、労力新聞で漫画を描いていた。下川の詳しい経歴、生涯については後ほど記す。

前出の「日本最初の漫畫映畫製作の思ひ出」によれば、天活から東京パック社の広告部へ漫画家の求人があり、広告部の関係者に推薦され、下川は月給50円に歩合付の好条件で契約する。当時、新婚で窮乏していた下川に救いの神が登場したとも言える。

とはいえ、下川にアニメ制作についての知識はほとんどなかったようだ。下川は映画雑誌は月刊の1誌だけだと書いている。名門映画雑誌『キネマ旬報』が創刊されたのは1919（大正8）年なので、この記述には該当しない。しかし、1916年当時、すでに『キネマ・レコード』、『活動寫眞雑誌』、『活動之世界』などの映画雑誌が刊行されていた。それらの雑誌に欧米のアニメ会社の製作記事が掲載されていたかもしれないが、下川は目にしていなかったのだろう。

つまり、ほぼ未知の状態で、下川は『凸坊新畫帖』というアニメの世界へ足を踏みいれたのだ。

下川は神田区錦町《にしきちょう》3丁目18番地にある天活のフィルム工場（天活系映画封切の錦輝館の前）に通い、アニメ制作に取り組んだ。1916年の何月から始めたかは不詳である。

最初に下川が考案したアニメ制作の技法は、世界初と言われるアメリカのブラックトンの黒板アニメとほぼ同じであるようだ。

まず黒板にチョークでキャラクターを描いて撮影技師が1コマ撮る。その後、次の動作で前のポーズから動くことになる手足などの部分（絵）を消し、動いた後の部分を新たに描いて、次の1コマを撮る。これをくり返すという、手のこんだ作業である。「自分一人で考えて」と下川は言っているが、ブラックトンと同じこのアイデアをどうやって見つけたのか。

しかしこの黒板アニメは作業効率が悪かったので、下川は新方式を考案した。

まずアシスタントを雇用して2人体制にした。そして3種類ほどの背景をあらかじめ何枚も印刷しておく。1枚の背景の上にキャラクターを線で描き、キャラクターにかぶる背景（キャラクターの枠線の内側）はホワイトで消す。次に同じ背景の上に少し動きをつけたキャラクターを描いて、同様に背景をホワイトで消す。こうして何枚もの絵を描き、それを順に撮影していくという手法だ。

下川はガラスをはめこんだトレースボックスをふたつ作り、箱の下から電灯の光を当てて絵をトレースできるように工夫した。キャラクターを描いた絵の上に背景だけの絵を載せ、キャラクターの動かない部分をトレースし、動く部分をずらして描いたのだろう。下川が絵をトレースするというアイデアを思いついたのには驚かされる。

しかし、電灯の直射光で眼を痛め、おまけにヘンな病気（どのような病気か不詳）で入院したためアニメ制作からリタイアせざるをえなかった。「日本最初の漫畫映畫製作の思ひ出」によれば、下川がアニメ制作に従事していた期間は1年半であった。

下川作品の撮影を担当した天活のカメラマン大森勝《おおもりまさる》（のち柴田《しばた》と改姓／以下、文中では柴田で統一）が下川作品の撮影について書いている。柴田は1897年、東京生まれ。1916年、天活のフィルム現像所に入社し、のちカメラマンになる。

そして1974年の『映画史研究 No.3 THE STUDY OF THE HISTORY OF THE CINEMA』（佐藤忠男《さとうただお》編集・自費出版）中の「活動写真を主とした私の自叙伝（連載第1回）柴田勝（旧姓大森）」の中で、1917（大正6）年4月7日〜9日に群馬県の妙義山《みょうぎさん》でロケを行ったと書いており、続いてロケ後に行った下川作品のアニメ撮影について記述している。

「妙義山から帰京したら私に下川凹天氏のマンガ映画『凹坊新画帖』を撮影しろと云われる。その時は黒板に凹天氏が絵を書いて一コマ写しで画を消したり書いたりするやり方で太陽の直射光線で撮影したからレンズの絞《しぼ》りの調節に苦労した。しかしこれが天活マンガの第一作である」

さらに『天活、国活の記録（大正時代の映画会社）』（1973年、自費出版／柴田勝名義）では以下のように記す。

「〇大正六年度マンガ映画作品『芋川椋三宙返りの巻』作画下川凹天、撮影大森勝。黒板へ白墨で画を書いて行く方法で、光線は太陽光線であった。（中略）其後、一枚一枚紙に書いて行く方法で撮影も台の上へカメラを乗せ、左右に電球を取りつけてコマ写しすることになり岡部《おかべ》繁之《しげゆき》専任になった。『凸坊釣りの巻』『文展の巻』『お鍋と黒猫の巻』を撮影した」

柴田は、1917年4月のロケから帰京後に撮影、完成した作品が天活マンガ第1号と書いている。しかし、下川の第1号作品『凸坊新畫帖　芋助猪狩の巻』は、同年1月に劇場公開されている。柴田の記憶違いか、第1作の撮影は天活所属の他のカメラマンが担当したか、どちらかであろう。柴田が書いている作品は、時期的には4月28日公開の4作目『茶目坊新畫帖　蚤《のみ》の仇討《あだうち》』と推測される。柴田は、自分が撮影した最初のアニメは下川が黒板に描いた絵を1コマずつ撮影する黒板アニメであり、その後、紙に動画が描かれカメラを真下に向けて撮影するシステムに変更した、と書いている。したがって、制作方式の変更は、6作目以降だと思われる。前出の下川の記述を裏づける貴重な記録である。

柴田はこれ以外にも、『日本映画の誕生　講座　日本映画1』（1985年、岩波書店刊）に収録された「草創期のカメラマン」（大森勝名義）の中で、当時のアニメ撮影についての思い出をふり返っている。

■第1作『芋助猪狩の巻』と『名案の失敗』は同一作品か？

日本最初のアニメーション作家である下川凹天。だが、残念なことに下川のアニメ作品に関してはフィルムの断片もスチールの1枚もない。映画雑誌に掲載された短いストーリーで全体像を想像するしかない。

前述した『活動寫眞雑誌』1917(大正6)年3月號に掲載された、下川の第1作『凸坊新畫帖 芋助猪狩の巻』の紹介を見てみよう。

「滑稽『凸坊新畫帖、芋助猪狩の巻』一巻(天活東京派撮影) 歐米《おうべい》の所謂《いわゆる》凸坊新畫帖式のトリック應用《おうよう》滑稽線畫を研究して、我邦《わがくに》で最初の試みとして成功せるものか。(キネマ倶樂部)」

『芋助猪狩の巻』の「猪」は通常はイノシシと読むが、昔はシシと読んだ。冬場の料理「猪鍋」は、イノシシ鍋ではなくシシ鍋である。

また「芋助」とは、下川が『東京パック』誌に連載していた多色刷りのコマ漫画『芋川椋三とブル』に登場する、書生タイプでおっちょこちょいのキャラクター芋川椋三(ネーミングの由来《ゆらい》は、駄洒落《だじゃれ》で「いもの皮むくぞ!」だろう)と思われる。この芋川椋三とお供《とも》のブルドッグ、ブル君が展開するドタバタ漫画はなかなかの人気だったらしい。下川はこのキャラクターを日本初のアニメのキャラクターに抜擢《ばってき》したのだろう。

『東京パック』1915(大正4)年10月1日號(第11巻第23號)に、まさしくこのアニメの原作と推測される2色刷り6コマ漫画が掲載されている。

――芋川椋三がハンタースタイルで猟犬代わりに犬のブルを連れて猪狩りに出かけるが、突進してきた猪を見て木によじ登って逃げる。木の上から椋三は猟銃ならぬピストルで猪を射《う》つが、狙いはずれてブルに命中。おまけにブルは猪の牙《きば》にやられる。椋三の16発目の射撃で猪はブルの体の上に倒れる。病院に運ばれたブルの見舞いにやってきた椋三だが、「猪の皮は売り、

『活動寫眞雜誌』1917（大正６）年３月號
（早稲田大学坪内博士記念演劇博物館所蔵）

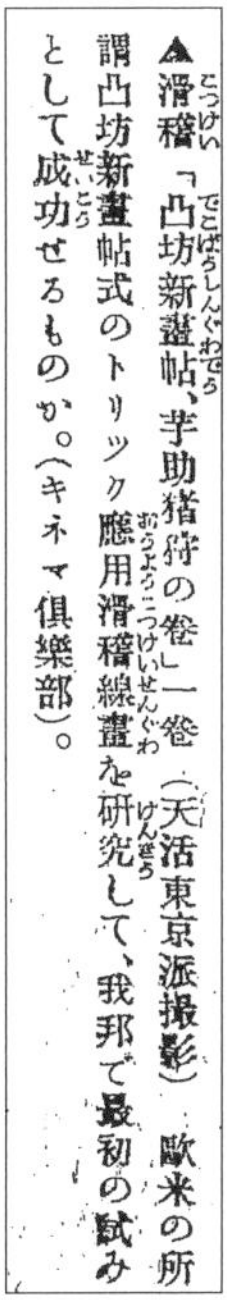
▲滑稽《こつけい》「凸坊新畫帖《でこばうしんぐわでふ》、芋助猪狩の卷」一卷（天活東京派撮影）歐米の所謂凸坊新畫帖式のトリツク應用滑稽線畫《おうようこつけいせんぐわ》を研究《けんきう》して、我邦で最初の試みとして成功《せいこう》せるものか。（キネマ倶樂部）。

『活動寫眞雜誌』1917年３月號の「フィルム一覧 /(一月中)/ 日本物 (封切)」欄に掲載された、下川凹天の第１作『凸坊新畫帖、芋助猪狩の巻』の公開を報じた記事（早稲田大学坪内博士記念演劇博物館所蔵）

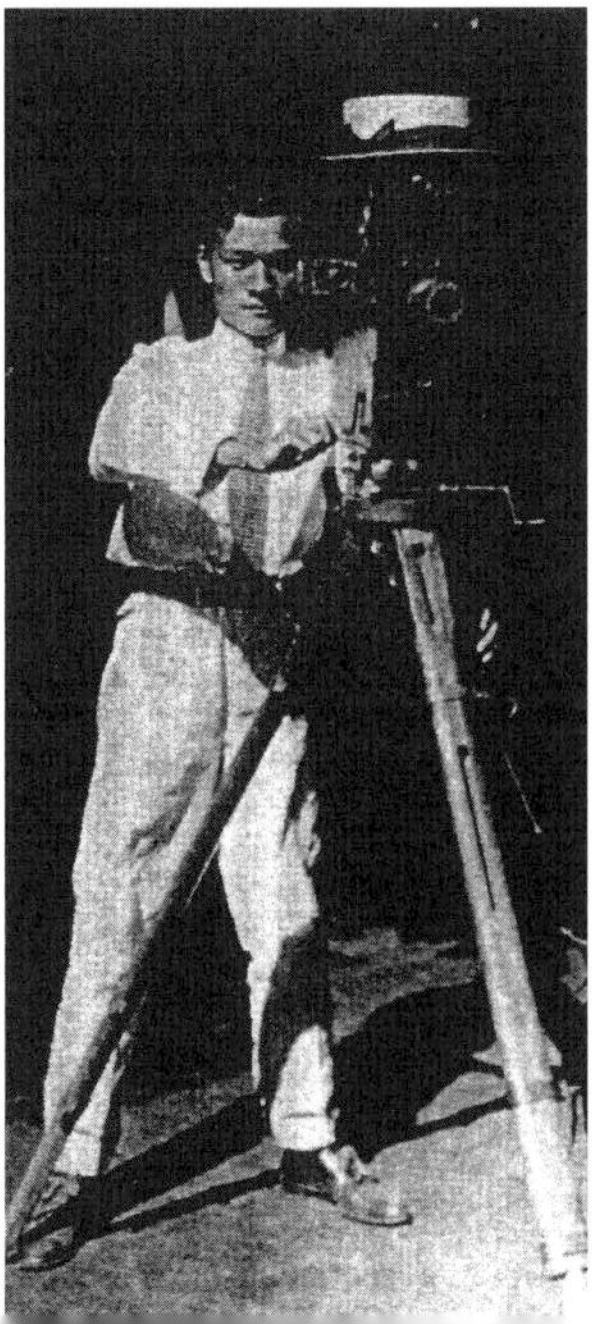
カメラマンの大森勝（のち柴田姓に）22歳当時の写真。１９１９（大正８）年。天活で下川の仕事を手伝った

若き日の下川凹天。1916(大正５)年ごろ
(写真提供：川崎市市民ミュージアム)

※第１部：特に断りのない図版、写真は渡辺泰提供

肉はシシ鍋にした」と言って、ブルへの手みやげは猪の骨1本のみ。ブルは椋三に愛想《あいそ》をつかす――という漫画だ。

『凸坊新畫帖　芋助猪狩の巻』は、これを黒板アニメ化したのではないか。

一方、リッテンが記録を発見した『凸坊新畫帖　名案の失敗』については、『キネマ・レコード』1917年3月號の封切映画紹介欄《らん》にこうある。

「フィルムレコード二月期　天然色活動寫眞株式會社　▲凸坊新畫帳（注＝原文ママ）名案の失敗（一巻）〔卜〕（注＝トリックの略でアニメを意味する）第二次線畫トリックで椋三、猪を生取《いけどり》にする可《べ》く落穴《おとしあな》を作って反って大失敗を惹《ひ》き起こす。（上期キネマ）」

公開時期は2月上旬で、映画館は第1作『芋助猪狩の巻』と同じくキネマ倶樂部。短い記述だが、作品内容は猪狩りの失敗話で似かよっている。

おそらく『芋助猪狩の巻』が大好評のためタイトルを変えて2月上旬に再度公開したのではないか。だが記事中の「第二次線畫トリック」が引っかかる。第二次は第2作の意味だとも考えられる。しかし同じ内容のアニメを2作も制作するだろうか。

筆者は、『猪狩の巻』と『名案の失敗』は、タイトルを変えただけの同一作品だと推測している。

■下川凹天フィルモグラフィ——1年半でアニメの世界から離れる

下川が『映畫評論』誌に第1作と書いた『芋川椋三玄關番の卷』について書かれた記事も見つかった。

「フィルム見物四月の卷　キネマ倶樂部　□芋川椋三玄關番の卷　Mr.Imokawa's Janitor（天活）天活第三次の線畫トリックだ。こういふ試みは嬉《うれ》しい。タイトルが馬鹿に気に行った。巧妙である」（『キネマ・レコード』1917年5月號）とある。ここでも「第三次」が気になる。3作目を意味するのか。筆者の推測が正しければ、『玄關番の卷』は第2作であるが、いちおう、これを「第3作」と勘定して稿を進めることにする。

下川4作目の作品は『茶目坊新畫帖　蚤の仇討』。

「フィルム一覽（五月中）日本物（封切）▼漫畫『茶目坊新畫帖　蚤の仇討』一卷（天活東京派撮影）蚤が妻を人手に殺され其復讐《ふくしゅう》として、結婚の席に花婿を惱まして仕返しする筋の漫畫トリック物（キネマ倶樂部）」（『活動寫眞雜誌』1917年7月號）

『活動之世界』1917年7月號では、タイトルが違うものの、間違いなく同一作品が紹介されている。

「毎月封切ヒルム一覽　自四月廿一《にじゅういち》日至五月廿日《はつか》　線畫喜劇◎茶目坊主新畫帖（蚤夫婦仕返

し の巻）一巻　東京天活會社撮影　四月廿八日　キネマ倶樂部　▼茶目坊に發見せられて足に怪我《けが》をして蚤夫婦、茶目の睡眠中に悪戯《いたずら》したり、茶目の婚禮の時に背中を荒れ廻ったりして、結婚をめちゃくにして了《しま》ふ」

小さな嫌われる昆虫を題材にしたアニメだが見たいものだ。正式な公開日が記されている。

5作目は『芋川椋三宙返りの巻』。

「フィルムレコード　五月期　天然色寫眞株式會社　▲芋川椋三宙返りの巻〔下〕椋三君、空中旅行と洒落込《しゃれこ》むで空中より墜落をすると云ふ線畫。中々和製としては上手なもんだが線に時々太くなったり細くなったりするのが非常に目立って見える。未だ未だ研究をする餘裕が多々ある。（一巻　中期　キネマ）」（『キネマ・レコード』1917年6月號）とある。

6作目の『芋川椋三空氣球の巻』が問題作だ。

「フィルム一覧　自六月廿日至七月廿日　日本物（封切）▼漫畫『芋川椋三空氣球の巻』一巻（天活東京派）トリック應用線畫の滑稽空氣球に乘りて滑稽を演じ東京市中の空中を飛行の末上野《うえの》公園西郷《さいごう》銅像の上に墜落する筋（大勝館《たいしょうかん》五月二十一日封切）」（『活動寫眞雜誌』1917年9月號）

『キネマ・レコード』誌は、『宙返りの巻』で椋三が何に乘って空中旅行するのか書いていない。しかし「空中旅行から墜落」というストーリーは、『活動寫眞雜誌』掲載の『空氣球の巻』と同じである。明らかに同一作品であろう。

下川作品は天活で制作され、天活系列の洋画封切館であるキネマ倶樂部で上映されてきた。『宙返りの巻』も同様で公開日は5月中旬。しかし『空氣球の巻』は同じ天活系列でも時代劇の封切館である大勝館で公開された。公開日は5月21日。一方、キネマ倶樂部で上映された記録は見つからない。これは初めてのことである。『宙返りの巻』が大好評のため、改題して洋画専門館以外でも再公開したのかもしれない。

筆者は第1作の『芋助猪狩の巻』と第2作（とされる）『名案の失敗』が同一作品である可能性を指摘したが、『宙返りの巻』と『空氣球の巻』も同一作品と推測する。が、同様に第5作、第6作と記載しておく。

7作目は珍しくおとぎ話で『兎と亀』。

「フィルム一覽（六月中）日本物（封切）▼同（注＝漫畫）『兎と亀』一巻（天活東京派）前者（注＝北山清太郎制作の『猿蟹合戰』）と同様の方法にて同《おな》じくお伽噺《とぎばなし》を脚色したるもの（大勝館）」（『活動寫眞雜誌』1917年8月號）

この号には編集者兼映画評担当の吉山旭光も『寫眞短評』を書いている。

「寫眞短評　旭光　▼漫畫『兎と亀』（大勝館）トリック應用線畫でお伽噺の兎と亀の競争を見せたもの、線の太さが一定しない欠點《けってん》はあるが、日本に於《お》ける此種《このしゅ》の作品としては先《ま》ず成功として、技師の苦心は買ってやらねばなるまい」

吉山は下川の作画を技師の苦心と表現し、作品制作の苦労は評価している。公開は6月中旬と思われる。

8作目は売れっ子喜劇役者をテーマにした『芋川椋三チャップリンの巻』。

「フィルム一覧　自六月廿日至七月廿日　日本物（封切）▼漫畫『芋川椋三チャップリンの巻』一巻（天活東京派）椋三夢にチャップリンと喧嘩《けんか》する筋（キネマ倶樂部七月十四日封切）」（『活動寫眞雜誌』1917年9月號）

9作目は事実上、下川最後の作品と推測される『茶目坊の魚釣』。

「フィルム一覧　自八月廿日至九月廿日　日本物（封切）▼漫畫『茶目坊の魚釣』一巻（天活東京派）トリック應用線畫の滑稽（キネマ倶樂部九月九日封切）」（『活動寫眞雜誌』1917年11月號）

「フィルムレコード　九月期　天然色活動寫眞株式會社　▲芋川椋三釣の巻〔線畫・ト〕椋三先生釣に出掛けて釣糸《つりいと》が自動車に仕掛って失敗する滑稽。（一巻　中期　キネマ）」（『キネマ・レコード』1917年10月號）

以上が当時の映画雑誌に紹介された下川凹天制作のアニメ全作品だが、問題が残る。天活のカメラマン柴田（大森）勝は、『魚釣』と並べて「(大正六年度)『文展の巻』『お鍋と黒猫の巻』を撮影した」（前出：『天活、国活の記録（大正時代の映画会社）』）と記している。

しかし当時の映画雑誌を調査してもこの2作品に関する記述は発見されない。下川が眼を患《わずら》ったため未完に終わったのか。それとも、撮影したもののオクラ入りしたものか、または劇場公開されたのに、映画雑誌に掲載されなかったのか。真相は謎である。

いずれにせよ、『茶目坊の魚釣』を最後に下川はアニメの世界から退場した。

■下川アニメ、現代に甦《よみがえ》る――『下川凹天　Tribute Animation』

以上、下川凹天のアニメ作品を紹介してきたが、フィルムもスチールもいっさい見つかっていない。下川アニメとはどのようなものだったのか。その再現にチャレンジした現代のアニメ作家がいる。時代が飛ぶが、ここに記しておきたい。

2014年、川崎市市民ミュージアムで開催された企画展『下川凹天と日本近代漫画の系譜』（8月9日～10月5日）に際し、アニメ作家のモリシタトヨミと髙田苑実《たかだそのみ》は、現存する資料を基《もと》に下川凹天のアニメ制作手法をドキュメンタリー・タッチで再現した映像を制作した。さらにその制作手法に基づき、下川の漫画を原作としたアニメを4作制作したのである。

前述したように、下川の第1作『芋助猪狩の巻』の原作は、1915（大正4）年に下川が『東京パック』誌に連載していた1ページ6コマの漫画『芋川椋三とブル』だろうと推測されている。「猪狩り」エピソードのストーリー展開が『芋助猪狩の巻』の作品評とそっくりであり、まず間違いないと思われる。

モリシタと髙田は、この漫画を下川が用いた（と思われる）手法で、『椋三とブル』（イノシシ編）という1分36秒のアニメに仕上げた。さらに『東京パック』に掲載された他の作品『椋三とブル』スケート編、同ロバ編、同動物園編もアニメ化した。いずれもミニ・アニメだがギャグ・アニメとしても評価できる。これらの作品は下川のドキュメンタリー映像を含めて『下川凹天 Tribute Animation』としてDVDにまとめられた（限定販売品）。モリシタと髙田のチャレンジは、極めて意義深く貴重であり、心から拍手を送りたい。

この映像は、京都国際マンガミュージアムで開催された『国産アニメーション誕生百周年記念展示　にっぽんアニメーションことはじめ　～「動く漫画」のパイオニアたち～』（2017年4月6日～7月2日）でも公開され、話題を呼んだ。

■アニメを忘れなかった下川凹天

話を下川に戻そう。下川は純然たる国産アニメパイオニア第1号だが、1年半ほどでアニメ制作からリタイアした。リタイアした時点では、まだサイレントアニメの時代である。しかしその後、トーキーアニメについてもきちんと研究していたようだ。

筆者が古書店で入手した、かつて東京・新宿にあった藝術學院《げいじゅつがくいん》発行の『漫畫講義』第三巻という本がある。戦前の通信教育講座用の教材と思われ、奥付には「非売品（生徒のみ配布）」

とある。著作人、発行人、発行所は記載されているが、出版年月日は記されていない。この本に「特殊漫畫の描き方」という章があり、項目2として「トーキー漫畫」とある。内容は「トーキーと漫畫」、「トーキー漫畫の組立」、「作畫法《さくが》」、「描き方の要点」、「撮影」の5項。丁寧《ていねい》な解説である。

イラストは多数掲載されているが、キャラクターはすべてアメリカアニメ。兎のオズワルド(ディズニー)、かえるのフリップ(なぜかフェリックスと表記されている。フェリックスは猫だが……)、ワーナー・アニメのボスコ、フライシャーのビン坊《ぼう》にベティ・ブープ、ディズニーのミッキーマウスとオンパレード。特に資料的価値が高いのはベティが階段を上がるイラストだ。ふたつの構図でベティが階段を上がるポーズが各6体描かれ、計12体。描きやすいようで難しいアニメでの歩き方がわかりやすく示されている。

「作画法」の項目ではセルロイド(セル)の使用法も解説され、トレース台の説明も詳しい。「撮影」では撮影カメラの図解もありわかりやすい。

執筆者の氏名はいっさい書かれていないが、この項目の筆者は誰あろう下川凹天である。筆者が、この項目の執筆者を下川と断定したのは同じ内容の資料が存在するからだ。

戦時中の1943年に東京・弘文社から出版された『實習指導 漫畫の描き方』(下川凹天・著)である。筆者はこの本も古書店で購入した。目次を見ると、日本の漫画史に始まり、漫画とは何か、政治漫画、似顔漫画、子供漫画、などなど盛りだくさんである。

中で、筆者がもっとも注目したのは「漫畫トーキーに就いて」と「宣傳《せんでん》「線畫」に就いて」である。内容が、通信教育講座『漫畫講義』第三巻の「特殊漫畫の描き方2／トーキー漫畫」と同じなのだ。ところどころ表現は変えられてはいるものの実質的に同じ内容であった。ただ、こちらはキャラクターの図版も少なく、ベティの歩き方2枚と、ミッキー、ポパイが掲載されているだけ。戦時中だからだろうか。だが、考えようによっては太平洋戦争中の出版なのに敵国アメリカのアニメ・スターを堂々と出演させたのは偉い。1年半でアニメの世界から離れた後、ふたたび戻ってくることはなかったが、下川がアニメというメディアを忘れず研究を続けていた証明が、この2冊である。（異説あり。P118・注2）

■漫画家・下川凹天がアニメ作家に転じるまで

国産アニメ第1号の制作者でありながらアニメに関わっていた期間は短かった下川凹天だが、その生涯は非常にユニークであり、ぜひここに記しておきたい。

下川に関するもっとも重要な資料は沖縄キリスト教短期大学（当時）の大城宜武《おおしろよしたけ》が調査執筆した『下川凹天研究（1）——誕生と死と——』であろう。この研究論文は1994年に発行された同大学の紀要《きよう》第23号に掲載された。下川の出生地は沖縄説と鹿児島説の2通りがあったが、執筆者の大城の緻密な調査で沖縄県宮古島と確定した。出生は1892（明治25）年5月

２日。本名は下川貞矩（しもかわ・さだのり）。貞矩を「さだく」と記す文献もある。父親の下川貞文《さだふみ》は平良《ひら》尋常《じんじょう》小学校の教諭で、のちに新里《しんざと》尋常小学校の校長になったが、１８９８（明治31）年12月26日に病死。父の死後、母親モトの実家がある鹿児島へ移るが、９歳のとき東京に在住する、父の伯父、陸軍大佐・石橋正人《いしばしまさと》に引き取られ上京し、麹町《こうじまち》尋常高等小学校に通った。幼少から絵がうまく、漫画が好きだったという。小学校卒業後、人気の漫画雑誌『東京パック』の漫画を真似《まね》て、肉筆の漫画雑誌も自作したそうだ。

この『東京パック』を出版した北澤樂天にもふれておきたい。北澤樂天（きたざわ・らくてん　１８７６年～１９５５年）は東京生まれだが本籍は埼玉県大宮市（現・さいたま市）。本名は保次（やすじ）。画家の大野《おおの》幸彦《さちひこ》が設立した大幸館《だいこうかん》繪畫《かいが》研究所で西洋画を学んだ。１８９５年（明治28）、横浜で英字週刊紙を出しているボックス・オブ・キュリオス社に入社し、オーストラリア出身の画家、F・ナンキベルから西洋漫画について学び、同紙に挿絵《さしえ》や漫画を描いた。さらに１９００（明治33）年、福澤諭吉《ふくざわゆきち》が作った革新的な新聞社、時事新報社に入社し漫画を描く。そのかたわら、１９０５（明治38）年、月刊の漫画雑誌『東京パック』を創刊し、大成功する。やがて月３回刊になるほど人気雑誌となった『東京パック』では、後年、著名な画家となる坂本繁二郎《さかもとはんじろう》や川端龍子《かわばたりゅうし》、石井鶴三《いしいつるぞう》らが漫画を描いていた。

樂天は、日本の漫画の原点とも言われる昔からの鳥羽絵《とばえ》風の漫画をユーモラスな外国漫画のタッチに成長させた、近代漫画の改革者でもあった。樂天の遺品は本籍のある埼玉・大宮市に寄贈され記念館（現・さいたま市立漫画会館）が作られている。

1906（明治39）年、数え年で15歳の下川は自作の漫画を樂天に見せて認められ、門下生第1号となった。赤坂にある樂天の豪邸に書生として住みこみ、樂天が勤める時事新報社のある有樂町まで歩いて弁当を運んだそうだ。下川は書生をしながら青山學院に通ったが、勉強を怠《おこた》り1年で落第、退学になったため、破門された。

下川と長くつきあいのあった宮尾《みやお》しげをは、次のようなエピソードを残している。

「北沢楽天の弟子になり、怠け者だと破門された下川凹天は、初め戯画の王になるのだと、王天と号したが、楽天に戒《いまし》められて、大いに凹《へこ》んで、凹天《へこてん》と改名した」（『日本の戯画―歴史と風俗』宮尾しげを／1967年、第一法規出版刊）

漫画研究者の新美《にいみ》ぬゑは、下川が19～20歳頃に描いたスケッチに、「王天」「Oten」と読めるサインを発見し、この説を裏づけている。いずれも北澤樂天に破門された後、陸軍陸地測量部に勤務していたころに描かれたもので、下川は自分で「王天」とペンネームをつけたと考えられる。その後、北澤樂天が『樂天パック』を起こしたのを機に、詫びを入れ樂天社で働きはじめるのだが、この時期に前述のように楽天から戒められ、「凹天」と改名したと考えられる。そして、凹まされたエピソードから、仲間内で「へこてん」と呼ばれるようになり、自らも名乗るようになったようだ。「芋川椋三」を連載していたころの『東京パック』には「ＨＥＫＯＴＥＮ」とサインした絵が多数掲載されており、新美はアニメの制作時期には自らも「へこてん」と名乗っていたと結論づけている。ただし、著作権台帳（日本著作権協議会刊）と読売新聞の訃報記事のふりがなはどちらも「おうてん」である。

一方、『東京パック』では社長と樂天が対立し、１９１２（明治45）年、樂天は独立して樂天社を創立、『樂天パック』を創刊する。このとき詫びを入れ破門を解かれた下川は樂天社に入り漫画を描く（2年ほどで『樂天パック』は廃刊する）。その後、下川は親戚の紹介で大阪朝日新聞社に入社。１９１３（大正2）年10月で、22歳だった。絵の描ける下川は写真製版部の写真修整係となった。新聞社在職中、ドイツの漫画家グルブランソンの似顔絵に魅了され、余暇《よか》をみては似顔漫画の研究に没頭した。１９１５（大正4）年、下川は東京に戻り、岡本一《おかもといっ》平《ぺい》が中心になり結成した『東京漫畫會』に参加。下川は、すでに漫画家として有名だった岡本一平に作品を見てもらい、出版の仲介を依頼する。１９１６（大正5）年10月5日、下川の最初の著作となる似顔絵漫画『ポンチ肖像』が磯部甲陽堂《いそべこうようどう》から出版された。下川はこの本の出版が縁となって5歳年上の小磯《こいそ》たま子《こ》と結婚したものの生活は苦しかった。

この時期、ラッキーな話が舞いこんだ。天活からのアニメ製作の話である。先述のとおり、下川はここから1年半、アニメ制作に従事するが、体をこわしリタイアを余儀《よぎ》なくされる。

■漫画家・下川凹天のヒット作『男やもめの巌さん』

アニメ制作からリタイアした後の下川は、1919（大正8）年秋から1年間、讀賣新聞社（1946年以前は讀賣新聞と表記する）に籍を置いた後、1921（大正10）年、中央新聞社の漫画部門に入社し、政治漫画を描いた。1923（大正12）年、『東京漫畫會』が発展的に解消し、岡本一平を代表とする『日本漫畫會』が結成され、下川も入会する。会員は他に池《いけ》部鈞《べきん》、宮尾しげをなど。

下川の漫画家生活は順調で、当時の有名漫画家のひとりとなる。売れっ子女優の栗島《くりしま》すみ子《こ》や飯田蝶子《いいだちょうこ》らの似顔絵はもちろん、雑誌『婦女界』では、宇野千代《うのちよ》や市川房枝《いちかわふさえ》など女流名士の顔も描いた。その後、東京毎夕《まいゆう》新聞社から1ページの漫画欄編集と執筆を依頼され、諷刺《ふうし》だけでなくエロチックな漫画も手がける。商業新聞に女性のヌード漫画を描いて発禁となったのは下川が最初とされ、エロチシズム漫画家とも呼ばれた。同紙は下川の漫画で部数を伸ばし、発禁処分5回にもこりなかったという。

1930（昭和5）年、讀賣新聞に漫畫部ができた。社長の正力松太郎《しょうりきまつたろう》が当時、アメリカの新聞王ハースト系の新聞で日曜版に添付されるカラーの別冊漫画が大人気だと知り、色刷りの別冊付録『讀賣サンデー漫畫』を作ったからである。讀賣新聞は執筆漫画家に錚々《そうそう》たる売れっ子メンバーを集めた。前川千帆《まえかわせんぱん》が『あわてものの熊さん』、田中比佐良《たなかひさら》が『甘辛《あまから》新家庭』、のちプロレタリア漫画家に転向した柳瀬正夢《やなせまさむ》は『金持ち教育』を描く。その他のメンバーは麻生豊《あそうゆたか》、子ども漫画の宍戸左行《ししどさこう》、近藤日出造《こんどうひでぞう》、杉浦幸雄《すぎうらゆきお》、河盛久夫《かわもりひさお》、洋画家である東郷青児《とうごうせいじ》もここで漫画を描いていた。下川もふたたび讀賣新聞に入社し、自分を引き取って育ててくれた伯父・石橋正人（陸軍少将で退役）が立派な八の字ヒゲをはやしていたのをモデルにして、8コマ漫画の『男ヤモメの巌さん』を描いた。この『讀賣サンデー漫画』で人気を呼んだのは、下川の『巌さん』と前川の『熊さん』だったそうだ。

その後、下川は引き抜きを受けて一度は東京毎夕新聞に戻ったが、編集方針と合わず退社。1932（昭和7）年、讀賣新聞にカムバックして、『男やもめの巌さん』を讀賣新聞本紙で4コマ漫画として連載した。『巌さん』は大人気で映画や芝居《しばい》にもなった。

下川の連載漫画および著書についてまとめておこう。

『男ヤモメの巌さん』は1930年10月〜1931年1月の間、『讀賣サンデー漫画』で連載、1932年元日から讀賣新聞本紙に4コマ漫画『男やもめの巌さん』として、1933年9月30日まで連載された。同年10月から『無軌道父娘《おやこ》』が80回連載。1934年には『剛《ごう》チャンの人生日記』が8か月連載されたが、これも人気があった。その後も『アブ八《はち》とら次《じ》』（『虻蜂《あぶはち》取らず』のパロディか）などを連載。また下川自身も1926年に『漫畫』、1937年に『マンガ王國』、という雑誌を出版した。

単行本では前出の『ポンチ肖像』の他、『漫畫人物描法』（1925年、弘文社刊）、『凸凹《でこぼこ》人間』（1925年、新作社刊）、『裸の世相と女』（1929年、中央美術社刊）、『漫畫似顔画集』（1930年、弘文社刊）、『實習指導　漫畫の描き方』（1943年、弘文社刊）など。

このように、戦前〜戦中期は漫画家として活躍していた下川だが、1940（昭和15）年、妻たま子を失う（失踪《しっそう》もしくは死去、の2説の資料がある）。下川は縁あって同年、菅原《すがわら》なみをと再婚する。

下川の晩年については、大城冝武の研究（前出）によって明らかにされた。

戦後は漫画の仕事も減っていき、1951（昭和26）年ごろには、下川は千葉県野田市の市営住宅に妻なみをと居住していた。当時、下川は『禅の研究』などで著名な仏教学者の鈴木大拙《すずきだいせつ》に教えを乞《こ》い、仏画、仏教漫画の分野を開拓中だった。1963（昭和38）年、なみを夫人が病死。困窮した下川は同年、地元の醤油《しょうゆ》醸造家、五代《ごだい》・茂木房五郎《もぎふさごろう》の安楽邸《あらく》と呼ばれる広大な屋敷内の離れ家に住まわせてもらうことになった。房五郎は野田醤油（現・キッコーマン株式会社）の元社長で、多くの文人墨客《ぶんじんぼっかく》を援助してきた。房五郎の家族は下川がかつて有名な漫画家だったとは知らなかったそうだ。

ただ、1963年7月、下川は野田市在住のアマチュア漫画家もろ・ただしを誘い、10名ほどの同好の士を集め『野田まんがクラブ』を結成、活動していた。クラブでは、石川進介《いしかわしんすけ》、横木健二《よこきけんじ》、内田清三《うちだせいぞう》、佐宗美邦《さそうよしくに》など当時の著名漫画家たちとも交流していたようで、下川が最後まで漫画の世界を愛していたことがうかがえる。

その後、下川は茨城県の病院に入院。1973(昭和48)年5月26日、生涯を終えた。81歳。墓は東京都品川区小山の長応寺にあり、墓碑には「萱原下川両家之墓」と刻まれている。

■下川凹天と手塚治虫のアニメ談義

最後に注目すべき記録を紹介しておきたい。

1964(昭和39)年、72歳の下川は、『コミック漫画研究会』に参加した。同研究会が発行した冊子『コミック漫画』1964年3月15日号に下川が出席した座談会が収録されている。出席メンバーはゲストの下川の他、針《はり》すなお、松下井知夫《まつしたいちお》、関根義人《せきねぎじん》、森哲郎《もりてつろう》、イワタタケオ、八島一夫《やしまかずお》、馬場《ばば》のぼる、手塚治虫《てづかおさむ》の計10名。なんと手塚治虫や馬場のぼるまで出席している。また、石川進介は下川の弟子のひとりで、下川編集の東京毎夕新聞漫画欄の執筆者のひとりだった。冊子1面は10名の記念写真。見出しは「厳《がん》さん語る〝喝《かつ》〟」(「厳さん」とは下川の代表作の『男やもめの巖さん』のこと。正しくは「巖」)。〝喝〟は1964年当時の漫画に対する批判の表現だ。

72歳の下川だが、記憶力は衰えていないように思えた。座談会の内容は主として下川の懐古《かいこ》話で、弟子の石川が手塚治虫に「(手塚先生は現在)漫画映画で国際的な大活躍をしていますね。その漫画映画を日本で最初に手がけたのがこの下川先生らしいですよ」と話すくだりがある。

このとき既に手塚は、1961年に念願のアニメ製作スタジオ『虫プロダクション』を設立し、第1作『ある街角の物語』を完成させていた。また1963年元日から日本初のTVシリーズ・アニメ『鉄腕アトム』を放映していた。それだけに手塚も下川が大正時代に国産のアニメを制作したと知って興味津々のようすで質問をしている。

下川は自分が作ったアニメ作品について、「コマ数が少なくて、それがかえって面白かったような気がするね」と手塚たちに話している。

※

下川凹天という漫画家が日本のアニメの原点であったことは間違いない。

2019年現在、下川のタッチしたアニメ作品のフィルム断片もスチール1枚も発見されていないが、日本のどこかに眠っている可能性はなきにしもあらず。それにしても、下川がこの世を去るとき、脳裏に去来したのは漫画の世界とアニメの世界、どちらだったのであろうか。

大正中ごろのキネマ倶樂部（写真提供・夜鳥文庫）

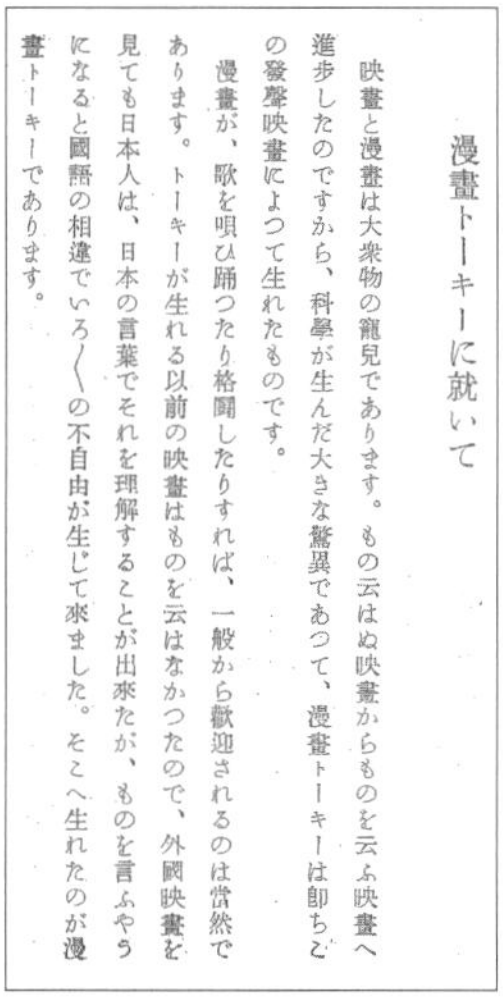

漫畫トーキーに就いて

映畫と漫畫は大衆物の寵兒であります。もの云はぬ映畫からものを云ふ映畫へ進歩したのですから、科學が生んだ大きな驚異であつて、漫畫トーキーは即ちこの發聲映畫によつて生れたものです。

漫畫が、歌を唄ひ踊つたり格鬪したりすれば、一般から歡迎されるのは當然であります。トーキーが生れる以前の映畫はものを云はなかつたので、外國映畫を見ても日本人は、日本の言葉でそれを理解することが出來たが、ものを言ふやうになると國語の相違でいろ〳〵の不自由が生じて來ました。そこへ生れたのが漫畫トーキーであります。

『實習指導　漫畫の描き方』（下川凹天 /1943 年、弘文社刊）所載の「漫畫トーキーに就いて」の冒頭

「百歳に向かってスタートを励ます会」の下川凹天。1970（昭和 45）年（前列中央。写真提供 : 川崎市市民ミュージアム）

72 歳の下川凹天が出席した座談会「厳さん語る“喝”」での記念写真。前列左より、針すなお、松下井知夫、関根義人、下川凹天、石川進介、馬場のぼる。後列左より、森哲郎、イワタタケオ、手塚治虫、八島一夫（コミック漫画研究会発行冊子『コミック漫画』1964 年所載。写真提供 : 川崎市市民ミュージアム）

第3章　北山清太郎――工房システムで弟子を育てた名伯楽

■パイオニア第2号は、画家から転身。第1作は『猿蟹合戦』

日本アニメのパイオニア第2号は、1917（大正6）年5月公開の『猿蟹合戰』（『サルカニ合戰』、『猿と蟹』、『サルとカニの合戰』という表記もある）を作った北山清太郎である。第1号の下川凹天は漫画家であったが、北山は画家だ。若き日は岸田劉生《きしだりゅうせい》、高村光太郎《たかむらこうたろう》、藤島武二《ふじしまたけじ》、梅原龍三郎《うめはらりゅうざぶろう》ら、後に美術界の大家となる錚々たる面々とともに活動していた若手画家だった。しかし、やがて筆を折り、映像という新しい世界に飛びこんだ。

北山の第1作は日本のお伽噺『猿蟹合戰』。1917年5月20日、浅草オペラ館で公開され、国産アニメ制作者第2号となった。当時の映画評にこうある。

「フィルムレコード　5月期　日本活動寫眞株式會社　▲『猿と蟹』猿蟹合戰を線畫に仕組むだもので子供には良いもの。（5月下期オペラ）」（『キネマ・レコード』誌1917年6月號）

また、パイオニア3番目の幸内純一（第4章で詳述）の第1作『なまくら刀（塙凹内名刀之巻）』の評の中に北山の『猿蟹合戰』と対比した評がある。

「日活の猿蟹合戰は日活線畫中の代表作であるが、線が太くてぞんざいで、變化がなく、蟹にも猿にも表情のなかったのは遺憾《いかん》である。線畫に於《お》ては、猿蟹は固《もと》より、場合によっては生き物にも表情が必要である。そして、その表情に多少の人間味を加味するといふ事が大切である。現在の日本線畫は此點《このてん》に於て總て工夫を欹《か》いて居る」（『活動之世界』1917年9月號）

有望な若手画家であった北山清太郎が、なぜアニメの世界に移ったのか。

北山は、1930年2月出版の『映畫教育の基礎知識』（全日本活映教育研究會編、教育書館刊）に「大毎キネマニュース技師　北山清太郎」の肩書（後述）で、「線映畫の作り方」という文章を書いている。冒頭、「日本に於ける線畫史」と題して、転身の経緯《いきさつ》にふれている。

「私の線畫を始めたのは大正五年です。今を去る十四年前。その頃私は東京で洋畫《ようが》研究の傍《かたわ》ら美術雑誌『現代の洋畫』（注＝北山が最後に編集していたのは『美術雑誌』だが、ここでは長く関わっていた『現代の洋畫』を挙げている）を發行していたが、歐州戰亂《おうしゅうせんらん》（注＝第一次世界大戦〈1914～1918年〉のこと）のため色々な故障が起って、雑誌を廢刊して遊んでゐた」

美術界から足を洗った（北山のそれ以前については後述）北山は、充電期間ともいえる時間を過ごしていた。暇があれば、当時最先端の娯楽《ごらく》メディアである活動写真（映画）を見にいった。シーザーやクレオパトラを主人公にした文芸映画（シェイクスピア原作のイタリア映画『アントニーとクレオパトラ』〈1914年公開〉『シーザー』〈1915年公開〉他であろう）、連続活劇『名金《めいきん》』（1915年公開）などを見ている。

そこで北山は、本編の映画の前座に上映される短いアニメに注目した。画家としての本能が、描かれた絵（漫画）が動いて演技するのに反応したのだろう。そして、自分が次にやるべき仕事はアニメだと思い定めた。

「さうだ、自分の仕事が見附かったのだ！」と前出の「線映畫の作り方」に書いている。

しかし、アニメ制作には素人《しろうと》で、手元には参考資料も何もない。北山はまず人間の動作を細かく観察、研究することにした。

「毎日自分の黒い影を障子《しょうじ》に映して時計と首っ引きで研究した。色々な動きを時間的に記録することにつとめた。一人で立って見る、走って見る、首を振って見る、手を上げて見る、足を曲げて見る（以下略）」

CG全盛の現在でも原画家にとってアニメの動きにはストップ・ウォッチが必需品だ。古くはアメリカのJ・S・ブラックトンに次いでボードビルショウのためのアニメ『恐竜ガーティ(Gertie the Dinosaur)』(1914年)を制作したウィンザー・マッケイは横たわったガーティのお腹《なか》の動きを描くため、人間のお腹の動きをストップ・ウォッチで計ったと伝えられる。北山もストップ・ウォッチで動きを計測したのだろうか。

手さぐりでアニメの研究をしていた北山だったが、日活の美術顧問(映画の背景や衣装を担当)をしていた友人の洋画家、斎藤五百枝《さいとういおえ》に考案部長(脚本を担当。現在のプロデューサー的役割もする)だった桝本清《ますもときよし》を紹介してもらい、自分を売りこんだ。1917(大正6)年1月、日活向島撮影所の嘱託になり、念願のアニメ制作に取りかかる。

すべてをゼロから始めた北山のアニメ制作は失敗も多く、試行錯誤しながら、やっと第1作を作りあげた。それが同年5月に公開された『猿蟹合戰』である。

なお、北山の日活入社は1917年1月ごろというのが通説(後述する津堅信之《つがたのぶゆき》著『日本初のアニメーション作家　北山清太郎』による)だが、入社年月日をはっきり記した文献はない。諸資料に基づく津堅の推定である。

だが筆者には「1月入社で5月に第1作公開」では時間的に短すぎるのではないか、試行錯誤の多かった初のアニメ制作にはもっと時間が必要だったのではないか、と思える。

北山はその前年、1916(大正5)年には日活に入社してアニメ制作の研究をしていたのではないか、と筆者は考えている。今後の研究で、北山の入社時期を確定する新資料が発見されることを期待している。

■各映画会社、アニメという新コンテンツ制作に積極的

『猿蟹合戰』のフィルムは残念ながら現存していない。図版資料としても、スチール写真が『活動之世界』1918年10月號の「向島撮影所研究」特集に「漫畫の様式」として同じ北山作品である『太郎《たろう》の兵隊　潜航艇《せんこうてい》の巻』、『蟻《あり》と鳩』とともにごくわずか紹介されているだけである。『猿蟹合戰』のスチールは、黒地に白線でキャラクターや背景が描かれた、白黒反転のネガのような図柄だ。ネガをそのまま印刷してしまったのだろうか。ただ、下川凹天の『芋助猪狩の巻』と同じく、北山も第1作は黒板アニメとして制作したのではないかという推測もある。その場合は黒地に白線で描かれたのが、正しい図柄だ。

北山は『猿蟹合戰』について、自らこう評している。

「『猿蟹合戰』を作った時に初めて成功して、淺草の電氣館《でんきかん》で上映しました。ところが幸内純一（スミカズ映畫創作社）という人が私のやったすぐ後で發表した『なまくら刀』といふのが、非常に立派でしたので、私は尻込みをしてしまひました」（『映畫教育』1932〈昭和7〉年3月號、「漫畫漫談」にて）

幸内の『なまくら刀』（封切時の題名は『塙凹内名刀之巻』）は、北山のあとを追うように『猿蟹合戰』公開の約1か月後、同年6月30日に帝國館で公開された（幸内の項で詳述）。それが、苦労して作りあげた自分の作品より、はるかに出来がよかったのでショックを受けたことが、北山の「尻込み」という言葉から想像される。

『活動之世界』1917（大正6）年7月號に「日活向島の新計畫」の見出しで「日活向島撮影所にては、新海氏の立案にて、五月上旬始めて線畫喜劇（凸坊新畫帖）を製作して、淺草に於ける常設館に上場し、以後毎月一本乃至《ないし》二本宛《づつ》製造販売する事とせり。線畫喜劇は我が國に於ては正に新事業と謂《いい》つべし」と書かれている。文中の新海氏は日活の考案係（脚本作者）。だが、日活のアニメ（線画喜劇）製作企画には、ここには名前が出ていない北山の存在も大きな力になったと思われる。

この時期、天活（下川凹天）、小林商會（幸内純一）もアニメ製作、公開を始めている。日活も負けじと毎月1～2本は製作、公開すると決定していたわけだ。当時の映画業界がアニメを「新しいコンテンツ（新事業）」として期待し、製作に本腰を入れていたことがうかがえる。

『活動之世界』誌は、1918（大正7）年2月號でも「日活漫畫製作所を觀る」のタイトルでアニメの制作プロセスを紹介。同年10月號の「向島撮影所研究」特集でも第七章で「漫畫部」を取りあげている。
10月號の記事は制作スタッフにもふれており、「脚本は新作或《あるい》はお伽噺より脚色する。脚本、繪畫、撮影の一切は悉《ことごと》く北山清太郎氏の手に成り、助手として繪畫原稿製作に二名、撮影に一名を使用して居る。北山氏は猶此他《なおこのほか》に『生ける屍《しかばね》』以来各映畫タイトル、カスト（注＝配役のキャストの意味だろう）の圖案《ずあん》、意匠も擔任《たんにん》して居るが、共に北山氏自身が會社から受負《うけお》って従事して居るのである」と記されている。
『キネマ・レコード』誌にも「日活漫畫帖現はる」の見出しで日活漫画部の記述がある。「久しく〝芸術と生活〟（注＝北山が編集に関わった『現代の洋畫』『生活』『美術雑誌』などを混同したものと思われる）を編輯《へんしゅう》された北山氏が日活小松島《こまつしま》撮影場（注＝向島撮影所。「小松島」は向島にかつて存在した地名）に於て過般《かはん》から線畫喜劇の研究に餘念《よねん》なかった事は公表を控えて居たが五月下期から公開された為に今茲《こんじ》に發表《はっぴょう》する。どの工程も同じだが、北山氏は大正六年二月六日附だと確か思ふ。特許局から新案特許受附證が下って居る。場面々々の〝繪〟としては流石《さすが》に良いがカツーンと云ふ見地から見る時は少し不滿の處がある。然《しか》し軈《やが》て苦き經驗《けいけん》の後には良き繪が來るであらう」（1917年6月號）
編集者は第1作の『猿蟹合戰』の批評を兼ねてこの記事を書いたようだが、2月6日付の新案特許がアニメとどのような関わりがあるのか気にかかる。

■北山清太郎のフィルモグラフィ――続々と新作発表

前項の『キネマ・レコード』1917年6月號には、北山の第2作『夢の自働車』(注=当時、自動車は自働車と表記されていた)の作品評が載っているので記しておく。

「▲夢の自働車〔ト〕凸坊ベッドで夢を見てベッドが自働車となって動き出すと云ふのである。が、以上の線畫は大いに研究の必要が入る。線畫は勿論《もちろん》動作を細かくするのが本位であろふと思はれる。其れから脚色にも注意が肝要《かんよう》である。(一巻下期、遊樂《ゆうらく》)」

他の作品評も紹介しておく。3作目は『猫と鼠《ねずみ》』。

「▼漫畫『猫と鼠』一巻(日活東京派)トリック應用線畫の滑稽　猫と鼠の争ひ(電氣館　七月七日封切)」(『活動寫眞雜誌』1917年9月號)

「◉猫と鼠　一巻　日活會社東京派映畫　七月四日　電氣館　老鼠《ろうそ》が數多《あまた》の眷属《けんぞく》を集めて猫の危險を演説する。一匹のハイカラ鼠はお三《さん》どんを襲って逃げる時、水かめの中へ墜落して友人に助けられたが又もや猫に追はれて放々《ほうほう》の體《てい》で逃げる」(『活動之世界』1917年9月號)

4作目は『ポストの惡戯』。

「『ポストの惡戯』一巻(日活東京派)線畫トリック應用の滑稽　ポストの二十四時間を見せしもの(オペラ館、七月廿九日封切)」(『活動寫眞雜誌』1917年10月號)

同誌（『活動寫眞雜誌』10月號）には編集者兼評論家であり日本最初の映画評論家である吉山旭光が「寫眞短評」で北山の『ポストの惡戯』と幸内純一の『茶目坊スケッチ空氣銃の巻』（別題『茶目坊空氣銃の巻』）の作品評を書いている。

「◎凸坊新畫帖の和製として、帝國館の『茶目坊スケッチ空氣銃の巻』（小林商會撮影）とオペラ館の『ポストの惡戯』（日活撮影）の二ツが紹介された。前者はユニヴァーサル式の太い線であるに對し、後者は比較的細い線でやってゐる。いずれも負けず劣らずの出來、前者が言葉を畫中に見せるのも、後者がそれをマークで出すのも、共に特色があって、どちらがどちらとも團扇《うちわ》は上げられぬ」

文中のユニヴァーサル式の意味が正確にはわからないが、たぶんユニバ（ヴァ）ーサル映画配給のアニメを指していると思われる。

5作目の『花咲爺《はなさかじじい》』の作品紹介。

「【漫畫】花咲爺　八月廿六日　オペラ館　▲花咲爺の唱歌を基本にして撮影したもので、正直爺さんが裏の畑で小判《こばん》を掘り出す所から意地惡爺さんが殿様に射殺される迄《まで》。（一巻）」（『活動之世界』1917年11月號）

6作目の『貯金の勸《すすめ》』（または『貯金の勸《すすめ》』）は初のPRアニメ。当時の逓信省《ていしん》（現・日本郵便）が、新事業の簡易保険をアニメでPRしようと日活に制作依頼したもの。実写撮影も使用し、立花貞二郎《たちばなていじろう》という俳優が女手品師に扮《ふん》して出演した。

「【喜】貯金の勤　十月七日　オペラ館　▼勤勉で貯金をする人と、怠惰《たいだ》で貯金しない人とを對照して、貯金をすれば後年になって樂《らく》を見ると云ふ意味を現はしたもの」（『活動之世界』1917年12月號）

7作目が『文福茶釜《ぶんぶくちゃがま》』。

「【線】文福茶釜　十月十日　三友館《さんゆうかん》　▼茂林寺《もりんじ》の文福茶釜のお伽噺を漫畫化したもの也《なり》」（『活動之世界』1917年12月號）

この作品を吉山旭光はこう評している。

「▼漫畫『文福茶釜』（三友館）凸坊新畫帖式の漫畫、小生が曾《かつ》て延一郎《えんいちろう》一派で脚色撮影（※注実寫版《じつしゃ》）したのと違ってお伽噺の筋を撮ったもの。アノ複雑なトリックを巧《たくみ》にやって、線の太さにムラがないのは上出來。但《ただ》しギザぐ〳〵の形のシボリはチト角立《かどだ》って不出來。寫眞としての技巧も充分施《ほどこ》してあるのは嬉しい」（『活動寫眞雜誌』1917年12月號、「寫眞短評」）

吉山旭光は「短評」ではけっこうどの作品もほめている。外国アニメ隆盛を見るにつけ、細々ながら作られている国産アニメを援護しているのだろう。

1918（大正7）年に入り『浦島太郎《うらしまたろう》』、『雪達磨《ゆきだるま》』、『蛙の夢』、『桃太郎《ももたろう》』と順調に制作は続けられた。3月1日に劇場公開された『桃太郎』の作品評は以下。

「『桃太郎』日活向島（三月一日　淺草三友館）「桃太郎」のお伽噺に現代味を加えた作品」（『活動之世界』1918年5月號）

この、現代版『桃太郎』は公開前年の1917年12月、フランスへ輸出された。「凸坊漫畫佛國《ふっこく》へ輸出さる」の見出しで「日活會社向島撮影所にて製作されし凸坊漫畫桃太郎は去る十二月初旬日佛協會の手を經《へ》て佛國に輸出されたり、今後同所に於て撮影される漫畫は順次佛國へ輸出されるとの事なり」(『活動之世界』1918〈大正7〉年2月號)と報じられている。早めに完成していたのだろう。国産アニメの外国輸出第1号と呼んでよさそうだ。

■北山アニメを支えたスタッフ――集団制作体制で量産可能に

日本で制作開始された国産アニメに、メディアはどれほど注目したのだろう。『キネマ・レコード』誌の1917年7月號に掲載された「和製カートン、コメディを見る」という評論的な記事が重要なので、引用する。

「カートン、コメディとは所謂〝凸坊の新畫帖〟と稱《しょう》する線畫の動き出す滑稽ものです。此《こ》の線畫の喜劇として今までに我々が見たものは悉く外國製品でありました。殊《こと》にパテ米國《べいこく》支社から盛んに發賣《はつばい》せられた〝ヒーザ大佐〟のカートン、コメディは實に巧みに描かれて鳥獣の活動は眞に近い程です。既に此のカートンの製作者ブレー氏は有名なるカートンニストとして世に定評されて居ります。

此の〝ヒーザ大佐〟のカートン、コメディの多く輸入せられた影響は遂《つい》に眞似《まね》ずきな日本人の性質として我が國の製造家が一時に着目し始めました。以来日活、天活の各社は暗に此のカートン、コメディを製作してゐましたが突然本年の一月天活が其の第一回作品をキネマ倶樂部に上場して以来既に數本《すうほん》も製造して之《これ》を公《おおやけ》にしました。日活も同じく苦心の結果製作した數本を一時に各館に上場する運《はこび》になりました。〝鼠と猫〟〝ポストのいたづら〟等は先づ傑作品と云ふのでしょう。次いで此のコメディの製作は小林商會の手にもなりました。〝野呂間凸内《のろまでこない》〟とか云ふ作品が其の第一に撮影された、臆病《おくびょう》武士が試し切りに出掛けて失敗をすると云ふ筋の中に線畫を用ひたり影畫《かげえ》を用ひたりしてゐる所が前二社のと變ってゐる所である。

全体を通じて目下公にせられた天活、日活、小林の各社の製品は未製品であって未だ研究する餘地は充分にある。鳥獣の動作殊に遠近に就いて大なる缺點がある。而《しか》も動作の餘りに急なる所は日活製に多く見られた。然し三社何《いず》れも同時に之《こ》れを出する迄の內状苦心のあとは歴然としてゐる。尚《なお》研究して既製品として世に出したいものです。(夢《ゆめ》)」

なお、文中、『鼠と猫』は『猫と鼠』、『ポストのいたづら』は『ポストの悪戯』、『野呂間凸内』は『塙凹内名刀之巻』と同じ作品である。執筆者の（夢）氏はブレイのアメリカ製アニメを評価しているが、制作システムも異なる米製アニメと発足したばかりの国産アニメと対比するのは酷《こく》ではなかろうか。

日活の北山作品のスタッフだが、前出の「線映畫の作り方」によれば、山川國三《やまかわくにぞう》を最初のアシスタントにしたようだ。また北山家の書生だった金井喜一郎《かないきいちろう》（ペンネーム木一路《きいちろ》）が北山アニメの撮影に加わり、日活のベテラン撮影技師の高城泰策《たかぎたいさく》に教えを乞いながら撮影技術を修得した。山川に続いて、嶺田弘《みねだひろし》、石川隆弘《いしかわたかひろ》、橋口壽《はしぐち》、北山の門弟だった戸田早苗《とださなえ》（のちの山本《やまもと》善次郎）が北山を助けた。

北山は「漫畫（※注アニメ）でも多くの弟子を育てました。十人くらいあります。弟子は親爺の手を眞似ていて技術が發達しません」（『映畫教育』1932〈昭和7〉年3月號、「漫畫漫談」にて）と書いている。

北山はこうしたスタッフとともに、第1作を公開した1917年、日活で10作のアニメを制作した。日本初のPRアニメ『貯金の勸』で成果を挙げた逓信省は、北山に再度制作を依頼する。それが『塵《ちり》も積もれば山となる』で、貯金局の委託を受けて、貯金をテーマに6つのエピソードをアニメ化した1巻15分の作品だ。この映画は巡回映画となり、全国津々浦々《つつうらうら》で上映されたそうだ。

1918（大正7）年には『浦島太郎』を筆頭に12本のアニメを制作した。北山はスタッフに制作のかなりの部分をまかせ、月1本の制作ペースを確立したようだ。スタッフの作業習熟が大きかっただろうが、1918年9月、撮影スタジオに人工光線が初めて導入された効果もあっただろう。実写ものに関して、夜間撮影も可能になり作業能率が上がったと記録がある。

■大発見！　北山作品のアニメコミック発掘される——

　ここで少し寄り道をして、北山清太郎研究における近年の発見をふたつ記したい。

　日活で北山が制作したアニメの中で唯一、フィルムが残存している作品が『太郎の兵隊　潜航艇の巻』だ。しかし、残されたフィルムは玩具《おもちゃ》フィルムとして売られていた、作品の一部分であった。玩具フィルムとは、数年間、いくつもの映画館で上映された後、傷《いた》んで上映には適さなくなったフィルムの映写可能な部分を1〜3分くらいのパーツに分割して、子どもの玩具映写機用に転用したフィルムである。元のフィルムの一部分であるから、作品の全体はわかりようがない。この作品の全容が判明したのは、映像文化史研究家の松本夏樹《まつもとなつき》（幸内純一『なまくら刀』フィルムの発見者）の調査、発見による。

　2008年、松本は万博公園内にあった大阪府立国際児童文学館（2009年12月閉館）で大正時代の少年少女雑誌のバックナンバーを調査中、『幼年世界』（博文館発行）1918（大正7）年10月號に思わぬページを発見した。

『太郎の兵隊　潜航艇の巻』のフィルムからコマを抜き取り、漫画のように構成しているページがあったのだ。現代で言う「アニメコミック（フィルムコミック）」である。メインタイトル含めて4ページ14コマの絵（フィルム）が使われている。残念なことにインクが経年変化で退色し、画像の鮮明さが薄れてしまっているが、以下のような物語は読みとれる。おそらく題材は第一次世界大戦であろう。

――太郎少年は潜航艇（小型の潜水艦）による海底旅行を企《くわだ》て、材木で樽《たる》状の船を作り、食料を運びこむ。見送る妹の花子《はなこ》がロープを切って進水式。海の中を潜航中、大きな鯨《くじら》と出会い、のみこまれる。呼吸のため浮上した鯨の前を輸送船団が通ると、ドイツのUボートらしき潜水艦が浮上し、船団を狙って水雷《すいらい》（魚雷）を発射するが、誤って鯨に命中。そのはずみで鯨の中から太郎は艇ごと脱出するも、ドイツの潜水艦と衝突し沈没。木片にすがって泳ぐ太郎の眼前に、海鳥が大きな卵を産みおとす。太郎が卵に穴を開けて吸いかけると、ドイツ潜水艦が浮上し、ハッチを開けて艦長が出てきた。太郎は卵を爆弾に見せかけ、艦長をおどし降参させる。そこへ日本の軍艦が近づき、太郎は潜水艦を引き渡す。最後に、ドイツ艦長の前で太郎が卵をチュウチュウ吸ってみせると、驚く艦長……。

こうして『太郎の兵隊　潜航艇の巻』のストーリーが解明された。貴重な発見であった。

さらに、アニメ生誕100年である2017年、下川凹天はじめ戦前漫画家の研究者である新美ぬゑが、非常に意義ある発見をした。

新美は、大阪府立中央図書館国際児童文学館（前出の国際児童文学館の蔵書を引き継ぎ、2010年5月開館）が所蔵する『幼年世界』（松本が『太郎の兵隊　潜航艇の巻』のアニメコミック版を発見した少年少女雑誌）のバックナンバーを松本同様、調査していた。すると、1918（大正7）年3月號に、『浦島太郎』というアニメコミックを発見したのである。新美はタイトルに記された『日本活動寫眞株式會社』に注目した。最終コマも日活のマークで終わっていた。北山清太郎がアニメ制作に従事した『日活』である。日活版『浦島太郎』は3ページにわたって18枚のスチール写真とストーリーが紹介されていた。

時期的に考えても、これは同じ1918年に公開された北山の『浦島太郎』と考えて間違いないと思われた。実はこの新美の発見まで、松本が『なまくら刀』を発見した際、同時に入手したアニメ玩具フィルム『浦島太郎』（詳細は本書収録の松本による「『なまくら刀』発見ものがたり」を参照）が北山制作の『浦島太郎』だとされていた。

だが、新美が発見したアニメコミックは、松本発見の『浦島太郎』とはまったく別の絵柄で、明らかに別の作品だったのである。そして、こちらが正しい北山作品であることが判明、アニメ史の1ページが書き換えられたのだ。一方で、松本発見の『浦島太郎』の制作者は不明になってしまったが、いずれ解明されるのを待ちたい。

新美はさらに調査を進めた結果、3月號の『浦島太郎』に続いて、4月號には『金太郎《きんたろう》』、5月號には『一寸法師《いっすんぼうし》』、6月號には『燕物語《つばめ》』（劇場公開題名は『腰折燕《こしおれつばめ》』）、の各作品がアニメコミックとして掲載されているのを発見した。

新美、松本の発見した計5作品のアニメコミックによって、北山アニメがどんな絵柄であっ

北山清太郎『猿蟹合戦』(1917 年)。『活動之世界』1918 年 10 月號所載のネガ図版を反転したもの

1918（大正 7）年（31 歳）頃、仕事中の北山清太郎（写真提供 : 安田彪）

日活向島撮影所。壁面の動画を撮影中の北山清太郎。『活動之世界』1918 年 10 月號

コミック版『太郎の兵隊　潜航艇の巻』が掲載された『幼年世界』1918 年 10 月號(博文館)の表紙（大阪府立中央図書館国際児童文学館所蔵）

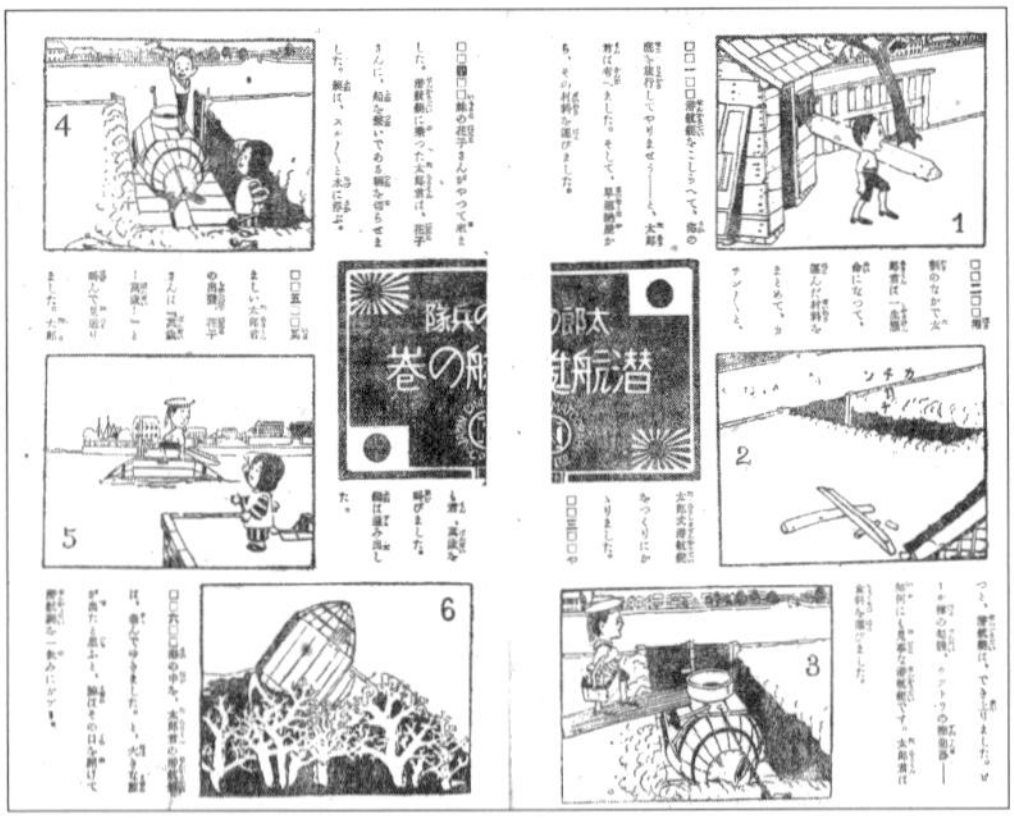

『幼年世界』1918 年 10 月號に掲載されたアニメコミック版『太郎の兵隊 潜航艇の巻』(大阪府立中央図書館国際児童文学館所蔵)

たか、制作手法がいかなるものだったか、研究が大きく進んだのである。日本アニメ初期の資料が少ないだけに、この新発見の意義は実に大きかった。

■日活からの独立、関東大震災、関西移住、映像業界との決別――

時代を戻して、アニメ作家、北山清太郎の話を続けよう。

このころ、北山はアニメ以外の劇映画のタイトルや字幕のデザインのお粗末さが我慢できなかったらしい。タイトルは映画の看板である。北山は日活の芸術部長、藤原幸三郎《ふじわらこうざぶろう》にタイトルや字幕を美術的に改良することを提案。北山はそれを「アート・タイトル」と呼称した。タイトル、字幕のデザインを北山が手がけたアート・タイトル第1号作品が『生ける屍』(原作・トルストイ、監督・田中栄三《たなかえいぞう》、主演・山本嘉一《やまもとかいち》)で、1918(大正7)年3月31日に公開された。タイトルや字幕の美術改良は社内でも好評で、北山は肝心《かんじん》のアニメより、そちらの仕事のほうが多忙になった。どうやらアニメ制作はスタッフにまかせたようだ。

新美ぬゑが発見(前出)した『浦島太郎』、『金太郎』、『一寸法師』、『腰折燕』の雑誌掲載スチール(アニメのコマ)をよく見ると、作品によって絵の描き方が違う。北山は、スタッフひとりに1作品を作らせたのではないか。しかしタイトルのデザインは正直お粗末だ。唯一異なるのは『太郎の兵隊　潜航艇の巻』である。デザインがよく、レタリングも上手《うま》い。そして小さなS・Kのマークがある。北山の孫の安田彪《やすだたけし》は、S・Kは北山（祖父）が使っていた署名だと断定している。すなわち、この作品のタイトルは、北山が自分で描いたと推測される。

やがて、日活映画のグラフィックデザインが飛躍的に向上したことに気づいた他社から、北山にデザインの注文が来るようになった。北山は日活から独立し、1921（大正10）年秋、北山映畫製作所を設立した。

新会社では実写に図解アニメを挿入した教育映画も制作、順風満帆に思えたが、1923（大正12）年9月1日午前11時58分、北山の運命を激変させるできごとが発生した。マグニチュード7.9の関東大震災である。北山の自宅もスタジオも被害を受けた。

震災後、北山は家族を彼の故郷、和歌山に住まわせ、自身は大阪に移り住んだ。それ以降、北山は関東に戻ることなく関西で映像の仕事をすることになったものの、大きな仕事はしていない。

関西に移ってからの北山の仕事で目立つのは、日本のニュース映画発展に貢献したことであろうか。大毎（大阪毎日新聞社）は1924（大正13）年に『大毎キネマニュース』を月2回制作。大阪松竹座、京都歌舞伎座、神戸菊水館《きくすいかん》で上映。5月以降は東京・淺草帝國館、電氣館でも上映。定期ニュースの始まりだった。北山は撮影、現像、編集作業の業務を担当することになり大毎と契約。撮影メンバーの中にはアニメーター嶺田弘の弟もいた。「線映畫の作り方」を書いたのは、この時期である。

北山は関西でなぜアニメ製作を行わなかったのか。アニメの絵が描けるスタッフが集まらなかったのだろうか。

北山の実質上の最後のアニメは大毎から委託された教育用の算術科教材映画『圓《えん》』であった（1932年）。実写と図解アニメである。その後は児童映画制作のため脚本を募集。入選作から実写映画『峠《とうげ》』および『ポケット』の2作（1932〜1933年）も制作している。『峠』のフィルムは京都文化博物館が所蔵。この実写映画2本制作後、北山は映画の世界からも足を洗ってしまった。


ここで、ぜひとも書いておきたい新事実がある。

2017年6月、第1章（P26）でもふれた『神戸映画資料館』のフィルムアーカイブの中から、大正時代に作られ映画館などで上映されたと見られる、宣伝用アニメフィルムが発見された。

関西の化粧品会社『中山太陽堂《なかやまたいようどう》』（現・株式会社クラブコスメチックス）が1920（大正9）年に発売した『カテイ石鹼《せっけん》』を宣伝するフィルムで、約1分半の作品である。フィルム内に登場する鉛筆の発売時期などから、制作は1921〜1922年ごろで、現存する日本最古の宣伝用アニメフィルムと思われる。実は、当時の北山映畫製作所を映した写真の中に「ライオン歯科漫画／クラブ漫画」と記された黒板が確認できる。「ライオン」は『小林商店』（現・ライオン株式会社）を指すと考えられている。小林商店（当時、ブランド名が『ライオン』）が製作した科学映画で北山がアニメパートを担当したという記録があるからだ。そして、「クラブ」は、中山太陽堂の当時のブランド名『クラブ化粧品』では、と推察される。

この推察が正しければ、『カテイ石鹼』宣伝アニメの制作者は北山であろう。残念ながら断定できるほどの証拠が他にないのだが、筆者はその可能性は極めて高いと思っている。今後の研究で新発見がなされ、確定されるのを期待している。

なお前出の『映畫教育の基礎知識』中の、北山による「線映畫の作り方」の記述は貴重な資料なので、項目を書きだしておく。

○日本に於ける線畫史　○線畫の用ひ方　○線畫の原理　○線畫の使命　○撮影機　○撮影の設備　○原畫の大きさ　○原畫用紙と墨汁《ぼくじゆう》　○レンズ　○レンズと原畫の距離　○シャッタの開き　○線畫の作り方の型式　○動作の省略　○動く字幕と統計表

文章の理解を助けるために、イラストも7枚ついている。

この「線映畫の作り方」の原典となった書籍がある。

アメリカで出版された世界で最初のアニメ制作についての書籍『ANIMATED CARTOONS: How They are Made Their Origin and Development』で、著者はE.G.Lutz、出版社はNew

York Charles Scribner's Sons、初版は1920(大正9)年。286ページ、ハードカバーの立派な本だ。若き日のウォルト・ディズニーと相棒のアブ・アイワークスがこの本を図書館で借りだし、むさぼるように読んだそうだ。サンフランシスコのウォルト・ディズニー・ファミリー・ミュージアムに納められたウォルトの遺品中にこの本がある。

筆者はアメリカの古書店で1926年発行の第2版を入手したが、それと「線映畫の作り方」を比較すると、北山がこの本を下敷きにして書いたことがわかる。一目瞭然、説明イラストがほとんどそっくりなのだ。「線映畫の作り方」のイラストは北山の筆によるが、この原本を見て描いたことは間違いない。ただ、「動畫撮影台」だけは複雑な構造だからか、原本のイラストを写真撮影している。

イラストもしかりだが、内容を読んでもほぼ一致している。北山がこの『ANIMATED CARTOONS』を入手し、原文を読んでいることは疑いない。アニメ制作のため、北山もいろいろと資料を漁《あさ》り、勉強していたのであろう。

■「ペール北山」と呼ばれた男、波瀾万丈の生涯――

以上、アニメ作家としての北山清太郎について記してきたが、北山の生涯はどのようなものだったのか。駆け足で紹介する。

筆者はゴッホの絵が好きで、ゴッホはじめ若手の有望な新進画家のパトロン的な存在だったペール・タンギーというパリの画商の存在は知っていた。「ペール」はフランス語で「おやじ」の意味である。しかし、日本にもかつてペール北山と呼ばれた画家がいたことはまったく知らなかった。北山清太郎その人である。北山は1888（明治21）年3月3日、和歌山市生まれ。明治30年代、20世紀初頭、日本では水彩画ブームが起きていた。絵が好きだった北山は、画集『水彩畫之栞《すいさいがのしおり》』（1901年、新聲社刊）で水彩画ブームを牽引《けんいん》した画家・大下藤次郎《おおしたとうじろう》（1870〜1911年）に魅了された。北山は大下が作った『日本水彩畫會』の大阪支部を結成。やがて上京し、本格的に美術の世界に入る。

北山は美術界の情報を知らせるため1912年、『現代の洋畫』を創刊する。西洋美術の図版、海外美術情報、評論の翻訳から日本の画家の美術論、その他展覧会の情報も加えた美術情報誌だった。このとき北山は英語が堪能《たんのう》で海外の美術情報に詳しい青年を編集部員としてスカウトした。後に大画家となる木村荘八《きむらしょうはち》である。さらに北山は雑誌発行だけでなく、若手画家たちの作品制作を手助けし、展覧会開催なども精力的に手がけた。北山は画家、クリエイターというより、育成者、プロデューサー的な才能が優れていたのだろう。彼を慕う若手画家たちは、パリの画商ペール・タンギーを真似て日本版「ペール北山」の呼称をつけた。

1912（大正元）年9月、高村光太郎、岸田劉生、萬鉄五郎《よろずてつごろう》、斎藤与里《さいとうより》、木村荘八らの若手洋画家たちが新グループ『ヒュウザン會』（フランス語の木炭――デッサンに使う）を結成。

北山は第１回展覧会の運営から図録の編集および刊行を引き受け、見事にその責を果たした。

『ヒュウザン會』はメンバー間の意見対立のため、すぐに解散するが、北山はその後、『巽畫《たつみが》會《かい》』（藤島武二、高村光太郎、梅原龍三郎、岸田劉生ら）、そこから分かれた『草土社《そうどしゃ》』（岸田劉生、木村荘八、中川一政《なかがわかずまさ》、河野通勢《こうのみちせい》ら）といった新進気鋭の画家グループに参加、協力し、機関誌編集、展覧会運営などで活躍した。並行して『現代の洋畫』の後、『現代の美術』、『美術雑誌』と雑誌の発行も続けていた。詩人であり彫刻家でもあった高村光太郎は北山のことを「この人（北山）ぐらい熱心に当時の美術界に尽力した人はないであろう」と評した。

だが、１９１６年、北山は『草土社』グループと別れ、７月には『美術雑誌』も終刊し、美術界での活動に終止符を打つ。「歐州戰亂のため色々な故障が起って」（前出「線映畫の作り方」）と語っているが、資金不足に陥《おちい》ったらしいという説もある。道半ばにして無念、であっただろうか。

こうして美術界から映像・アニメの世界へ転身した北山だが、前述したように関東大震災の後、関西へ移住。10年ほどで映像の世界からも去ることになる。

その後は、大阪府堺市七道《しちどう》で町工場を経営、当初は映写機を、戦時中は工具類を作っていたそうだ。終戦近くの１９４５年2月13日午前4時30分、大阪府泉北《せんぼく》郡高石町《たかいしちょう》羽衣《はごろも》病院で脳腫瘍のため死去。56歳。３人のパイオニアの中でいちばん早く亡くなった。

北山の絵画界、アニメ界における功績は孫の安田彪が献身的に調査し、５冊もの私家版書籍を作成している。また、アニメ研究家の津堅信之は京都の臨川《りんせん》書店から2007年7月『日本初のアニメーション作家　北山清太郎』を出版した。北山研究の必須文献である。

■名伯楽・北山清太郎――門下生たちのその後

最後にアニメ分野で北山を支えたメンバーたちのその後にふれておきたい。

アニメーターの山川國三は最初から北山とともに仕事をしていたが、その後は消息不詳。

次に古参の嶺田弘は1900（明治33）年2月1日、東京生まれ。絵画は白馬會《はくばかい》葵橋《あおいばし》洋畫研究所で黒田清輝《くろだせいき》に師事。嶺田が北山アニメのスタッフになったのは17歳の時。北山映畫製作所の在籍期間は2～3年と推測される。嶺田は大衆文学興隆期に風俗小説の挿絵を多く描いた。少年物も得意で『黒將軍快々譚《くろしょうぐんかいかいたん》』や『謎の暗號』などで人気を得た。講談社の『少年倶樂部』では冒険小説の挿絵で活躍。1930年1月の『おや星小星』から1964年4月の『ふしぎの国のアリス』まで28冊の児童向け単行本の挿絵を描いた。1936年には画家の斎藤五百枝らと月刊誌『畫ともだち』発刊。挿絵画家として著名だが、アニメ作家として語られることはほとんどない。1965年9月28日死去。65歳。

石川隆弘は北山映畫製作所を出て1928年、東京シネマ商會で影絵アニメ『牛若《うしわか》と弁慶《べんけい》』を制作。アクメ商會では『孫悟空《そんごくう》』（1928年）の撮影を担当。その後は不詳。

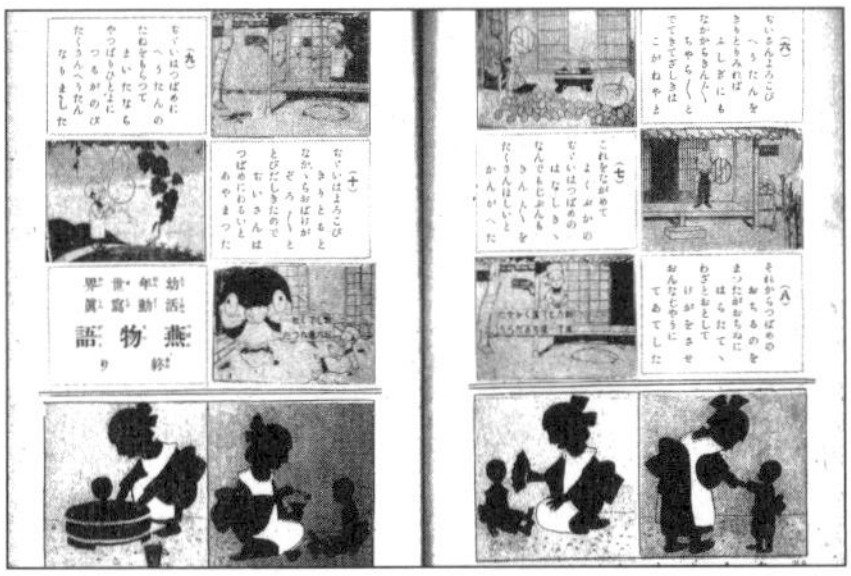

『幼年世界』1918年6月號に掲載されたアニメコミック版『燕物語』(大阪府立中央図書館国際児童文学館所蔵)

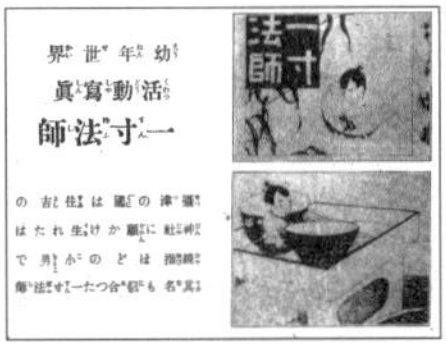

『幼年世界』1918年5月號に掲載されたアニメコミック版『一寸法師』(大阪府立中央図書館国際児童文学館所蔵)

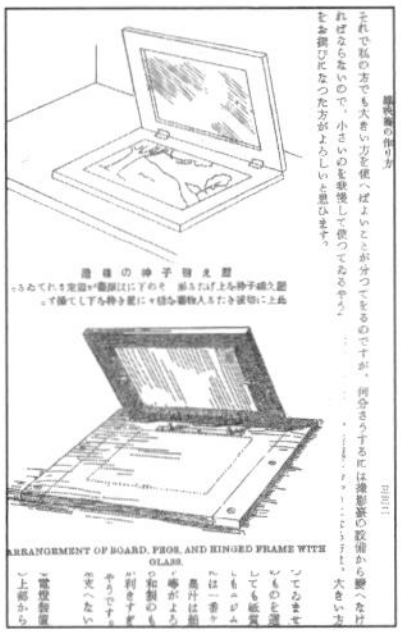

『ANIMATED CARTOONS』の技術解説ページ。北山清太郎が「線映畫の作り方」を書いた時に参照したと思われる

世界で最初のアニメ制作についての書籍『ANIMATED CARTOONS』(E.G LUTZ著/1920年・NEWYORK CHARLES SCRIBNER'S SONS刊)の表紙

上下とも北山清太郎が制作したと思われる『カテイ石鹸』の宣伝用フィルム(図版提供:プラネット映画資料図書館)

1937(昭和12)年49歳、16ミリ映写機を開発していた頃の北山清太郎(写真提供:安田彪)

『大毎キネマニュース』制作スタッフ。右から北山清太郎、太田氏(名前不詳)、嶺田四郎(北山のスタッフの嶺田弘の実弟)、笹原松太郎(写真提供:安田彪)

橋口壽は北山映畫製作所からアクメ商會へ移籍するが死去。

橋口は、看板描きだった木村白山《きむらはくざん》にアニメ制作技術を伝授。白山は多くのアニメを制作したが1932年、日本初のポルノアニメ『すゞみ舟』を制作。小石川《こいしかわ》署に検挙された。幻のアニメと言われたが、近年、東京国立近代美術館フィルムセンター（現・国立映画アーカイブ）に寄贈された由《よし》。

金井喜一郎（ペンネーム・木一路）は1901（明治34）年、栃木県生まれ。北山映畫製作所から独立。1928年東京線畫フィルム製作所を設立し、北山映畫製作所の同僚、戸田早苗（当時は山本早苗。のち山本善次郎／後述）といっしょに『舌切り雀《すずめ》』、『一寸法師』を制作。1929年には『アルキメデスと黄金の王冠』を制作。1931年には帝國教育映畫社で『商人と猿の羣《む》れ』をレコード・トーキーの影絵アニメで制作。レコード・トーキーとは、映像に合わせた音声を入れたSP盤のレコードを映画本編とタイミングを合わせて再生、映像と音声を同時に楽しめるように工夫した実験的な上映方式だ。原作、脚色、監修は文豪の坪内逍遙《つぼうちしょうよう》。

金井は撮影だけでなく作画もこなし、アニメ界で活躍した。最終職歴は東京録音現像株式会社社長。1961（昭和36）年7月16日死去。59歳。子息は4人組のコーラスグループ、ダークダックスの遠山一《とおやまはじめ》（本名・金井哲夫《かないてつお》／愛称ゾウさん。バス担当）。

戸田早苗（本名・戸田善次郎。早苗は雅号。のちに妻の姓を継ぎ山本善次郎となる）は、1898（明治31）年2月6日、千葉県生まれ。戸田（のち山本）は1914年ごろから日本画を学ぶが、その先生が北山だった。北山が日活でアニメ制作を開始後、声をかけられアニメ界入り。大震災で北山が関西へ去ったあと、北山映畫製作所を引き継ぐが、1925年、山本漫畫映畫製作所設立。第1作『姨捨山《うばすてやま》』制作。戦時中も軍の訓練アニメなど制作。戦後、日動映画株式会社を設立するが、この会社は1956年、東映に買収され、東映動画株式会社（現・東映アニメーション株式会社）となった。山本は同社のスタジオ次長となり、日本初のカラー長編アニメ『白蛇伝《はくじゃでん》』を制作し1958年10月22日公開。1981（昭和56）年2月8日死去。82歳。

高城泰策は日活専属カメラマンで北山映畫製作所のスタッフではないがアニメ制作の初期段階から金井喜一郎に撮影技術を教えた。日活時代は戸田（山本）とも親しかったようで、戦後はフリーの立場で山本が制作したアニメの撮影を担当した。作品は『兎と亀の決勝戦』（1952年）、『子うさぎものがたり』（1954年）、『かっぱ川太郎《かわたろう》』（1954年）、『トラちゃんの冒険』（1955年）、『うかれバイオリン』（1955年）。1955年10月、肺ガンで死去。生年不詳。

北山は道半ばでアニメの世界から去ったが、門下からその後の日本アニメ発展を支えた人材が育っている。「ペール北山」はアニメにおいても名伯楽《めいはくらく》であった。

第4章

幸内純一——第1作にして傑作を生んだ天才

■「出色の出來榮《できばえ》」と絶賛された幸内純一第1作、『塙凹内新刀の巻』

国産アニメのパイオニア第3号は幸内純一。

1917（大正6）年6月30日、浅草帝國館で幸内純一制作のアニメ『塙凹内名刀之巻』（公開時の正式題名／以下、『なまくら刀』、『塙凹内新刀の巻』、『試し斬《ぎり》』はすべてこの作品と同一作品である）が前座作品として上映された。

——浪人《ろうにん》風の侍が刀剣売買の「なまくら屋」に来店。ずる賢そうな主人と刀購入の商談。一本の刀を見せられ、侍は刀の刃に指を当てると、血が滴《したた》りおちる。主人は名刀だと購入を勧める（もちろんサイレントだから活弁《かつべん》で話は進む）。腰かけた侍は代金の小判を乱暴にほうり投げる。侍は新刀を買い、試し斬りをしたくなる。

時刻は夕闇《ゆうやみ》迫るころ。侍がやってきたのは大きな柳がある橋のたもと。対岸の家屋には明かりが灯《とも》っている。前を見ると流しの按摩《あんま》がひとり、試し斬りに絶好の獲物発見。フィルムでは「こゝで一番試斬り」のインサート字幕が出る。この按摩が商売の笛を吹くと音符が流れるのだ。後ろから忍びよる人の気配に気づく按摩。抜刀した侍が近づくと按摩は鼻をひくひくさせ殺気を感じる。侍が刀を振りおろした瞬間、按摩は跳《と》びげりを食らわす。このとき、火花の星が画面に出る。音符といい、星といい、紙の漫画で描くのは簡単だがアニメで表現したのには驚いた。侍は空中を3回転し、試し斬りは失敗。一方、按摩はしてやったりと、ほくそ笑む。

一度、失敗した侍は性懲《しょうこ》りもなく、第2の獲物を求め松林へ。ここからは夜を思わすシルエット・アニメ。林の向こうから駆け足でやってくるのは棒の先に文箱《ふばこ》をくくりつけて担《かつ》いだ早飛脚《はやびきやく》。そこへ太い松の木の陰から侍が現れ、出会いがしらに飛脚に斬りつけるが、飛脚はとっさに担いだ文箱を振って侍の頭を直撃。侍は地面に倒れるが、飛脚は「ざまあみろ」という調子で侍の頭を踏みつけ、スタコラサッサと駆け去る。このシークエンスの描写を当時の弁士はどのようなせりふで表現したのだろうか。侍は頭をもたげ、さけぶ。漫画の吹きだしのインサート字幕が出て、文句は「人殺シ――」。刀を杖代《つえ》わりにヨロヨロ立ちあがったとたん、なまくら刀はぐにゃぐにゃに曲がる。侍は刀をほうり投げて林を立ち去る。飛脚に一撃され、倒れた拍子《ひょうし》に、侍の片足の下駄が脱げて飛びあがり松の枝に引っかかったまま。侍は片足はだしで足を引きずって歩きだす。――

ありがたいことに、このアニメが初公開されたときの状況が吉山旭光の『日本映畫界事物起源』に記載されている。

「幸内氏の時代劇物『塙凹内新刀の巻』は洋物専門の帝國館に上映されたので、伴奏の洋樂はあるが和樂はないので、洋樂で間に合《あわ》せの日本樂譜をやり、辻斬《つじぎり》の處は新内《しんない》の流しを聞かせ、日本物の新舊《しんきゅう》映畫が蔭白《かげせりふ》をあしらって居た時代なので、杉浦市郎、佐々木雀遊と共に三羽烏《さんばがらす》と稱《しょう》された故人楠井紫光が畫中《がちゅう》人物の對話《たいわ》を蔭白式に一人で引受け、畫面の初めと終りには蔭白映畫同様に柝《き》を入れ、立廻《たちまわ》りにはツヽケを打ったものである」

（注＝「柝」は拍子木《ひょうしぎ》、もしくは拍子木を打ち合わせて出す効果音のこと。「ツケ」は板を拍子木で打って出す効果音）

この吉山の記述で、活弁は当時、著名な楠井紫光が演じたことが判明した。

また、上映された劇場の帝國館は洋画専門の劇場だったため、活弁に合わせる伴奏音楽も邦画と違うことがわかった。ピアノやドラムやトランペットといった洋式楽器が映画の場面にマッチするように演奏されたのであろう。それに加えて、『塙凹内新刀の巻』が日本物のため、急きょ和楽器も使用。上映の始めと終わりに歌舞伎などの拍子木を使って、時代劇風の演出をしたのだろう。

当時の映画雑誌を調べてみると以下のような記述がある。

「▼漫畫『日本凸坊新畫帖　塙凹内新刀の巻』一巻（小林商會）線畫應用にて舊派《きゅう》（注＝時代劇を指す）の喜劇を撮影したる日本最初の試み　新刀の切味《きれあじ》を試みんとして失敗する滑稽。（帝國館六月三十日封切）」（『活動寫眞雜誌』1917年9月號）

なお、吉山旭光は同誌の「寫眞短評」でこう評している。

「日本凸坊新畫帖として小林商會の試みの一ッたる『塙凹内新刀の巻』は線の太い工合《ぐあい》などがユ社（注＝ユニバーサル映画）の凸坊畫帖から思ひ付いたらしく、中中よい出來だ。併《しか》し投げた小判や刀の鞘《さや》の動きがチト間伸《まの》びがしたのは、撮影の齣數《こまかず》の關係からであらう。併し何ろ舊派の此種のものを我邦で最初に試みたことは、特に記して置かずばなるまい」

吉山は「中中よい出來」と書き、時代劇アニメが初であることも高く評価している。

前章でふれた『活動之世界』1917年9月號の『塙凹内新刀の巻』と『猿蟹合戰』を並べた作品評で、『塙凹内新刀の巻』に関する部分を見てみよう。

「△凸坊新畫帖『試し斬』（小林商會帝國館上場）日本で線畫の出來る様になったのは愉快である。殊に小林商會の『ためし斬』は出色の出來榮で、天活日活のものに比して一段の手際である、殊に題材の見付け方が面白い、日本の線畫は成るべく日本の題材で行きたい『試し斬』といふ純日本式題材を捉《とら》へて來て之を滑稽化した所に凸坊式面白味が溢《あふ》れて居る、日活の線畫が人物は日本のものにしながらその行き方を舶來其儘《はくらいそのまま》に仕て居るのは斷《だん》じて不得策。之では舶來映畫に比して直《ただ》ちに見劣りのするのが目につく、殊に齣數を惜しむ為人物の動作が甚《はなは》だしく斷続的になるのは見苦しい、この『ためし斬』はやゝ完全に其の弊《へい》が除かれてかなり人物の動きが尋常《じんじょう》であった。言ふ迄もなく、線畫の妙味は線にある、『ためし斬』は外は無難であったが、人物の表情が如何にも惡感《あっかん》であった、凸坊畫帖は、如何なる場面にも表情は凸坊式愛嬌《あいきょう》がなくてはならぬ。（中略＝P65の『猿蟹合戰』評が入る）線畫に於ては、猿蟹は固より、場合によっては生なき物にも表情が必要である、そして、その表情に多少の人間味を加味するといふ事が大切である、現在の日本線畫は此點《このてん》に於て總て工夫を缺いて居る。此『試し斬』の後半に、影繪《かげえ》を應用したのは仲々の思ひ付きであった」（注＝『試し斬』、『ためし斬』の表記は原文ママ）

この映画評の評者は不詳だが作品評は的《まと》を射ている。幸内作品を「出色の出來榮」とまで評価している。おまけに後半の影絵アニメにも注目していた。

『塙凹内新刀の巻』は洋画系の帝國館で公開されたが、どのような洋画といっしょに公開されたのか調べてみた。

1・『ユニヴァーサル活動週報第62號』（1巻）、2・『恋仇《こいがたき》』（米ユニヴァーサル1巻、喜劇）、3・『人違ひ』（米クリスティ1巻、喜劇）、4・『誕生日』（米ユニヴァーサル5巻、人情劇）、プラス前座の『塙凹内新刀の巻』の5本立て上映であった。

■奇跡の発見が3度、『なまくら刀』復元される

筆者は『塙凹内新刀の巻』35ミリ版のフィルム上映とDVD版の両方を鑑賞した。パイオニア3人の中で最初の作品が見られるのは幸内純一の『塙凹内新刀の巻』のみであるが、この35ミリ版発掘には奇跡があった。本稿の後に収められている、発見者の松本夏樹が書いた「『なまくら刀』発見ものがたり」もお読みいただきたい。

なお、筆者はここまで、引用文献中の記述に沿って『塙凹内新刀の巻』と記してきたが、幸内が制作時につけた題名はアニメの内容にマッチした『なまくら刀』である。松本も『なまくら刀』を用いていることもあり、少々ややこしいが、これ以降は『なまくら刀』で統一する。ご了承いただきたい。

この作品は、1917(大正6)年6月30日に帝國館で封切られ、以降、二番館、三番館で上映され、地方でも上映された。そして最後はフィルムが分割されて玩具フィルムとして販売された。100年前に制作公開された『なまくら刀』の玩具フィルムが東京国立近代美術館フィルムセンター(以下、フィルムセンター/現・国立映画アーカイブ)に集まり、傷んだ

フィルムが修復され公開されるに至るドラマをドキュメンタリー風に紹介しておきたい。

映像文化史家の松本夏樹が1917（大正6）年に劇場公開された幸内純一第1作の『なまくら刀』の玩具フィルムを発掘したのは2007年7月のこと。貴重なフィルムはフィルムセンター研究員（当時）の板倉史明《いたくらふみあき》が大阪までフィルムを取りにきてセンターで修復した。松本版のフィルムはメインタイトルもついており導入部分と橋のたもとで按摩に蹴とばされる場面と飛脚を狙って反対に反撃されて終わる場面で上映時間はわずか2分。それでも日本アニメの歴史上、貴重な発見であった。なおフィルムは黄色に染色されていた。

翌2008年に2度目の奇跡が起きた。フィルムセンター研究員の大傍正規《だいぼうまさき》が2008年にセンターに寄贈された南湖院《なんこいん》コレクションのフィルムを点検中に『なまくら刀』の別バージョンを発見。松本フィルムにない場面で、侍が刀商からなまくら刀を購入し、4枚の金貨をほうり投げる場面であった。このフィルムは作品名不明のアニメと実写フィルムの間に挿入されていて、玩具フィルムではなさそうだ。フィルムは緑色に染色されている。このフィルムも修復され、松本バージョンにつながれ、上映時間4分強になった。当時のアニメはアメリカのアニメでも1巻5〜6分が多かった。今回、発掘されたフィルムでほぼ完全版に近くなり、2014年、フィルムセンターの企画上映『発掘された映画たち2014』で上映された。

実は修復段階で、大傍研究員が思わぬ発見をしている。幸内のアニメ制作の技法が判明したのだ。幸内アニメは、キャラクターを紙に描いて切り抜き、動く部分のパーツを1コマ撮影するたびに取りかえる切り紙アニメであった。だが幸内は、あるカットで侍の口の動くパーツを数コマで取りかえわすれ、残したままで撮影してしまった。大傍はフィルム点検中にこのミスを発見した。取りかえわすれたパーツが写っていたため、幸内アニメはパーツをコマごとに取りかえる切り紙アニメであることが判明した。大きな成果である。

筆者がもうひとつ驚いたのは、『発掘された映画たち2014』を扱った『NFCカレンダー』（フィルムセンター発行／上映作品の紹介資料のチラシ）に掲載された新発掘の『なまくら刀』のフィルム4コマにあたる場面だ。

侍が刀の代金の小判をほうり投げ、それを刀商が手を伸ばし受けとる場面、小判がストンと落ちるのではなく木の葉が舞いおちるように動きを変えている。小さな小判を切り紙で動かしたのだろうが、初めて制作したアニメなのに、これだけの技術を投入した幸内の努力に感心した。

おまけに強欲主人の大きな目玉の黒目部分は、ほうり投げられ落ちてくる小判を追いかけて細かく動いている。主人の目と小判の動きの細かさに感動する。

「二度あることは三度ある」ということわざがあるが、3度目の奇跡が実際に起きた。2018年、映画史研究者の本地陽彦《ほんちはるひこ》が玩具フィルムの箱入りをフィルムセンターに寄贈した。これが第3の『なまくら刀』であった。このフィルムには今までのバージョンにないカットが含まれていた。新しく発見されたカットは3場面ある。

まず、侍を蹴とばした按摩が「してやったり」と口をゆがめて笑う場面だ。ふたつめは、飛脚が松並木を走る場面。さらに、従来バージョンのラストシーンは、侍が転んで刀がぐにゃぐにゃに曲がるところで終わっていたが、新発見のフィルムには、侍が刀を拾いあげ、ほうり投げる動作と、その刀が地面に突きささる場面があったのである。かくして、新発見のカットを加え、フィルムの全長は4分11秒ほどになり、ほぼ完全な『なまくら刀』が復元された。

■第4のパイオニア、親友・前川千帆の協力

ここで、幸内純一がアニメ制作に至る経過を記しておきたい。

第2章、第3章で書いたように、天活が漫画家の下川凹天に国産アニメ制作を依頼したのが1916（大正5）年。北山清太郎が独自に日活にアニメ制作を提案したのも同年だ。

小林商會の辣腕経営者、小林喜三郎は天活、日活がどうやら国産の凸坊新畫帖を作っているらしいという情報をキャッチしたものと推測される。負けん気が強い小林は同社でも国産アニメを作ってひと儲《もう》けしたいと考えたのだろう。アニメ制作には漫画家が必要だ。白羽の矢を立てたのは幸内純一。

幸内はそのころ、東京毎夕新聞社（後に下川凹天も在籍）で一面の政治漫画を描いていた。

1917年2月、小林商會の小林からアニメ制作の依頼を受け、新聞社を辞め制作に着手。

幸内の父親は機械屋で、幸内もメカニックに強く、撮影機の小さい故障などは自分で修理したそうだ。アニメ制作に適性があったといえよう。しかし、当然ながら幸内にとってアニメ制作は初めての経験である。知識もほとんどなかったであろう。

筆者の推測だが、幸内は下川からアニメ制作のノウハウを聞いたのではなかろうか。下川自身が情報交換を否定している資料があるようだが、幸内と下川はともに北澤樂天の『東京パック』誌上で描いていた漫画家同士だ。実は交流していても不思議はないと想像するのだが。

アニメの動きについては、実際のアニメフィルムを調べればどのように動くのかが理解できる。事実、劇映画の著名監督だった市川崑《いちかわこん》は若かりしころ、1933年から1935年にかけて、京都のJ・Oスタジオでアニメ制作に従事していたが、アニメの動きについては「会社にアニメのフィルムを買ってもらって動きを研究した」と書いている。おそらく幸内も、凸坊新畫帖（外国アニメ）のフィルムを見て、動きを研究したと推測される。

幸内には強い助《すけ》っ人《と》がいた。親しい漫画家の前川千帆である。前川は幸内の初アニメ『なまくら刀』制作に協力し、脚本、キャラクター造形などに絶大な貢献をした。『なまくら刀』は、前川千帆の協力あってこその傑作だ。幸内最後の作品『ちょん切れ蛇《へび》』も、前川が原作顧問として関わっている。前川は「パイオニア3人組」には入っていないが、その功績は3人と並ぶと言ってよい。2017年の『にっぽんアニメーションことはじめ 〜「動く漫画」のパイオニアたち〜 展』（P114）では前川を入れた4人を「パイオニア」として扱った。

前川千帆の本名は重三郎《じゅうざぶろう》。1888（明治21）年10月5日、京都生まれ。漫画を描いていたが、のち木版画に転向。帝展、日展無鑑査の腕前。漫画の代表作は『あわてものの熊さん』。版画作品では『工場風景』や『野遊び』が有名。1960（昭和35）年11月17日死去。72歳。

とにかく幸内は小林の要望にこたえた。1917年2月に制作依頼され、6月30日に公開にこぎつけたのだから。超スピードの制作にもかかわらず幸内は、日活の下川、天活の北山より優れた作品を作り、小林の期待を裏切らなかった。

幸内は同年8月11日、第2作『茶目坊空氣銃の巻』（『茶目坊スケッチ　空氣銃の巻』）を制作。浅草帝國館で公開されている。一説では、内容が子どもにいたずらを教えると検閲《けんえつ》で上映禁止になったともいう。その後、『塙凹内かっぱまつり』を制作したが、公開劇場や公開日不詳。しかし、小林商會興行部が経営不振になり、アニメ制作もストップした。幸内はしばらく浪人生活を送り、1918年2月、東京毎日新聞社に入社。政治漫画家としてカムバックし、アニメからいったん距離を置いたようだ。

しかし、関東大震災の後、ふたたびアニメ制作に戻ることとなる。

■幸内門下生第1号、大藤信郎

1923(大正12)年9月1日に起きた関東大震災で壊滅状態となった首都、東京市を復興させた第一の功労者は、当時、内務大臣兼帝都復興院総裁で、前東京市長でもあった後藤新平《ごとうしんぺい》(1857〜1929年)である。

後藤新平は岩手県生まれ。「大風呂敷《おおぶろしき》」というあだ名もつけられた壮大な構想力と卓越した行政手腕を持ち、初代満州鉄道総裁、逓信相、内相、東京市長などを歴任。日ソ国交調整などの外交面や震災復興に功績を残した。震災の年の暮れ、後藤新平後援會は後藤の功績をアニメにしたいと幸内に打診する。たぶん、劇場で『なまくら刀』のアニメを見て、幸内に制作依頼したのであろう。幸内は、このPRアニメ制作をOKし、自宅アトリエをスタジオにして『スミカズ映畫創作社』と命名、アニメ制作に復帰した。

翌1924年2月、『人氣の焦点に立てる後藤新平』が、東京・虎ノ門にある復興會館で公開された。このPR映画を見た鐘淵《かねぶち》紡績社長で衆議院議員でもある武藤山治《むとうさんじ》(1867〜1934年)はアニメのPR効果に気づき、武藤自身の政党『實業同志會《じつぎょう》』(のち國民同志會)の綱領のアニメ化を計画し幸内に制作を依頼した。政党のPRアニメだけに、制作資金は潤沢であった。これ以降、幸内は1924〜1929年にかけて政党のPRアニメ9本を制作、ほぼ

PRアニメ専門作家であった。

幸内のスタジオには、アニメ作家志願の青年たちが集まってきた。

第1号は大藤信郎（1900〜1961年）。大藤は最初、日活の北山清太郎に弟子入り志願に行くが、どうやら断られたらしく、次に幸内のもとを訪れた。18歳だったと伝えられる。大藤は幸内を手伝いながらアニメ制作の技術を習得、1921年に自分のスタジオ「自由映畫研究所」を設立する。幸内の仕事を手伝うかたわら、スタジオの機材を使わせてもらって自主制作していた作品を1924年に試作品として完成させる。題名は『のろまな爺』。

2013年5月、『プラネット映画資料図書館』（前出。P26参照）が、大藤のアニメ2本を発掘した。そのうちの1本が、試作品『のろまな爺』であった。89年ぶりに発掘されたのだ。もう1本は日本で最初のシネマスコープ・アニメをめざして制作されていた『竹取物語』のラッシュネガである。1961年、撮影寸前に大藤が病死し、幻となっていた作品だ。その後、フィルムは修復され、見られるようになった。なお、結果的に日本初のシネマスコープ・アニメとなったのは、先に完成し、1959年に公開された東映動画の『少年猿飛《さるとび》佐助《さすけ》』である。

筆者とともに『日本アニメーション映画史』を著した山口且訓《やまぐちかつのり》＊欄外注がかつて、生前の幸内にインタビュー取材した際、幸内は大藤のことを「良い青年だった」とほめていたそうだ。

幸内の弟子には大藤の他に、加藤禎三《かとうていぞう》（ペンネーム・加藤てい象《ぞう》、加東てい象）と西倉喜代《にしくらきよ》

＊注＝『日本アニメーション映画史』出版時は「且訓」。

治《はる》がいる。両人ともやがて独立して活躍。加藤は戦後、教育紙芝居作家となった。幸内はアニメ界の人材育成にも功績を残したのである。

幸内が制作した最後の作品は、初のトーキーアニメ『ちょん切れ蛇』。1930(昭和5)年、幸内は、第1作『なまくら刀』に協力してくれた前川千帆とコンビで、発声円盤式(インターナショナル録音装置)のトーキーアニメ制作に取りかかる。当時、売れっ子の漫談家で名司会者でもあった大辻司郎《おおつじしろう》がセリフを吹きこんだ。完成した『ちょん切れ蛇』は翌1931年3月19日、新宿松竹座で公開された。この作品を最後にアニメ界を去った幸内だが、1917年の『なまくら刀』から1931年の『ちょん切れ蛇』まで計15本の作品を制作した。残念なことに前述のとおり9本は政党のPRアニメで、一般公開されることなく政治家たちの集会場所や演説会場で上映された。フィルムが現存している作品は、国立映画アーカイブ所蔵の『なまくら刀』および政党PR『映画演説政治の倫理化　後藤新平』の2本のみである。

■漫画家、幸内純一の軌跡

アニメに関わった期間以外の幸内のプロフィールを簡単にまとめておこう。

本名、幸内純一《こううちじゅんいち》(一時、アニメ制作スタジオの社名にスミカズを使用したので、読みはスミカズ説もある)。1886(明治19)年9月15日、岡山県生まれ。幸内の幼少時、一家は東京に移転。父親は前述したように機械屋だった。幸内は12歳のころ、画家になりたいと思うも、食べていけないと説教され、夢をあきらめる。しかし立教中学在学中、英語を学びに通った築地《つきじ》のサンマース英語学校で出会った非常に絵が上手いクラスメートに感化され、ふたたび絵の世界をめざした。1905(明治38)年1月、当時の水彩画の大家、三宅克己《みやけこっき》(1874〜1954年)の門下生になった。ここで1年間、人物の臨本《りんぽん》模写を学び、翌1906年1月から谷中《やなか》に開校したばかりの太平洋畫會(1902年1月創立)の洋画研究所の新校舎に通う。石膏《せっこう》写生、人体デッサン、油絵を学んでいたが、家業が傾き、自分で生計を立てねばならなくなった。三宅に相談したところ、1908(明治41)年4月、北澤樂天(第2章参照)を紹介され、幸内は樂天が発行していた『東京パック』(下川もいた)の同人になる。幸内は漫画を描くテクニックをここでマスターして、漫画家となった。やがて樂天とともに、幸内は『樂天パック』に移り、1912年7月、明治天皇崩御《ほうぎょ》の際の『樂天パック 御大葬紀念画帖(1巻8号)』まで働いた。その後、1912(大正元)年12月、幸内は東京毎夕新聞社に入社し、一面に政治漫画を5年間描く。そして1917(大正6)年2月、小林喜三郎に依頼されたアニメ制作に取り組むため、新聞社を退社した。

その後、数年間のブランクをはさんで、1931年までアニメ制作に携わった後、ふたたび漫画家に戻る。アニメ界リタイア後、讀賣新聞で漫画を描いたのち、かつてのスポンサー、武

山本善次郎。北山清太郎の門下生で北山映畫製作所を継承した。のち山本漫畫映畫製作所を設立。戦後は東映動画（現・東映アニメーション）で日本初の長編カラーアニメ『白蛇伝』制作にも関わる

若き日の幸内純一。1922（大正11）年（写真提供：川崎市市民ミュージアム）

小林喜三郎

前川千帆。1922（大正11）年（写真提供：川崎市市民ミュージアム）

1931（昭和6）年、幸内純一が初めて手がけたトーキーアニメ『ちょん切れ蛇』。これが幸内最後のアニメ映画となった

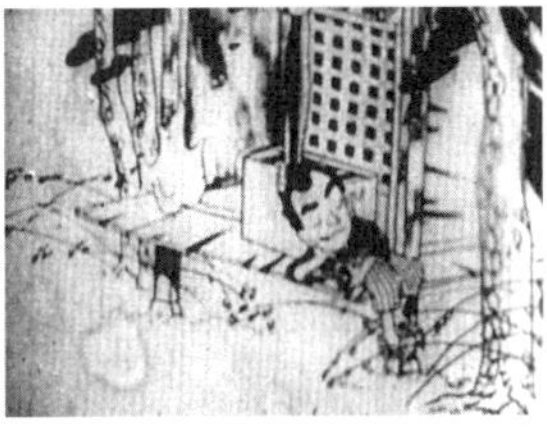

幸内純一の『兵六武者修行』（1920年）

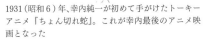

藤山治が社長を務める時事新報に請《こ》われ絵画部長として入社、ふたたび政治漫画を描いた。

終戦後の幸内は、漫画の世界で活躍することもなく忘れさられた存在となり、１９７０（昭和45）年10月6日にこの世を去る。84歳。著書に『時事漫畫からでつぽう』（１９２２年、松陽堂書店刊）がある。


最後に、幸内も下川同様、アニメ界からリタイア後もアニメ制作についての文章をいくつか書いているので記しておく。

まず、１９３４年2月に出版された『日本漫畫會編　漫畫講座第二巻』（建設社）に収録された「トーキー漫畫の作成法」である。この本はなかなか興味深いので、目次を列記しておく。

「日本漫畫略史……細木原青起《ほそきばらせいき》」、「漫文といふもの……水島爾保布《みずしまにおう》」、「似顔の描き方……池部鈞」、「漫謡漫畫の描き方……阪本牙城《さかもとがじょう》」、「畸形畫《きけいが》の描き方……服部亮英《はっとりりようえい》」、「トーキー漫畫の作成法……寺内純一（注＝「幸」を「寺」と誤植）、『漫畫芝居の演《や》り方』「漫畫レヴュウの演り方……安本亮一《やすもとりよういち》」「レヴュウ型式に……小野佐世男《おのさせお》」、「漫畫舞臺装置法……宮尾しげを」、「漫畫挿繪《さしえ》の描き方（一）……田中比佐良」、「漫畫挿繪の描き方（二）……池田永一治《いけだえいいちじ》」、「漫畫家の修養法……岡本一平」


幸内が書いた「トーキー漫畫の作成法」の内容はこうだ。

「一、映畫よりトーキーへ　二、トーキー漫畫の構成（筆者注＝「漫畫界の人気者」というページのイラストはうさぎのオズワルド、ミッキーマウス、ミニーマウス、かえるのフリップ、仔犬プーチ、インクウェル・インプ〈フライシャーのココ〉、プラトー〈プルート〉、ベティ・ブープ、ビンボー〈ビン坊〉）　三、漫畫作畫法【作畫法】人物及び動物【墨描部《すみがき》】【仕上部】【背景部】　四、撮影　五、録音　六、結論、我邦のトーキー漫畫界」

6章にわたってトーキーアニメについて解説している。幸内がアニメを実作していた当時はサイレントで、最後の作品のみレコード・トーキーだが、幸内も下川同様、トーキーアニメについての研究は怠っていなかったようだ。なおこの本は不思議なことに、第2章で紹介した下川凹天が書いた『實習指導　漫畫の描き方』（1943年、弘文社刊）、『漫畫講義』第三巻（通販のため出版年月日なし　藝術學院刊）と、図版がまったく同じである。下川が描いたのを幸内が真似たのか、または反対なのか。（P118・注2）

幸内は美術雑誌『東陽』（巣林書房）の漫画特集号（1936年10月）にも「現代漫畫映畫に就いて」と題してアニメのミニ歴史と1936年当時のアニメ制作事情について解説している。見出しだけでも記しておこう。

「一、漫畫映畫の社會的必需性と進展性　二、商品としての取引關係　三、技術的可能性　四、資本と經營者」

以上の4点だ。幸内はアニメ制作から離れても、アニメの技術や商業性について広くよく勉強している印象を受けた。

2005年3月31日、東京国際アニメフェア2005（現在の東京アニメアワードフェスティバルの前身）で、新設された功労賞の第1回において「特別功労賞——日本のアニメをつくった20人」として顕彰された。顕彰者は「草創期のパイオニア」10名、「プロダクション設立者」5名、「原作者」5名。「草創期のパイオニア」10名は、下川凹天、北山清太郎、幸内純一、村田安司、山本早苗、政岡憲三《まさおかけんぞう》、大藤信郎、横山隆一《よこやまりゅういち》、持永只仁《もちながただひと》、森《もり》やすじ、であった。

幸内純一は、下川凹天、北山清太郎に少し遅れたが、ふたりが最初に採用したと思われる黒板アニメよりも進んだ切り紙方式のアニメを第1作として完成させた点で、日本アニメの基礎を築いたと言えるだろう。

日本のアニメがそのスタートから高水準にあったことを証明する、『なまくら刀』フィルムの発見は、アニメ史研究を大きく前進させた。さらなる新資料、あるいはフィルムの発掘を期待したい。

終章　日本のアニメ、未来への展望――

■歴史を検証し、未来を創る――『アニメＮＥＸＴ＿１００』プロジェクト

本稿の最後に、２０１７年、日本のアニメ誕生１００年という節目をめぐる、有意義なできごと、イベント、メディアの反応などをまとめて記しておきたい。

アニメ制作会社など80社で構成される一般社団法人日本動画協会は、アニメ誕生１００年を「日本アニメの未来を創造する契機」と位置づけ、２０１５年10月に準備検討会を設け、２０１６年1月、『アニメＮＥＸＴ＿１００』プロジェクトを発足させた。

『アニメＮＥＸＴ＿１００』を構成するのは、以下の３つのサブプロジェクトである。

一、「日本のアニメ大全」――日本のアニメを歴史的に体系だて未来へつなげる、アニメアーカイブとデータベースを構築する。

二、「アニメーション教育・人材育成・発掘」――幼少期より観察・想像・創造する力を芽《め》吹《ぶ》かせる一助となるよう、アニメーションを用いた教育を研究・開発・推進する。

三、「アニメの未来」――文化・芸術・産業の観点から、世界をフィールドにアニメを未来に役立てることをめざし、これまでにない切り口で、フェスティバル・企画展・見本市などを展開する。

2016年1月、まずは「日本のアニメ大全」プロジェクトの始動として、日本初の国産アニメ作品を明らかにするため、大徳哲雄《だいとくてつお》と筆者が代表を務める調査チームを編成、調査を開始した。そして、同年3月に開催された総合アニメーションイベント『アニメジャパン』、および7月に日本動画協会が実施したセミナー『アニメビジネス・パートナーズフォーラム』において、それぞれ中間報告を発表。さらに、12月6日に実施された『アニメNEXT＿100』キックオフシンポジウムで、翌2017年に向けた調査報告を行った。その成果が本書につながっている。また、毎年10月22日を「アニメの日」と定め、2017年9月に日本記念日協会に登録、10月に正式発表した。10月22日は、1958年、東映動画（現・東映アニメーション株式会社）が製作した国産初めての長編カラーアニメ『白蛇伝』が公開された日であり、まさに日本のアニメ産業の起点と呼ぶべき記念日である。続いて、２０１６年〜２０１７年に実施されたアニメ誕生１００年関連行事について順番に記述していこう。

※２０１６年

■『第16回　広島国際アニメーションフェスティバル』（２０１６年8月18〜22日）

隔年で開催されるこのアニメフェスティバルは、木下蓮三《きのしたれんぞう》・小夜子《さよこ》夫妻の尽力で創設されたものだ。この年には１００周年を記念して日本アニメーション大特集が実施された。27企画が組まれ、歴史編①では唯一フィルムが残された１９１７年の幸内純一作品『なまくら刀』を筆頭に13作品が上映された。戦前編、戦中編、戦後編と日本アニメの歴史をたどる有意義な企画上映であった。筆者を含めアニメの有識者が上映作品を選出した。

■『動き出す！　絵画　ペール北山の夢』（２０１６年9月17日〜２０１７年3月12日）

パイオニア3人衆のひとり、北山清太郎の画業及びアニメ制作の功績を讃《たた》えた展覧会が、東京ステーションギャラリー（２０１６年9月17日〜11月6日）を皮切りに、全国3か所で巡回開催された。この展覧会は、北山の出身地、和歌山の県立近代美術館学芸員・宮本久宣《みやもとひさのぶ》の研究成果を活かしたものである。２００７年、宮本は「北山清太郎と大正期の美術をめぐる研究」の功績が認められ、全国１５０あまりの美術館が加盟する美術館連絡協議会の活動助成対象に選ばれた。宮本の研究の陰には、北山清太郎研究の私家本を発表している北山の孫の安田彪（第3章87ページ）の助力が大きかった。

北山展は、東京に次ぎ和歌山県立近代美術館（２０１６年11月19日～２０１７年１月15日）、下関市立美術館（２０１７年１月28日～３月12日）で開催された。国産アニメパイオニア３人衆の中で3館にわたる展覧会を開催してもらったのは北山清太郎のみである。宮本や孫の安田の努力に草葉の陰から見守った北山もさぞかし嬉しかったことだろう。

※２０１７年

■『国産アニメーション誕生百周年記念展示　にっぽんアニメーションことはじめ　～「動く漫画」のパイオニアたち～』（２０１７年４月６日～７月２日）

１００年前にアニメ制作に挑んだ、下川凹天、北山清太郎、幸内純一、前川千帆の４人のパイオニアの業績をふり返るとともに、１９１７年に何が起こったのかを写真や当時の雑誌などを展示して検証する展覧会が京都国際マンガミュージアム（京都市）で開催された。

同ミュージアムでは7月1日、『『なまくら刀』公開１００周年記念祭」が行われた。幸内純一制作の『なまくら刀』は、１９１７年6月30日に東京・浅草の帝國館で初公開された。１００周年記念ということで当時の上映風景を再現する上映会が開かれた。

国産アニメのパイオニア３人衆が制作したフィルムで唯一現存するのは、35ミリ版『なまくら刀』であり、その発見者である松本夏樹は玩具映写機や玩具フィルムおよび幻燈器（マジッククランタン）蒐集《しゅうしゅう》家でもある。松本が所蔵する大正時代に使用されていたクランク回しの映写機を使い、大森《おおもり》くみこが弁士、鳥飼《とりかい》りょうがピアニストとして参加、オールドタイプな上映会が実現した。なお、この催しの主催は京都国際マンガミュージアムと京都精華大学国際マンガ研究センターだが、展覧会の企画・構成はモリシタトヨミ、髙田苑実、新美ぬゑによるクリエイティブ・ユニット「Animation As Communication」が担った。共催としておもちゃ映画ミュージアムも関わっている。マンガミュージアム側のコーディネートは應矢泰紀《おおややすのり》が行った。

『にっぽんアニメーションことはじめ』は京都に続き、川崎市市民ミュージアムでも巡回開催（9月2日〜12月3日）。同ミュージアムには下川凹天の遺品が収蔵されていることから、同展との併催という形で下川の漫画家としての業績をふり返る『「漫画家」下川凹天　〜そのテンテンたる生涯〜』も開催された。上映設備が整っていることもあり、草創期のアニメや、戦前初の長編アニメ『桃太郎　海の神兵』なども上映された。

■『日本アニメーション映画クラシックス』（２０１７年2月）

日本のアニメ誕生１００年を機に、東京国立近代美術館フィルムセンター（現・国立映画アーカイブ。２０１８年4月組織名改称）は、センター所蔵作品の中から著作権をクリアした日本のアニメ草創期の作品をウェブサイト『日本アニメーション映画クラシックス』で視聴できるシステムを構築、２０１７年2月22日に公開した。公開されたのは、１９１７年の最初の作品『なまくら刀』から1941年の『アリチャン』まで64作品。これを現在も無料公開しているのは英断と言えよう。

■日本のアニメの未来には何があるか――

新聞、雑誌、TVメディアは、日本のアニメ誕生100年をどう扱ったか。まずは2017年元旦の新聞各紙を検証しておこう。アニメ大国日本のマスコミが大きく紙面を割くかと思ったが、アニメ100年を取りあげたのは朝日新聞と日本経済新聞の2紙のみであった。

朝日は別刷紙面10段で「アニメ1世紀　アトム前の輝き」という大きな横見出しをつけた。また日経は見開き2ページ、各10段の扱いで写真もカラー。見出しは「日本アニメ100年世界をとりこに」。

1月4日付の日経MJ紙も、10～11面の見開き2ページ10段。10面は「日本のアニメ強さ問い正す」をテーマとし、日本アニメの抱える低賃金などの問題点にもふれ、経済紙ながらいちばん内容が濃く読みごたえある記事となっていた。

またNHKのBSプレミアムでは、視聴者の投票による「ベスト・アニメ100」選出企画（投票期間2017年1月～3月）が実施された。Webアンケートだったため投票者は若年層が多かったであろう。その結果、1～10位までがTVアニメとその劇場版で独占された。

なお、この投票の際、参考にと公開されたアニメ作品データは日本動画協会データベースアーカイブ委員会が構築した作品データベースの協力を得て作成されたものだったが、「時系列・作品情報などのクオリティが高い」と評判を呼んだ。

今を去る100年前の1917年1月、日本の劇場で初めて国産の商業アニメが公開された。おそらく5分前後のミニアニメだったが、欧米のアニメが幅を利かせていた中に殴りこみをかけたものだった。太平洋戦争中も細々ながら国産アニメは作りつづけられていた。

そして1958年、東映動画社長・大川博《おおかわひろし》の英断で、国産初めての長編カラーアニメ『白蛇伝』が作られた。1963年には漫画家の手塚治虫が念願のTVアニメ・シリーズ『鉄腕アトム』を開始し、お茶の間の子どもたちをとりこにした。その後は多くのTVアニメが外国に輸出され、当初は軽べつ的な目で見られることもあった〝Japanimation〟は、世界中に通用する〝ANIME〟に成長した。高畑勲《たかはたいさお》や宮崎駿《みやざきはやお》といった監督の知名度は国際的にも高く、彼らに続く数多くの人材も育っている。

100年前の黒板アニメや、紙をハサミで何千枚と切り抜いて動かした切り紙アニメ時代から幾星霜《いくせいそう》が経ち、現代は3DCGが全盛となった。そのうちアニメにもAIが導入されることになるだろう。下川や北山や幸内が制作で費《つい》やした汗の一滴一滴が源流となって今日のアニメが存在する。過去のアニメを振りかえって未来のアニメを想像してみたい。

■注記

＊注1

凸坊は下川凹天（第2章）の師匠にあたる北澤樂天（P 55）が 1903（明治 36）年ごろに、『時事新報』紙上に設けた毎週の漫画欄「時事漫画」で登場させた子供のキャラクターの名前である。凸坊と凹坊（へこぼう）がコンビとして描かれることが多く、おでこが大きいというより､凸凹という記号的な意味でのネーミングであったと思われる。これが人気となり、明治末ごろには子供の登場人物の定番的な名前として、他の漫画家が描く作品にも拝借され、広く使われるようになっていた。「凸坊新画帖」という呼び方も、アニメは子供むけ漫画の延長線上にあるという発想でつけられたと考えられる。なお、茶目（茶目子や茶目坊とも）も同じく北澤樂天が凸坊と同時期に考案したキャラクターの名前である。（新美ぬゑ）

＊注2

ここで触れられているのは、日本漫畫研究會が昭和 10 年頃に刊行した漫画の通信教育用教材『漫畫家養成講義録』の改訂版である（日本漫畫研究會は戦中に藝術學院に改称する）。日本漫画研究會が出していた宣伝冊子には、顧問として岡本一平や島田啓三が列記されているのだが、下川の名前はなく、会に関わっていた形跡も見られないため、この本で使われているテキストを下川が書いたとは断定しがたい。下川は『實習指導　漫畫の描き方』で戦争宣伝のプロパガンダとしてアニメーションの有用性を主張しており、制作法も載せる必要を感じて『漫畫家養成講義録』をそのまま引用したのではないだろうか。

また、『漫畫家養成講義録』の記事と、幸内の書いた「トーキー漫畫作成法」で使用されている図版がほぼ同じである件（P 108 ～ 109）については、どちらともが参照した大元となる本があったという可能性が考えられる。（新美ぬゑ）

【参考文献】主要なもののみ

（単行本）

『映畫教育の基礎知識』全日本活映教育研究會編、１９３０（昭和５）年２月 10 日、教育書館

『日本初のアニメーション作家　北山清太郎』津堅信之、２００７（平成 19）年７月 20 日、臨川書店

『日本アニメーション映画史』山口且訓、渡辺泰、１９７７（昭和 52）年８月、有文社

『日本映画発達史』Ⅱ、Ⅴ、田中純一郎、１９７６（昭和 51）年７月、中央公論社中公文庫

『漫畫講義』第三巻、出版年月日記載なし　藝術学院

『日本漫畫會編　漫畫講座』第二巻、１９３４（昭和９）年２月、建設社

『実習指導　漫畫の描き方』下川凹天、１９４３（昭和 18）年４月、弘文社

『日本映畫界事物起源』吉山旭光、１９３３（昭和８）年、シネマと演芸社

（雑誌）

『キネマ・レコード』１９１３（大正２）年 10 月～１９１７（大正６）年 12 月、キネマ・レコード社

『活動寫眞雑誌』１９１５（大正４）年６月～１９１８（大正７）年、活動寫眞雑誌社

『活動之世界』１９１６（大正５）年１月～１９１９（大正８）年、活動之世界社

『下川凹天研究（１）─誕生と死と─』大城冝武、沖縄キリスト教短期大学紀要第 23 号、１９９４（平成６）年 12 月

『明治大正世相あれこれ』下川凹天（下川凹天先生遺稿）出版年、出版社不詳

『コミック漫画』第３号　コミック漫画研究会、１９６４（昭和 39）年３月 15 日、漫画センター

『日本映画の誕生　講座日本映画１』、１９８５（昭和 60）年 10 月、岩波書店

『映画史研究 No. 3　THE STUDY OF THE HISTORY OF THE CINEMA』 佐藤忠男編集　１９７４（昭和 49）年

『活動倶樂部』１９２０（大正９）年５月號　/「凸茶目の将来」清見いと子

『東陽』第１巻第６號　/「現代漫畫に就いて」幸内純一、１９３６（昭和 11）年 10 月１日発行、巣林書房

『日本一』第６巻第６號　/「現代漫畫家自書像」 １９２０（大正９）年４月１日発行、南北社

『ＮＦＣニューズレター』第 134 号　/「発掘された映画たち２０１８　珠玉の〝フィルム〟が彩る、映画アーカイブ活動の深化」 大傍正規、２０１８（平成 30）年１月 23 日号、東京国立近代美術館フィルムセンター

【資料協力】国立映画アーカイブ、神戸映画資料館、プラネット映画資料図書館、京都おもちゃフィルムミュージアム、京都マンガミュージアム、一般社団法人日本動画協会、川崎市市民ミュージアム、大阪府立中央図書館国際児童文学館、フレデリック・Ｓ・リッテン、松本夏樹、安田彪、應矢泰紀、新美ぬゑ、モリシタトヨミほか

第2部

『なまくら刀』発見ものがたり

映像文化史研究家　松本夏樹

『なまくら刀』の１場面。刀屋の店先

『なまくら刀』フィルムストーリー

『なまくら刀』幸内純一画、小林商會製作、1917年。なお公開当時の題名は『塙凹内名刀之巻』。約90呎のハグルマ製の黄色染色した玩具フィルムから抜粋

01

発見されたフィルムのタイトルは『なまくら刀』になっている

02

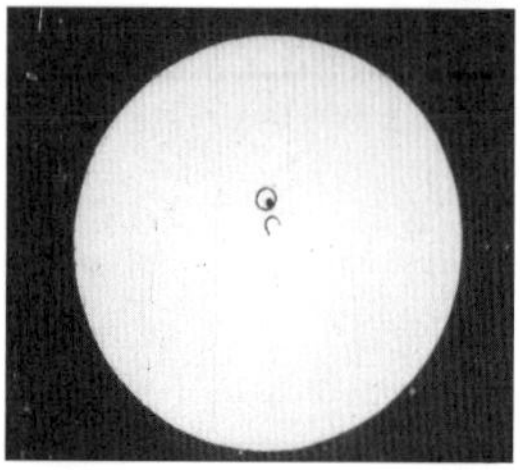

オープニングでは顔が順次描かれていく。まずは眼から

03

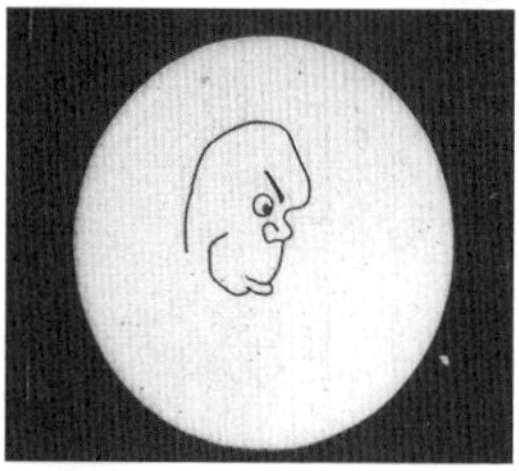

次に顔が現れる

04

侍の顔であることがわかる

05

刀を吟味する侍

06

目玉をグルグル回しながら刀の切れ味を見る

07

刀を売りつけようとしている怪しげな刀屋「なまくらや」

08

良い刀だと横を向きながら愛想笑いの刀屋

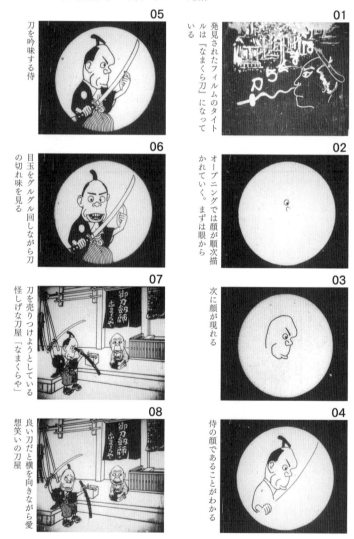

09

刀がうまく鞘に入らない侍

10

しぶしぶ刀を買う侍にほくそ笑む刀屋

11

夜、侍が川沿いの道を獲物を探して歩いていくと、橋のたもとで按摩が笛を吹いている

12

背後から忍び足で近づく侍

13

刀に手をかけ、按摩を試し斬りにしようとする

14

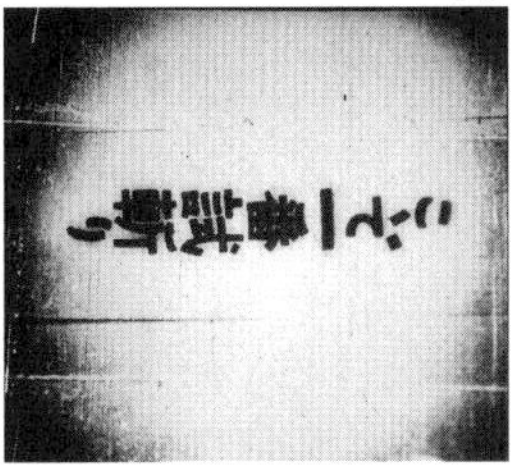

「こゝで一番試斬り」の字幕。横倒しなのは客席から見てスクリーン左側にいる活動弁士に見えやすいため

15

按摩に近寄る侍

16

後ろから斬りつけるタイミングをうかがう侍

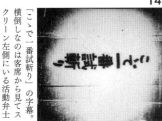

17

侍は刀を抜こうとするが、なかなか抜けない

18

按摩は侍に気づく

19

按摩は振り向き、侍が刀を抜けずにいるのを察する

20

杖を支えに両足で侍を蹴り飛ばす按摩

21

クルクル回りながら宙を飛んでいく侍

22

ニヤリと笑う按摩

23

場面が変わってシルエットとなる。松並木の道を急ぐ飛脚

24

侍が松の陰から刀をかざして飛脚の前に現れる

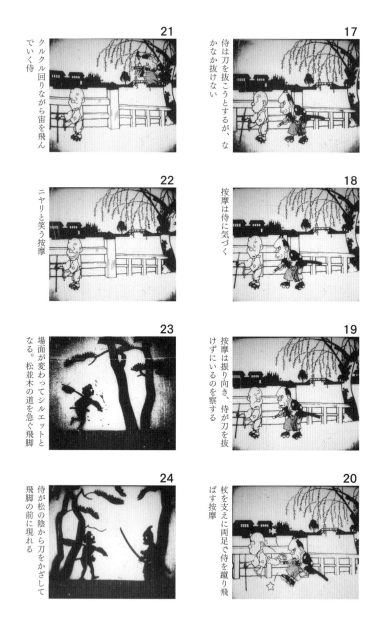

25

侍が斬りかかるが、体をかわした飛脚の前に倒れかかる。脱げた下駄が飛んで松の枝に引っかかる

26

飛脚が倒れた侍の頭を踏みつけながら走り去る

27

侍は倒れたまま「人殺シー」と叫ぶ

28

ガックリ肩を落として涙をこぼす侍。涙で地面に穴が開いている

29

侍は刀を杖に立ちあがろうとするが、刀がグニャリと曲がってしまう

30

曲がってしまった刀を見つめる侍

31

侍は怒ってなまくら刀を投げ捨てる

32

エンドタイトルはこの玩具フィルムを製作した玩具会社ハグルマ（中村義明商店）のトレードマーク

※第2部の写真、図版は『なまくら刀』のフィルムを含めすべて松本夏樹所蔵

第1章　『なまくら刀』を見つけたとき

現存最古の日本で作られた劇場公開アニメーション映画である『なまくら刀』（公開時の題名は『塙凹内名刀之巻《はなわへこないめいとうのまき》』）を発見したのは、2007（平成19）年7月21日、大阪四天王寺《してんのうじ》の弘法市《こうぼういち》という骨董《こっとう》市でのことだった。（注1）顔なじみの古物商の露店の奥に、玩具《おもちゃ》の手回し映写機と数本の35ミリ玩具フィルムがあった。

この玩具の映写機とフィルムについては後述するが、玩具映画とも呼ばれるこうした品に初めて出会ったのは、18歳のときに訪れた京都東寺《とうじ》の市でのことで、以来半世紀ちかくこれらを求めて各地の骨董市や古物店を巡《めぐ》っている。今でこそ骨董市は各地にあり大勢の人が集《つど》うが、当時は東京の世田谷《せたがや》ボロ市か東寺の弘法市くらいしか、古物商の露店が一か所に集まるところはなかったように記憶する。

東寺で初めて見たものは、段ボール箱の中に入った、一見ブリキ製のこわれた幻燈器の部品類と、小さな缶入りのフィルムのようだった。

幻燈器は幼い頃に遊んでいたのでよく知っていた。フィルムを掛けてツマミを回すと1齣《こま》ずつ送られて画面を映し出すもので、「ピノキオ」だとか「一寸法師《いっすんぼうし》」などの童話が多かった。

その記憶があるので、最初見たときに幻燈器と判断したのだが、帰宅して箱の中身を取り出し、なんとか組み立ててみると、手回しの35ミリフィルム用映写機が2台できあがった。フィルムも1齣ずつ絵の違う幻燈用ではなく連続画面であったので、これは映画だと思い、早速《さっそく》に部屋を暗くしてクランクを回しはじめると、突如画面が動き出した。

この時体験した、自分の手の動きにつれて登場人物たちが動き出し物語の時間が流れ出す、魔法のような一瞬が、その後の玩具映画蒐集《しゅうしゅう》を決定づけたと言ってもよい。

とはいえホームムービー自体にはすでに子供の頃から親しんでいた。留学した叔父が欧州から送ってきた8ミリ映画を家族一同で見ては、何のかんのと皆で会話が交わされたものだった。また中学生のとき、雑誌のアンティーク特集に写真が載っていた、戦前の9・5ミリ幅（当時は九粍《ミリ》半と称した）のフィルムを手回しで上映する、パテ・ベビーという映写機に憧《あこが》れてもいた（図1）。同じ頃に大阪道頓堀《どうとんぼり》で催《もよお》された無声映画の上映会に通い、松田春翠《まつだしゅんすい》による活動弁士と、もちろんすでに引退されていたかつての和洋合奏団の方々の復活生演奏で、阪妻《ばんつま》（阪東《ばんどう》妻三郎《つまさぶろう》）の『雄呂血《おろち》』や千恵蔵《ちえぞう》の『瞼の母《まぶた》』などを堪能《たんのう》して、映画というよりもライヴ感溢《あふ》れる「活動写真」に魅《み》せられもした。こうして幻燈と8ミリ家庭上映会の記憶が刻みこまれ、もはや消滅していたパテ・ベビー映画と活動写真に親しみを覚えていた結果、玩具の映写機とそのフィルムに出会うのは必然であったと言う他はない。

いささか話が逸《そ》れたが『なまくら刀』に戻ると、このとき一緒にあったフィルムの一本が『浦島太郎《うらしまたろう》』だった。この2本の作品はともに玩具映画会社のハグルマ製で、同型のボール紙製の丸い容器に入っていた（図2）。

どちらも蓋《ふた》にハグルマ印のラベルが貼ってあり、同一人物の筆跡で、ひとつには「時代劇マンガ　松之助《まつのすけ》のなまくら刀　89尺」、もうひとつには「お伽《とぎ》マンガ　浦島太郎　86尺」とインクで書かれていた。『なまくら刀』については、この作品が幸内純一《こううちじゅんいち》のもので１９１７（大正6）年6月30日に浅草帝國館《あさくさていこくかん》で公開された『塙凹内名刀之巻』と同作品であることを『日本アニメーション映画史』（渡辺泰《わたなべやすし》、山口且訓《やまぐちかつのり》・共著　１９７７年・有文社刊）を通じて知ってもおり、これは大発見に違いないとはわかったが、まずは値段交渉だった。[注2] 蒐集というものはひとつふたつのモノを探すのではなく、特定の分野でそれこそ何百何千の品を蒐《あつ》めるのだから、単価が安くなければ持続してできるものではない。

ともかく玩具の映写機と合計5本のフィルム一括《いっかつ》で入手することができ、帰宅して調べてみると『なまくら刀』は黄色、『浦島太郎』はピンクにそれぞれ染色されていた。さらに『浦島太郎』の末尾にはハグルマのロゴマーク、歯車の絵にYN&Coと書かれたマークがあった。YN&Coとは、ハグルマ印のさまざまな光学玩具、特に玩具映写機と玩具フィルムを製造販売していた中村義明商店（東京市浅草区新福富町《しんふくとみちょう》五番地）であることが、初期日本映像文化史研究者の福島可奈子《ふくしまかなこ》の調査によって最近明らかとなっている。[注3]

他の3本の玩具フィルムはいずれも朝日フィルムの50呎《フィート》用ブリキ缶に入っており、1本は『桂小五郎《かつらこごろう》と凸坊《でこぼう》』。他の2本は『無敵凹平助太刀大歓迎』の上下巻であった。ただし缶の紙帯タイトルには『砂煙高田馬場《たかだのばば》』と印字されている（図3）。この朝日フィルムまたは朝日活動は、大正末期から玩具映画を製作しはじめた大阪の会社であることは既に知っていた（図4）。かなり以前に映写機製作所創業者のご遺族から当時の経緯《いきさつ》を詳しく伺《うかが》っていたからである。『桂小五郎と凸坊』とタイトルのみの『砂煙高田馬場』とは、いずれも大正末期から昭和初期に活躍したアニメーター木村白山《きむらはくざん》の作品である。木村白山は1932（昭和7）年にポルノアニメーション『すゞみ舟』を製作して小石川《こいしかわ》署に検挙され、その後劇場用アニメーション作品製作の表舞台からは消えたが、玩具映画を多数残している。

フィルム蒐集の第一人者であった杉本五郎《すぎもとごろう》によれば、ほとんどのアニメーターが玩具映画を依頼されて製作していたが、劇場用ではなく子供相手の粗末な玩具フィルムということで匿名の作品であったという。ところが木村白山だけはあえて反骨精神によるものか、自作に「白山漫畫《まんが》」のタイトルを掲げている。朝日フィルムの3本はどれもブルーに調色されている。

入手した玩具映写機のほうは、大正中期から昭和十年代にかけて販売されていた最もポピュラーなものより大型で、普及品がブリキ製で歯車が鉄板打ち抜きであるのに対し、ダイキャスト部分も多く歯車も分厚い高級品であった。だがヘリコイド（映写レンズ筒）が失われており、ランプボックスに入っていた布袋の中にレンズ3枚とこの筒を平らに延ばした金属板、その他の部品などがあった。

また布袋の中には色あせた写真が1枚あり、そこには学生帽を被《かぶ》った少年が玩具映写機を抱えている姿が微《かす》かに写っていたが、それは小型の普及品であった（図5）。『なまくら刀』が1917（大正6）年の公開後にハグルマ製玩具フィルムとして短縮編集され販売されたときから朝日フィルム3本を購入した昭和初期まで、この少年は少なくとも大小2台の映写機と、すでに散逸したのであろう他のフィルムもたくさん所有していたに違いない。

さらに推測できることがある。布袋は着物裂で縫った手製の品で、ヘリコイドのレンズなど部品類の他に、折れ曲がった錆釘《さびくぎ》数本や針金や不明の金属片など、およそ映写機を分解したり組み立てたりする者がとっておくとは思えないものが写真とともに入っていた。おそらく少年の母親か誰かが、持ち主が何らかの理由で家を出、残していった映写機に周辺の金属類をすべて集めて彼の写真と一緒に布袋を縫って保存したのであろう。少年の年齢から推《お》して、大好きな玩具映画を家に残して出征したのかもしれない。もちろん、これはひとつの推測に過ぎないが、何かを集中的に蒐集するときには、えてしてこうした細部を基《もと》にした推理が功を奏することがある。

ハグルマのふたつのラベルに同一筆跡でそれぞれの題名が書かれていたことは触れたが、2015（平成27）年にところも同じ四天王寺でさらなる発見があった。映画館用の35ミリフィルム一千呎丸缶にハグルマ印のラベルが貼ってあり、「大喜活劇　ロイド君の蠻勇《ばんゆう》　全巻835尺」とペンで書いてある（図6）。

中身を確認すると1918（大正7）年に公開されたハロルド・ロイド主演の短篇喜劇映画『蠻勇ロイド』（原題『It's a Wild Life』米国パテ・エクスチェンジ社製作）であった。フィルムのトップにはパテ社のタイトル、おしまいにもエンドタイトルのついた完全版で、染色もなくハグルマによる玩具映画としての加工編集はいっさいされていなかった（図7）。

そして缶の蓋にはハグルマのラベルの他に、三越《みつこし》の値札が貼ってあったが「壱尺《いっしゃく》ニ付キ」とペンで書いてゴム印で15の数字が押してあり、三越で1呎あたり15銭で売られていたことがわかる。さらに拡大して見てみるとラベルのペン字の筆跡が『なまくら刀』『浦島太郎』のそれと同一であるのが確認できた。このことから判明するのは、『なまくら刀』公開の翌年に公開された『蠻勇ロイド』がハグルマ（中村義明商店）の入手するところとなり、玩具映画として販売されたが、『蠻勇ロイド』については公開した映画館または配給元の缶にハグルマ印の手書きラベルを貼ったのみで何の加工もせずに三越で売られていたのである。

換言すれば、三越の得意客の中には一千呎巻き（上映時間約15分）のフィルムを掛けられる映画館なみの大型映写機を自宅に所有していた金持ちがいたのであり、そしてハグルマも玩具映画としての縮小編集をせずに三越を通して売るという販売形態も採《と》っていたのである。

ハグルマの『浦島太郎』に関しては、2008（平成20）年の復元版発表以来、東京国立近

図1

フランス製9・5ミリ映写機パテ・ベビー。大正末

図2

『なまくら刀』ハグルマ玩具フィルム紙筒

図3 木村白山『桂小五郎と凸坊』昭和初期

図4

朝日活動玩具フィルム缶

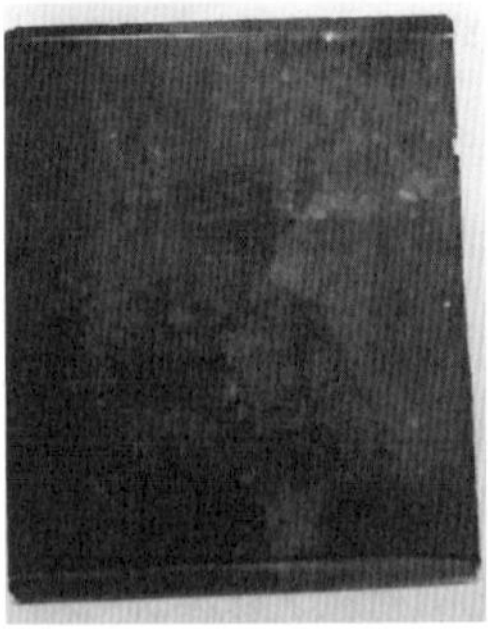

図5 布袋内にあった写真

図6

ハグルマのラベルが貼られた映画館用1000呎缶

代美術館フィルムセンターでは、本作を北山清太郎《きたやませいたろう》が1918年2月に製作公開した作品と公式に発表していたが、2017（平成29）年2月11日に大阪府立中央図書館の国際児童文学館特別研究員である新美《にいみ》ぬゑが同館で雑誌『幼年世界』1918年3月號《ごう》に掲載された北山清太郎作品『浦島太郎』の図版18枚を発見、また「日本活動寫眞株式會社　浦島太郎」というトップタイトルも図中にあったところから、絵柄のまったく違うハグルマ『浦島太郎』は北山作品ではないとされ、渡辺泰が2017年7－9月号『NFCニューズレター』第132号にその報告記事を載せた。しかし先に述べたようにハグルマ3作品のラベルの筆跡は中村義明商店の同一人物であり、特に『ロイド君の蠻勇』は映画館公開後のフィルムをそのまま販売しているので、1918年以後の極めて近い時期であったのは明らかである。従ってハグルマ『浦島太郎』も作者は不明ながらこの時期に製作され、映画館公開後にハグルマ印玩具フィルムとして縮小編集、ピンク染色のうえで売られたのであろう（図8）。

玩具の映写機と短い35ミリフィルムとからなる玩具映画は、1895（明治28）年パリでのリュミエール兄弟によるシネマトグラフ公開後、ドイツのニュルンベルクの金属・光学玩具（特に幻燈）製造業者たちによって作られたのが始まりである。

本書第3部の執筆者であり、日本アニメ研究家のフレデリック・S・リッテンによれば、1866（慶応《けいおう》2）年にニュルンベルクで鉄道模型、玩具蒸気機関、幻燈の製造元として設立されたビンク兄弟会社が、１８９８（明治31）年ライプツィヒ玩具見本市に最初の家庭用の幻燈兼用映写機（キネマトグラフ）を出品した。使用される35ミリセルロイドフィルムは現在の映画館で上映されるものと同じ規格のエディソン・パーフォレーションであった。(注4)
当時のニュルンベルクは世界的な玩具産業の中心で、他の業者もすぐに追随《ついずい》して同様のキネマトグラフを製造販売しはじめた。１９００（明治33）年頃には同市の主要な玩具製造会社は年間5万台以上の幻燈を生産していたが、ビンク兄弟会社と並んでエルンスト・プランク社とジョルジュ・カレット社も幻燈とそのガラススライドとともに短い映画フィルムの始終をつないでエンドレスに上映できるループフィルムも作っていた。
リッテンによるとこうした玩具フィルムには3種類あり、ひとつは「特別フィルム画でカラー仕上げ」で「(非常に短い）アニメーション映像の断片で、色彩で描かれたか、または多色刷りリトグラフで透明のフィルムに直接印刷された描画フィルムである。その手本は画家によって作製されたか、あるいは実写フィルムから模写された」もの、ふたつめは「特別フィルム実写撮影」で、「これは単色《モノクロ》の、非常に短い実写映画」であり、「特別に玩具製造会社用に製作され、ニュルンベルク地域で発達した『特殊プロセス』で1本から複製された」。最後は「オリジナル映画――撮影されたおよそ5メートルから、7、10、15、20、25メートルのもの」で、これは「映画館のフィルムから短く切られたものであり、ちょうど日本の玩具映画のカテゴリーの一種に似ている（中略）。この映写機《キネマトグラフ》がまさに家庭映画《ホームムービー》として機能する位置にあったということである」。時代は下るがハグルマ製の『なまくら刀』と『浦島太郎』は3つめのカテゴリーに該当する。

ニュルンベルクで製造されて19世紀末から20世紀初期、世界中に輸出された家庭用映写機《キネマトグラフ》とループフィルムは日本にも到来した。前出の福島によると、1895年博文館創刊の子供向け雑誌『少年世界』第15巻第1號（1909年1月1日）に『東京の弘成商会（東京市浅草小島《こじま》町《ちょう》）によって掲載されたループ式「活動寫眞器械《しゃしん》」は9円〜29円という家庭用としてはかなり高価なものであったが、舶来《はくらい》のループ式「活動寫眞機」を広告する業者が19社にもなった19 11（明治44）年には1円〜12円に大きく値下がりしている』とある。（注5）

筆者は、2005（平成17）年1月に京都で11本のループフィルムと3台の35ミリ手回し映写機、そして13枚の幻燈ガラススライドを入手した。すべて京都の某旧家から一括で出たものであった。1台の幻燈兼用映写機は家庭用としては大型で、三越の銘板《めいばん》が付いていた。2台目は幻燈器の前に設置する装置で、ループフィルム用アームと間歇《かんけつ》機構、投影用レンズからなっていた（図9）。3台目がニュルンベルクのジョルジュ・カレット製の灯油ランプ光源の家庭用映写機《キネマトグラフ》で厚紙製の箱に入っていた（図10）。

箱の収納仕切りからループフィルムと幻燈ガラススライドの一部は映写機とセットになっていたことがわかる。ループフィルムのうち7本は日本と西洋ものの実写フィルム、3本は西洋製の多色刷りリトグラフのアニメーション、そして残る1本が日本製の黒赤2色刷のアニメーションだった。50齣わずか3〜4秒の、しかも撮影によらないダイレクトプリントであるとはいえ、現存する最古の日本製アニメーションフィルムの発見は、新聞各紙やTVで報道されるなど話題となった。(注6) このフィルムは、海外のアニメーション研究文献では『活動写真』もしくは『松本フラグメント Matsumoto fragment』として知られている（図11）。

しかしこうしたループフィルムアニメーションの存在は日本のアニメーション映画史はもとより、日本映画・映像史の文献でもいっさい知られていなかったために、個人が趣味でセルロイドフィルム上に手描きした単品ものであろうとの説も一部にあった。しかしリッテンが詳細に明らかにしているように、西洋製の3本の多色刷りリトグラフのループフィルムの1本はジョルジュ・カレット製の『ワイン呑み』*欄外注であり、こうしたアニメーションループフィルムは1905（明治38）年以後に同社の家庭用映写機《キネマトグラフ》とともにその標準的備品として世界中に輸出されていたのである。またこの元祖日本アニメーションは黒赤2色のステンシル印刷によるもので、この印刷法は「合羽《かっぱ》刷り」と呼ばれて、明治期の安価な小型幻燈器のガラススライド製造に用いられた。家庭用映写機とともに輸入された多色刷りリトグラフのアニメーションループフィルムを真似《まね》て作ろうにも、当時の日本ではリトグラフ印刷機の設備は極めて高価であったし、日露戦争以後の活動写真の大流行に便乗して、小型幻燈のような家庭用の販売を目論《もくろ》む玩具製造会社が、この簡単で安価な「合羽刷り」を応用したのは当然であった。日露戦争後、セルロイドは低価格であったし、ニュルンベルク各社の家庭用映写機が輸入されはじめ、前述

＊注＝第３部 p187 参照。プランク社ではなくカレット社の『ワイン呑み』（第３部では英語題 'A Good Drop' で表記）を指す。

のように1911（明治44）年の『少年世界』では19社もの広告が掲載され、その価格も1円～12円と大幅に値下がりしていた。そして、国内の業者は、幻燈兼用映写機をたずさえた巡業興行師や富裕な家庭向けに、こうしたループフィルムのアニメーション作品を製造販売したのである。

この作品は50齣の画像で、水兵服の少年が後ろ向きで「活動写真」と書いたあと、観客に振り向いて帽子をとって挨拶《あいさつ》するというもので、輪郭《りんかく》線と文字は黒色で帽子は赤色で油性インクによって印刷されている。ループフィルムだから何度も繰り返して上映されたのだろう。このアニメーションの内容からも、幻燈と短い活動写真をたずさえた巡業興行師の前座上映や、京都の某旧家のように和洋さまざまなループフィルムや幻燈を楽しんだ家庭にはいかにも相応《ふさわ》しい。

リッテンはこう記している――「だがまだ多くのことが不明確なままである。『活動写真』は供給された唯一の作品だったのか。誰が製作したのか。いつ頃まで販売されたのか。この出現した短いアニメーション映画を巡るあらゆる不明確さにもかかわらず、疑いもなくこれだけは確言できよう、即ち今日まで知られている日本のアニメーション映像の中でも群を抜いて古いものだということである」。

第2章　『なまくら刀』の主人公の謎

『なまくら刀』は漫画家の幸内純一が小林《こばやし》商會の依頼を受け、前川千帆《まえかわせんぱん》の作画協力を得て製作、1917（大正6）年6月30日『塙凹内名刀之巻』の題名で淺草の小林商會直営館である帝國館で封切られた。

この1917年は、渡辺泰によれば日付は不明ながら、1月に天活（天然色活動寫眞株式會社）の依頼で漫画家の下川凹天《しもかわへこてん》が製作した日本最初の劇場用アニメーション映画『凸坊新畫《でこぼうしんが》帖《ちょう》　芋助猪狩《いもすけししがり》の巻』が淺草キネマ倶樂部《クラブ》で公開された[注7]。ついで2月1日に同じキネマ倶樂部で下川の『凸坊新畫帖　名案の失敗』（ただし前作と同一作品である可能性もある）、リッテンによれば4月に『芋川椋三《いもかわむくぞう》玄關番の巻』、同月28日に『茶目坊《ちゃめぼう》新畫帖　蚤《のみ》夫婦仕返しの巻』（または『蚤の仇討《あだう》ち』）、5月中旬に『芋川椋三宙返りの巻』が相次いで公開された。

いずれも天活製作による下川作品でキネマ倶樂部封切だが、新聞雑誌記事によるのみなので、タイトルが違うだけで重複している作品の可能性もあることを渡辺もリッテンもともに主張している。続いて5月20日、日活（日本活動寫眞株式會社）製作の北山清太郎作品『猿蟹合戰《さるかにがっせん》』が淺草オペラ館で封切られた。リッテンによると翌21日に下川の『芋川椋三空氣球の巻』が大勝館《たいしょうかん》で公開されたらしいという。同月末には再び日活の北山作品である『夢の自動車（自働車)』が遊樂館《ゆうらくかん》で上映された。1917年はこうして次々と日本製の劇場用アニメーション映画が作られたので、2017年が日本アニメーション100年を記念する年とはなったのだが、前述の作品の中で、唯一フィルムが残存しているのが『なまくら刀』である。もちろん、映画館での封切作品という条件を除けば、明治40年頃に国内で製作販売されたループフィルムアニメーション『活動写真』が現存最古の日本アニメーション作品であることに疑問の余地はない。そのどちらをも筆者が発見入手できたことは望外の幸せであった。

ところで当初作者の幸内純一が『なまくら刀』と題していたものが、なぜ小林商會の小林喜《き》三郎《さぶろう》によって『塙凹内名刀之巻』とタイトルを変更されて公開されるに至《いた》ったのか。

これには推測の域を出ないものの、ある理由が考えられるのである。小林喜三郎(1880〜1961年)は、活動写真の巡業興行から始めて横田《よこた》商會に入り、さらに福寶堂《ふくほうどう》の営業部長を経て、1912(明治45・大正元)年の横田商會、吉澤《よしざわ》商店、M・パテー商會、福寶堂の4社合併により創立された日活に入社する。しかし、1914(大正3)年日活から独立して天活を創立するが、半年で退社し、同社内部でも独立していた小林興行部(後に小林商會)に移る。小林商會が1917年9月に倒産すると、1919(大正8)年に逆に天活を買収して國活(國際活映株式會社)創立に至る。小林はまさに日本映画産業界形成期を牛耳《ぎゅうじ》る興行師の大物であった。映画評論家の田中純一郎《たなかじゅんいちろう》は「興行は現ナマ商売だから、その現ナマをねらって、ゆすり、たかりがつきまとい、さらに暴力団がからみ(中略)天活、國活の重役だった小林喜三郎などは、むしろ、暴力団と結託して、私益追求のみに専念し、何年間かの映画界暗黒時代をもたらし」たと小林を酷評している。[注8] しかし巡業興行はもとより、電氣館《でんきかん》を嚆矢《こうし》とする浅草6区の映画館街、大阪千日前《せんにちまえ》、京都新京極《しんきょうごく》など、映画草創期の興行街はそれ以前の見世物《みせもの》掛小屋から発達したのであり、最初の「活動写真常設館」となった電氣館はX光線見世物小屋であったなど、そのよい例である（図12）。

自明のことながら、近代以前から見世物興行は地回りのヤクザが仕切る世界であり、田中の評とは逆に日本の映画産業の形成そのものがそこに発したと言ってよい。むしろ映画上映と同じく「暗黒」があってこそ映画という「見世物」の形姿が立ち現われ、興行師小林喜三郎はまさにその世界の典型的人物であったと言えよう。

1917年4月7日付の東京朝日新聞は「小林商會小林喜三郎氏は、大正四年十月より昨年九月末日に至る一箇年の契約期間中、天活会社より自己に供給すべきフイルムが六萬《まん》尺餘《よ》不足せりとて、去る二日違約金三萬二千圓《えん》の請求をなし強制執行をなさんとしたるが、天活会社にては（中略）東京地方裁判所に違約金三萬二千圓請求の訴訟を提起すると共に、五日午後七時より十時に亙《わた》り（中略）小林商會及び同工場を始め同商會直營の各活動常設館其他《そのた》に対し、違約金に対する強制執行を行ひたるが、今後両者の間には一大紛擾《ふんじょう》を免《まぬか》れざるべし」と伝え、さらに「強制執行の模様を聞くに、此日《このひ》天活側の執達吏《しったつり》及び同會社員等は自動車を駆って（中略）小林商會に押寄せて家財道具悉《ことごと》く差押え（中略）各活動館及び連鎖劇場は何《いず》れも興行中

図7

『蠻勇ロイド』の1場面

図8

『浦島太郎』の1場面

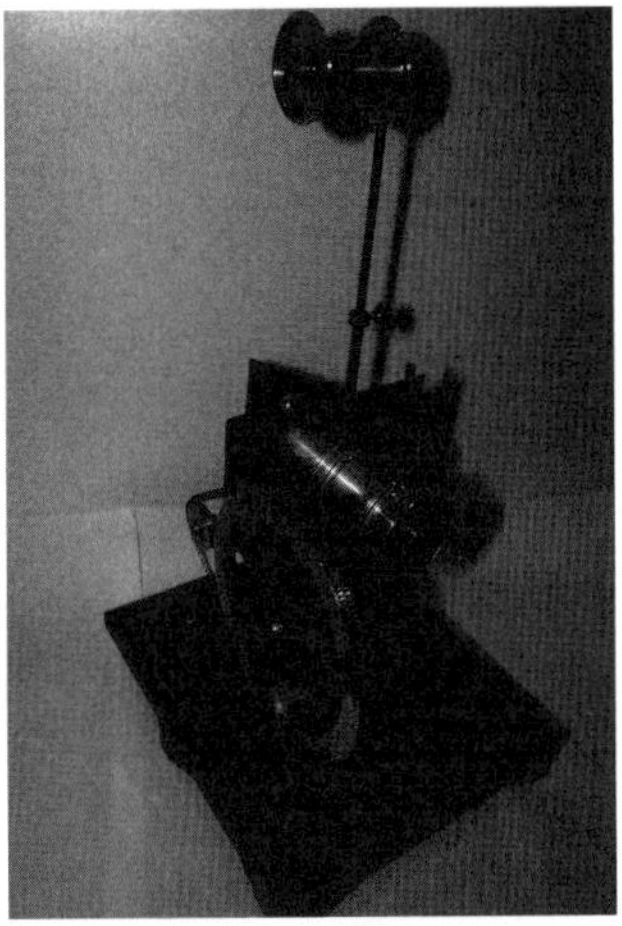

図9

幻燈器設置用35ミリ手回し映写機。明治末

図10

カレット製キネマトグラフ用紙箱

図11

『活動写真』の1場面。明治末

図12

ステレオ写真『淺草公園六區活動寫眞館ノ前』1914（大正3）年

の事とて大狼狽《ろうばい》を極め、殊《こと》に帝國館にては機械故障の触れを出して中途打出したる抔《など》大混雑を演じたり」と、この分裂抗争を報じている。『なまくら刀』が製作されたのはまさにこの抗争の渦中《かちゅう》であり、この年の初め以来仇敵《きゅうてき》天活による下川作品の封切が相次ぐなか、小林としては当然その対抗上、下川や日活の北山作品に優《まさ》るアニメーション製作を必要としていたのである。

小林は2月に漫画家の幸内純一にアニメーション映画、当時の呼び方では「線畫《せんが》」または「凸坊新畫帖」の製作を依頼、6月30日に小林商會直営の浅草帝國館で『塙凹内名刀之巻』が上映された。幸内が当初『なまくら刀』と呼んでいた作品が小林によってこの題名に改変されたのは、日活への対抗意識によると思われる。ハグルマの玩具映画が『時代劇マンガ 松之助のなまくら刀』とあったように、主人公の侍の顔は明らかに当時の日活看板スター尾上《おのえ》松之助のカリカチュアであり、松之助が見得《みえ》を切る際の特徴から「目玉の松チャン」と呼ばれたように、侍も幾度《いくど》となく目玉をグルグルと回すのである。そして横田商會製作松之助主演の『豪勇義傑塙団右衛門《ばんだんえもん》』が1912年2月3日に世界館で、また1914年10月『天下の豪傑 舊劇《きゅうげき》塙団右衛門』が中央館で封切られており、これを小林はわざと「塙凹内」鼻は凹《へこ》んでない、と言い換えて松之助の鼻が低いのを揶揄《やゆ》したのだろう。現存する松之助映画の顔のアップと『なまくら刀』冒頭の侍の顔を比べてみれば、このカリカチュアが如何《いか》にも見事であることは一目瞭然である（図13～14）。

作品の評判は上々で、映画雑誌『活動之世界』1917年9月號「封切ヒルム一覧」の映画批評では、「凸坊新畫帖『試し斬《ぎり》』」と題してこう述べている。

「……殊に小林商會の『ためし斬』は出色の出來榮《できばえ》で、日活天活のものに比して一段の手際である、殊に題材の見付け方が面白い、日本の線畫《せんが》は成るべく日本の題材で行きたい『試し斬』といふ純日本式題材を捉《とら》えて來て之《これ》を滑稽《こっけい》化した所に凸坊式面白味が溢れて居る。日活の線畫が人物は日本のものにしながらその行き方を舶來其儘《はくらいそのまま》に仕《し》て居るのは斷《だん》じて不得策。之では舶來映畫に比して直《ただ》ちに見劣りのするのが目につく、殊に齣數を惜《お》しむ為人物の動作が甚《はなは》だしく斷続的になるのは見苦しい。この『ためし斬』はやゝ完全に其の弊《へい》が除かれてかなり人物の動きが尋常《じんじょう》であつた。言ふ迄《まで》もなく、線畫の妙味は線にある、『ためし斬』は外は無難であつたが、人物の表情が如何にも惡感《あっかん》であつた。凸坊畫帖は如何なる場面にも表情は凸坊式愛《あい》嬌《きょう》がなくてはならぬ……」

日活と天活の鼻をあかすという小林の目論見《もくろみ》は見事に成功したと言える。

奇妙なのはこの批評が敢《あ》えて作品を『試し斬』と呼んでいる点である。他にも雑誌『キネマ・レコード』1917年5巻49號は『野呂間凸內《のろまでこない》』と呼んでいる。推測であるが「塙凹内」と趣向を合わせてこれも「鈍間《のろま》で来ない」と読ませたかったのかもしれない。ではなぜ両雑誌が別タイトルで呼んでいるのかといえば、小林の日活看板スターへの当てこすりが余りにも露骨であり、作品封切直前の抗争事件からしても映画会社間の騒動に巻きこまれたくはなかったからだろう。だから小林の支援も仰いでいた『活動之世界』の批評子は、日活と天活の作品に比べて小林商會のそれの優《すぐ》れているさまを誉《ほ》めはするが、「人物の表情が如何にも悪感であった」と小林のあからさまな松之助に対する揶揄をたしなめざるをえなかったのである。そう考えれば『キネマ・レコード』の『野呂間凸内』も、小林の悪意のある映画タイトルを敢えて挙げることをせず、しかしその当てこすりの意図は活かす、それ自身見事なカリカチュアであると言うことができよう。

「目玉の松チャン」尾上松之助は、約1000本と言われるすべての主演映画で英雄豪傑を演じるチャンバラ映画、当時の「旧劇」の大スターであった（図15～17）。

一方『なまくら刀』の目玉をグルグル回す鼻の低い侍は刀屋に騙《だま》されて鈍刀《どんとう》を買い、試し斬りをしようと最初に川岸で按摩《あんま》を呼び止めるものの逆に蹴り飛ばされ、次に夜道で飛脚《ひきゃく》に斬りかかるが、今度は踏みつけられて刀もグニャグニャに曲がってしまうというノロマぶりである。わずか2か月前の天活と小林の、ヤクザの出入りまがいの抗争を知る当時の観客にすれば、旧劇の代名詞松之助の、悪意に満ちたパロディであるのは自明であった。横田商會、福寶堂、そして日活の創立から天活への分裂、そして今は天活との抗争の最中にある小林喜三郎の思惑《おもわく》が『なまくら刀』の内容に反映していたとしても何ら不思議はない。

ところで天活と小林商會が分裂抗争してもなお併存しえたのは、映画興行もさることながら、小林がその立役者であった連鎖劇興行によるところが大きい。連鎖劇とは役者の演じる芝居の合間合間、交互に同じ役者による映画部分を上映し、スクリーン裏で役者自ら科白《せりふ》をつける見

図 13

尾上松之助『駿河大納言と馬丁治郎吉』
1917（大正 6）年。幻燈用ガラススライド

図 14

『なまくら刀』の塙凹内

図 15

図 16

尾上松之助『江戸屋虎五郎』1917（大正6）年。幻燈用ガラススライド

図 17

尾上松之助『駿河大納言と馬丁治郎吉』
1917（大正 6）年。幻燈用ガラススライド

世物的演劇で、1913（大正2）年に神戸で山崎長之《やまざきちょうの》輔《すけ》一座（当時は山長一派と呼ばれた）が本格的に上演してからは特に関西で大流行となった（図18〜21）。

　この連鎖劇を東京に持ちこみ、仕切ったのが小林だった。結局は天活と小林商會はそれぞれ直営の活動写真常設館（映画館）と連鎖劇の劇場とを棲《す》みわけることで、ここに映画業界は日活、天活、小林商會の三大巨頭の支配するところとなった。

　ところが1917（大正6）年8月に施行された活動寫眞興行取締規則によって映画が甲種乙種とわけられ、検閲《けんえつ》によって甲種に分類された映画については15歳未満の子供の鑑賞を禁じたために、映画観客総数の4分の1から2分の1を占めていた子供はほとんどの映画を鑑賞することができなくなり、映画興行界全体が大打撃を被《こうむ》ったのである。しかも小林は同規則には連鎖劇を禁止する条項がないにもかかわらず、映画館以外での1か月10日以上の映画興行を禁ずる第29条の条文が連鎖劇にも適用されるものと誤解し、連鎖劇の興行を自粛《じしゅく》してしまったため、東京市内に多数あった小林商會直営劇場での連鎖劇興行回数は急降下した。さらに田島《たじま》良一《りょういち》によると「この時期の小林商會は急激な業務拡張による経済的破綻《はたん》に瀕《ひん》しており、大正六年八月には不渡り手形を出して営業を停止していることから、この見解は妥当と思われる」と、小林の誤解に基づく連鎖劇興行の失速が経営破綻の一因であったことを肯定している。(注9)

　しかし小林は1911（明治44）年に輸入公開して大ヒットさせ、「ジゴマの小林」とまで呼ばれた『ジゴマ』（フランスの大人気犯罪映画シリーズ。怪人ジゴマが殺人、強盗などをくり返す）を筆頭に、『名金《めいきん》』、『ポーリン』など連続活劇や、『南方の判事』、『毒流』などのユニヴァーサルのブルーバード映画（ユニヴァーサルの子会社であるブルーバード映画が青少年向けに製作した、上映時間50分ほどの明るい人情劇映画）輸入公開の実績に加え、特に１９１９（大正８）年公開のＤ・Ｗ・グリフィスの名作『イントレランス』の大成功もあって、同年ついに天活を買収、國活（國際活映株式會社）を創立する。また映画興行界全体の死活問題であるところから内務省への度重なる業界の陳情もあって、同年には活動寫眞興行取締規則の甲乙二種の規制が撤廃された。

興味深いことに、１９１７年の同規則施行の後、玩具映画会社がそれまでのループフィルムとそのための上部アームのみの映写機ではなく、30〜100呎といった長尺フィルムとその巻取り用の下部アーム付きの映写機を販売しはじめた。これはチャンバラや連続活劇のような面白い甲種映画すべてを映画館で見ることができなくなった子供を当てこんだ大きな変化であった。１９１８年の第一次世界大戦終結にともなうセルロイドの安値化もこれに拍車《はくしゃ》をかけたに違いない（セルロイドフィルムの原材料の硝化綿《しょうかめん》は綿火薬とも呼ばれる爆発物である）。

ハグルマの長尺の玩具映画『なまくら刀』『浦島太郎』『ロイド君の蠻勇』の３本も同年かその直後の子供向け販売品である可能性は高い。だが、『なまくら刀』には小林の思惑など大人の事情も絡んでいたのである。

第3章 『なまくら刀』と吉原を巡る物語

1917年6月30日の『塙凹内名刀之巻』帝國館封切について、吉山旭光《よしやまきよつこう》はこう述べている。

「幸内氏の時代劇物『塙凹内新刀の巻』は洋物専門の帝國館に上映されたので、伴奏の洋樂はあるが和樂はないので、洋樂で間に合《あわ》せの日本樂譜をやり、辻斬《つじぎり》の處《ところ》は新内《しんない》の流しを聞かせ、日本物の新舊《しんきゆう》映畫が蔭白《かげせりふ》をあしらつて居た時代なので、杉浦市郎、佐々木雀遊と共に三羽烏《さんばがらす》と稱《しよう》された故人楠井紫光《くすいしこう》が畫中《がちゆう》人物の對話《たいわ》を蔭白式に一人で引受け、畫面の初めと終りには蔭白映画同様に柝《き》を入れ、立廻《たちまわ》りにはツケを打つたものである」（注10）。

この吉山の言う活動弁士楠井紫光だが、『日本アニメーション映画史』には帝國館での『なまくら刀』の説明は染井三郎《そめいさぶろう》だと記され、筆者も以前はこの説に従っていた。実際、洋画封切専門館であった帝國館は、1915（大正4）年に連続活劇『名金』の上映では染井三郎、黒《くろ》澤松聲《さわしょうせい》、西村樂天《にしむららくてん》が交替で弁士を務めており、楠井紫光の名前はない（注11）。1917年6月23日付読売新聞の第5面下段の「小林直營帝國館」広告には、ユニヴァーサルの連続活劇『電話の聲《こえ》』今朝封切を載せており、説明者として染井三郎と玉井旭洋《たまいきよくよう》の名前を挙げている。

さらに6月30日付同紙第5面広告は『電話の聲』第2シリーズ「一本の手」の今朝封切を告げ、同じ両説明者の名前を挙げているので、同日封切の『塙凹内名刀之巻』も普通に考えれば染井三郎と思える。しかし彼は洋画専門封切館である小林直営帝國館の主任弁士であり、本篇の連続活劇の説明はしても、小林商會自らの製作ものとはいえ、本篇の前座ともいえる僅か4分ほどのアニメーションを担当することはなかったのである。

1916（大正5）年の雑誌『活動之世界』第1巻6月號の記事「喜劇辯士《べんし》となるには」は楠井紫光に触れ「所謂《いわゆる》喜劇辯士として喜劇の説明許《ばか》りを受持っている人は、先《ま》づ、帝國館の楠井紫光―一名チャップリン君―」としている（図22）。

1918年5月の『活動畫報《がほう》』の記事「興味ある問題に對する都下辯士《べんし》諸君の回答発表―其の一―」にも「淺草帝國館喜劇專門、楠井紫光」が幾《いく》つかのアンケートに回答を寄せ、「生れは東京。趣味は落語。琵琶《びわ》。水泳。嗜好《しこう》は甘黨《あまとう》」と答えている。同記事には染井三郎が「淺草富士館《ふじかん》主任」の肩書で、つまり帝國館から富士館に移籍後に回答しており、「一、最初の説明に係《かか》れる寫眞《しゃしん》名と其館名及び所在地。二、説明中の最も會心《かいしん》の寫眞名及び其一句。」という質問に対して、「佛國《ふっこく》パテー社作『人生一代の變遷《へんせん》』明治三十六年四月淺草公園電氣館にて。二、辯士生活十有七年、色々の寫眞に接して一々その記憶はなけれど、最近の物としては帝國館に上場されたゴーモン會社の『心の秋』などでせう…」と答えている。こうした情報から推察すると、1917年6月30日の『塙凹内名刀之巻』帝國館封切の際は、吉山の証言通り喜劇弁士の楠井紫光が務め、続いて本篇の連続活劇『電話の聲』は、主任弁士の染井三郎と玉井旭洋が交替で説明を担当したのだと思われる。

吉山は『なまくら刀』上映の際に「洋樂で間に合せの日本樂譜をやり、辻斬の處は新内の流しを聞かせ」、楠井紫光が「畫中人物の對話を蔭白式に一人で引受け」て、映画の始終には柝を入れ「立廻りにはツケを打つた」としている（P94参照）。こうした旧劇（チャンバラ映画。旧〈舊〉派ともいう）上映館や連鎖劇式の演出を洋画封切専門の帝國館でおこなうのは難しかったであろうと思えるが、小林商會は連鎖劇上映にも手馴《てな》れていたのだから、さしたる苦労もなかったのかもしれない。

いずれにせよ洋画専門の帝國館で、わざわざ本篇である連続活劇の前座の短篇アニメーションにこうした「蔭白映画」や歌舞伎調の演出を付けるのは、原題を変更してまでも「塙凹内」なる洒落《しゃれ》を使用したのと同じく、日活の看板俳優尾上松之助の旧劇スタイルを揶揄したいという、小林喜三郎の並々ならぬ意図が読み取れるのではないだろうか。さらに言えば、松之助が演じる塙団右衛門をはじめとする英雄豪傑譚《たん》を茶化した、松之助にそっくりなマヌケ侍の失敗談そのものにも、幸内純一の創案というより小林の指示があったのではないか。これに関連して原題の『なまくら刀』という言葉のルーツを探ってみよう。そのことによって辻斬の場面に新内を聞かせ、映画の始終に柝を入れ、立廻りにツケを打つという演出の意味が一層明らかになるだろう。

かつて江戸の浅草、蔵前《くらまえ》、両国《りょうごく》一帯は江戸湾に出入りする船便の荷を集荷する倉庫群があった。蔵前はその名の通り将軍家の米蔵《こめぐら》の前であり、両国は武蔵《むさし》と下総《しもうさ》両国の境であるところからそう呼ばれた。１６５７（明暦《めいれき》３）年の「明暦の大火」の折、浅草門が開かず逃げ遅れた焼死者が数万人にのぼる大惨事が起こり、両国広小路が造られた。ここには葦簀《よしず》張りの見世物小屋が多く建ち並んでいたが、それは両国が将軍の船着場であったので、いつでも立ち退かせられるようにするためであったという。また両国橋界隈《かいわい》には見世物小屋、芸者置屋《おきや》、着物屋、髪結い、料理屋などが軒《のき》を並べていたが、特に両国村松町《むらまつちょう》（現在の東日本橋《ひがしにほんばし》一丁目）には、川柳で「出来合いの魂村松町で売り」と詠《うた》われるほど有名な店屋があった。それは見かけの拵《こしら》えは立派だが中身は鈍刀という代物《しろもの》を売る刀剣屋、まさに「なまくら刀」を商《あきな》う店々であった。

　これには訳《わけ》がある。明暦の大火後、浅草寺裏の湿地帯を埋め立てて吉原遊郭《よしわらゆうかく》を移転させ新吉原を設《もう》けたが、遊郭は四方を遊女逃亡を防ぐ堀で囲まれ、唯一の出入口が吉原大門《おおもん》だった（図23）。ここに向かう者の多くは、まず柳橋《やなぎばし》から猪牙船《ちょきぶね》（江戸市中の河川で使われた舳先《へさき》が細長い屋根なしの舟）に乗って大川《おおかわ》（隅田《すみだ》川）を遡《さかのぼ》り、吉原の北を流れる堀割り山谷堀《さんやぼり》に入ってふたつ目の橋三谷橋《さんやばし》の袂《たもと》で陸に上がる。そこが堀に沿った日本堤《にほんづつみ》で、この堤の両側には掛小屋が軒を連ねているが、これが編笠《あみがさ》茶屋と呼ばれる店で、顔を隠したい武士や僧侶が編笠を求めた。そして日本堤の土手通りを徒歩や駕籠《かご》で吉原へ向かう。その際、江戸市中で駕籠に乗るとき町人は簾《すだれ》を跳《は》ねあげて顔を見せねばならないところを、日本堤では簾を下げていてもお構いなしであったという。吉原に向かうとき人はその身分を偽《いつわ》ることができたのである。

　これが「出来合いの（武士の）魂」を村松町で売り、日本堤に編笠茶屋がある理由でもあった。

堤をさらに行くと左に折れる全長五十間《けん》、くの字に曲がった下り坂「衣紋坂《えもんざか》」があり、その先に大門があった。タイモン・スクリーチによると、別世界である吉原への出発地、柳橋の柳は、恨みを抱いて死んだ幽霊の出没する場所である。髷《まげ》を結わぬ長い垂髪《たれがみ》は、身分という社会規範をいっさい離れた存在、嫉妬や失恋のあまり自殺した女の表象であり、その髪の揺れる様《さま》が風にそよぐ柳の姿と重ねられたという。(注12)この世の外という意味では吉原も幽霊の出る場も等価なのだろう。

柳橋は船運の出発点で、船宿や有名な料理店「万八《まんぱち》」「河内《かわち》」などがあった。また両国橋近辺は神田《かんだ》川と隅田川の合流するところで、増水による急流を緩和するために多くの杭《くい》を川中に打ちこんでおり、百本杭と呼ばれた。

河竹黙阿弥《かわたけもくあみ》作の歌舞伎『三人吉三廓初買《さんにんきちざくるわのはつがい》』の有名な台詞《せりふ》、「月も朧《おぼろ》に白魚の、篝《かがり》も霞む春の空、冷めてえ風もほろ酔いに、心持よく浮か浮かと、浮かれ烏《がらす》のただ一羽、ねぐらへ帰る川端《ばた》で、竿《さお》の雫《しずく》か濡れ手で粟《あわ》、思いがけなく手に入《い》る百両、ほんに今夜は節分か、西の海より川《かわ》の中、落ちた夜鷹《よたか》は厄落《やくおと》し、豆沢山《まめだくさん》に一文《いちもん》の、銭と違って金包み、こいつぁ春から縁起がいいわぇ」の場は、この百本杭を舞台としている。廓の初買いの出発地に、落ちた夜鷹の怨霊と紛う柳の枝がそよいでいるのも理にかなっているのであろう。スクリーチによれば、猪牙船での吉原通いは、疑似的なあの世への旅立ちであり、極楽《ごくらく》と同時に地獄のイメージ喚起装置としても機能していた。舟から眺める蔵前の「首尾《しゅび》の松《まつ》」は、川岸の下り松が上下の規範(根と梢《こずえ》)

を転倒させる意味を持ち、また遊興の首尾を問うのであり、浅草寺《せんそうじ》裏の今戸瓦《いまどかわら》作業場の炎と煙は地獄の沙汰《さた》を連想させたのだという。

『なまくら刀』の侍は、ハート形の吹き出しで示される遊女の誘いのような（それは刀のささやきか己《おのれ》自身の心中なのか）台詞《せりふ》、「サア何か斬って……」に惑《まど》わされ、試斬《ためしぎ》りをしようと（大）川端を行き「こゝで一番試斬り」と、こともあろうに橋の袂の柳の下にいる按摩を斬ろうとして逆に蹴り飛ばされてしまう（Ｐ１２２ 図20）。そして場面変わってシルエットとなり、侍は日本堤を想起させる夜の街道を急ぐ飛脚に会って斬りかかるが、勢い余って前に倒れたところを、今度は飛脚に頭を踏まれてしまう（Ｐ１２２ 図24）。

武士が按摩を斬ろうとすることも、町人の按摩や飛脚に足蹴《あしげ》にされるのも、社会規範からの徹底的な逸脱であり、「出来合いの魂」を買うことと併《あわ》せて、別世界である吉原に関連づけられてこそその逸脱の意味が強調されるのである。尾上松之助演じる英雄豪傑が千年一日の如《ごと》く勧善懲悪《かんぜんちょうあく》の旧劇スタイルであることを、これほど痛撃する設定もまたないであろう。洋画専門の帝國館で前座の短篇アニメーション『なまくら刀』に、わざわざ歌舞伎仕立ての柝を入れ、立廻りにツケを打ち、柳の下での松之助似の侍の辻斬りに新内を流し、また蔭白を入れるという小林喜三郎の演出は、まさにここにその意図があったに違いない。

では果たしてその意図が観客に伝わったのだろうか。

１９１７年４月時点での映画観客中の15歳未満の児童について調査した権田保之助《ごんだやすのすけ》によると、

「兒童《じどう》は決して無差別に活動寫眞を好むものに非《あら》ざるを知り得べし。即《すなわ》ち彼等は彼等の了解と同感性とに相適應し、否《い》な全く適應し得ざるまでも、最も能《よ》くそれを満足せしめ、彼等の興味に最も近きものを提供する館に赴《おもむ》かんとするの傾向あるを知る。彼《か》の日本物舊派《きゆうは》に於《おい》て、其の絶対數に於ても亦《また》兒童以外の在館者との相対數に於ても共に最多の兒童観客を見るは即ちこの為めにして、西洋物の館のこれに次ぎて多數を示しゐるは、喜劇及び活劇あるが為めに外ならず。……館内に於ける階級別は多少社會的階級別を示すものあらんも、其の間に必然的關係の存在するを確言するに難《かた》し。そは寧《むし》ろ単獨入場兒童と被同伴入場兒童とを區別するの標準たり得べし。蓋《けだ》し兒童にして単獨に入場するものは階下なる二等席に入場するを通則とし、階上なる一等、特等の席に入場するは殆《ほとん》ど同伴者ある兒童のみなりと為《な》し得るが故《ゆえ》なり。然《しか》り而《しか》して日本物舊派と西洋物との館が兒童単獨の趣味に合するものあるを語るものとなし得べけん。一般に観覧者全体に就《つい》て考察するに、西洋物の館には学生及び比較的知識ある階級者多數を占め、日本物新派の館にては婦人観客殊に多く、日本物舊派の館には兒童労働階級及び商店員等その大部分を占《し》む。」となっている。(注13)

帝國館の観客に対して芝居仕立て、喜劇専門の楠井紫光の蔭白という『なまくら刀』の演出は、観客に階級別の視点からの松之助的旧劇享受《きょうじゅ》層への優越と軽侮《けいぶ》の念を喚起させ、ひいては洋画輸入第一人者たる小林喜三郎の立場を相対的に高める効果があったであろう。

短篇アニメーション作品に対してこれはいささか穿《うが》ち過ぎと見る向きは、この時代も連綿《れんめん》と継続していた身分制に基づく文化受容の格差意識や、吉原通いにまつわるあれこれの事情を含む江戸文化の一般了解に注目することなく、今日的なアニメーション概念によってしか『なまくら刀』を見ることができないであろう。

映画観客の相当数を占めた15歳未満の児童にも吉原事情が一般了解かと訝《いぶか》る者も、現在の意識で「子供」を定義しているに過ぎない。明治新政府の富国強兵・殖産興業の掛け声のもとに日清戦争に勝利し、日露戦争へと向かう前年の1903（明治36）年、日本の総人口4670万人のうち15歳未満は1560万人、そのほとんどは地方の貧困農家出身で小学校就学率も3割に届かず、急激に膨張する都市部で、男児は成人の半分の給金で丁稚奉公《でっちぼうこう》や工場労働者、女児は女中子守から遊郭への身売りまで、過酷な状況におかれていた。

江戸時代の貧農小作には乳幼児の死亡が間引《まび》きを含め極めて多く、「貧乏人の子沢山」は明治以後の話だ。親にしてみれば、子供を餓死《がし》させるよりは遊郭へ入れたほうが、上方《かみがた》の女衒《ぜげん》の口調で言う「えーべべ着て、えーモン食《く》て」子供は生きていけるうえ、自分には金も入るし、よほど良かっただろう。児童の売買と奴隷労働、これが明治以後の所謂「近代化」の実情であり、劣悪な労働環境の中で一時の現実逃避の娯楽が歓楽街、見世物そして活動写真であった。

先に『なまくら刀』における社会規範からの逸脱という小林の意図について述べたが、吉山旭光は著書『日本映画史年表』で1908（明治41）年に起こった上映禁止事件に触れている。宣傳「一月、錦輝館《きんきかん》でパテー社特作、史劇『佛國大革命、ルイ十六世の末路』が上映された。

は大分盛んであつたが、時恰《ときあたか》も栃木県下足尾銅山《あしおどうざん》に坑夫の暴動あり、事頗《すこぶ》る重大で、僅《わずか》に軍隊の出動によつて鎮定《ちんてい》し得たが、其背後には當時勃興《とうじぼつこう》しつつあつた直譯《ちよくやく》的社会主義者の煽動使嗾《せんどうしそう》があつたとかで、其影響から官憲は此映畫を治安に害ありとして上映禁止したので『北米奇《き》譚《たん》・巌窟王《がんくつおう》』と差替へたが、それは別物でなく、禁映の『佛國大革命』を世界を北米、ルイ十六世と其皇后《こうごう》マリイ・アントアネットをロッキー山中に住んで豪奢《ごうしや》を尽して居る山賊の首領夫妻とし、革命黨《とう》を山賊退治の官憲に協力した民衆として、全然筋を變《か》へて説明を入れて上映したので、有名な巌窟王の筋ではなかつたが、某新聞が評した如《ごと》く、禁映品を上映して官民を欺《あざむ》いたのではなく、昔江戸時代には仙臺《せんだい》では『先代萩《せんだいはぎ》』の興行は不許可なのを、ある旅役者が役名と世界とを變へて演じた處《ところ》、床下の男之助《おとこのすけ》を『あれは和唐内《わとうない》だろうから、鼠《ねずみ》は虎《とら》に改めたがよかろう』と注意して、興行禁止で芝居側に損失をかけるのを防いだ當時の仙臺の某町奉行の理解と同情あるに較《くら》べて、映畫検閲の任に当つた神田錦町《にしきちよう》署が、禁映したものを扱ひ方を變えて、損失を免れしめた寛大と理解とが、昔の仙臺の奉行に劣らぬに感じたと共に、官憲のさる心事をも察せず、忠義立《ちゆうぎだて》顔に映畫側が禁映されたものを別の筋として上映し、官民を欺瞞《ぎまん》したのは不都合千万《せんばん》だと書き立てたが、其同情なき、官憲の御機嫌取りの曲筆は其眞相を推察した者には、却《かえ》つて反感を催さしめ、浅薄な皮相の見によつて映畫及び映畫当事者を譏《そし》つた某紙記者の迂闊《うかつ》と不注意を冷笑させたに過ぎなかつた」。

　この映画説明の口先ひとつでルイ十六世とマリー・アントワネットをロッキーの山賊夫婦に

してしまったのが、当時横田商會の弁士であった小林喜三郎その人である。だから小林の規範の逸脱は、4年後の怪盗もの映画『ジゴマ』の大当たりを含めて、すでに実践済みのものであった。

また吉山の説明で注目すべき点は、この上映禁止と口上《こうじょう》言い換えの件を喩《たと》えるに、歌舞伎の『伽羅先代萩《めいぼく》』と『国姓爺合戦《こくせんやかっせん》』の内容を、読者には自明周知のこととしている点である。現在のわれわれの常識とは正反対に、小林の舌先三寸でフランス革命史劇のフィルムがアメリカの山賊退治に見えてしまうほど、西洋事情そのものの知識が乏《とぼ》しかったのとは逆に、江戸以来の芝居の内容については階級を問わず一般常識であったことが窺《うかが》われる。こうしたことを前提にして『なまくら刀』を当時の観客の視点から見ようとするとき、あらためてその隠された意味が出現してくるのだと言えよう。

おわりに

よく知られているように日本映画史の出発点は、1897（明治30）年に相前後して渡来したリュミエール兄弟のシネマトグラフとエディソンのヴァイタスコープによる舶来フィルムでの活動写真興行だが、日本人の手により最初に撮影公開された「日本映画」は何であっただろうか。それは写真機材を扱う小西《こにし》本店（後の小西六《こにしろく》写真工業、現在のコニカミノルタ株式会社）の社員であった浅野四郎《あさのしろう》を筆頭に、その指導を受けた写真師の柴田常吉《しばたつねきち》らが、柳橋や新橋《しんばし》の芸妓《げいこ》の手踊り、日本橋の風景などを撮影したものだった。

この「最初の日本映画」を、ヴァイタスコープで興行していた廣目屋《ひろめや》の弁士で興行師であった駒田好洋《こまだこうよう》（その説明の口癖から「スコブル非常大博士」と呼ばれた）が1899（明治32）年6月に公開した。駒田好洋は小林の『ジゴマ』大ヒットと和製類似『ジゴマ』映画乱造による上映禁止事件にも顔を出す。田中純一郎によれば「こんな風にジゴマ熱がますます増長するにつれ、映画からヒントを得たらしい小犯罪が見られるようになって、ついに大正元年一〇月二〇日以後、ジゴマと名のつく一切の映画演劇は、絶対に興行禁止となった。禁止を命じられた興行師たちはなお諦《あきら》めがつかず、駒田好洋らの発起で、せめて金儲けの神様となったジゴマの慰霊祭でもと、両国回向院境内《えこういんけいだい》でジゴマの供養を催す計画を立て、警視庁から中止を勧告されるというナンセンスなどもあった（注14）」というが、凶悪な強盗殺人犯でしかも架空のフランスの犯罪者を金儲けの神として祀《まつ》るのを、IT産業のビル屋上に狐《きつね》を祀って拝《おが》んでいる現代日本人が嘲笑《あざわら》う資格はあるまい。

ともあれ芸妓の手踊りが、映画というものを初めて目にした観客に最も求められた内容であったからこそ製作されたのである。当時「柳新《りゅうしん》」とも呼ばれ一世を風靡《ふうび》した、二大花柳界の芸者の踊る姿を人々は見たがった（図24〜25）。

新橋の花街は明治になってできたが、柳橋花柳界は天保《てんぽう》に遡る。1842（天保13）年、時

図 18

山長一座『春馬』幻燈用ガラススライド

図 19

図 20

山長一座『濱百合』幻燈用ガラススライド

図 21

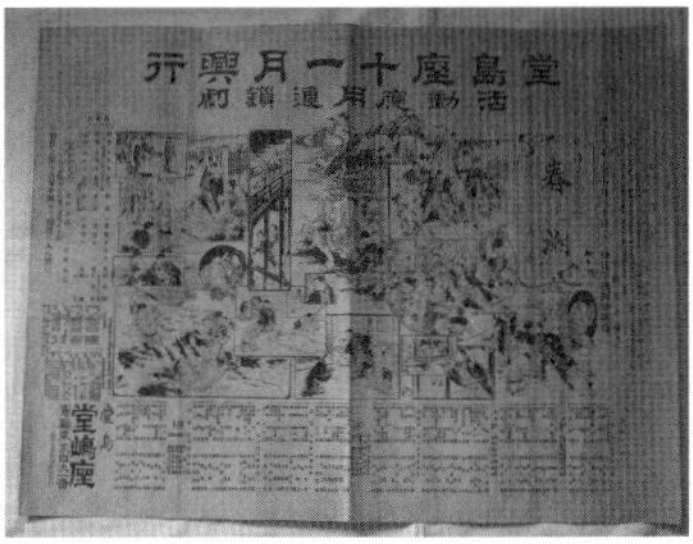

山長一座『堂島座十一月興行 活動應用連鎖劇』辻番付。１９１４（大正 3）年

図 22

楠井紫光『活動之世界』第 1 巻 6 月號。1916（大正 5）年

図 23

『吉原大門』幻燈用ガラススライド

図 24

図 25

『芸妓』幻燈用ガラススライド

の老中水野忠邦《みずのただくに》による改革により、江戸の市中にあった岡場所、公認された吉原以外の遊郭が厳しい取り締まりにより禁止された。そのとき深川《ふかがわ》の花街から多くの芸者が柳橋に移ったので、辰巳《たつみ》芸者、羽織《はおり》芸者とも称された深川芸者の気風《きっぷ》が柳橋花柳界に引き継がれて人気があったという。先に触れたように柳橋は、明暦の大火以後に元吉原（現在の日本橋人形町《にんぎょうちょう》）から移転した新吉原（現在の台東《たいとう》区千束《せんぞく》）へ通う出発地、橋の南詰の村松町で「なまくら刀」を誂《あつら》えて神田川に架かる柳橋の船宿から猪牙船で大川（隅田川）を上り、山谷堀に入って日本堤で編笠なり駕籠なりで顔を隠して大門へと向かった。

『なまくら刀』の主人公の塙凹内は「なまくらや」で新刀を買い、橋の袂の柳の下で（吉山によればここで新内が流される）、按摩に斬りかかって足蹴にされ、顔の見えない夜の松林の街道で、今度は飛脚に頭を踏まれた塙凹内は「人殺シー」と叫んで刀にすがって立ち上がるが、その刀もグニャグニャに曲がって、涙をこぼす（Ｐ１２３図29）。

この松林が首尾の松にかけているなら、気風の良い姉御肌《あねごはだ》に振られてしまい、なまくら刀はグニャリと曲がって遊興はまさに「不首尾」ということになる。帝國館で洋画を好んで見る階級の観客からすれば、旧劇の声色弁士や連鎖劇の蔭白は下卑《げび》た趣味であり、それをあえて洋モノ喜劇専門の「チャップリン君」楠井紫光にさせたのも、小林喜三郎の当てつけであろう。当時の観客の江戸芝居や花柳界の事情に関する一般了解を前提に、映画界での確執からする小林の松之助式旧劇への当て擦《こす》りを『なまくら刀』の中に見ないとするなら、現代の価値観によって、アニメーション作品だから無邪気な子供向けだとする短絡的なあやまちに導かれてしまうだろう。

先に挙げた１９１７年６月30日付読売新聞の帝國館広告には連続活劇『一本の手』封切とその弁士染井三郎、玉井旭洋の名はあるが本篇前座のアニメーション『塙凹内名刀之巻』もその弁士の名もない。しかし小林の意図は本篇を見にきた観客には十分に伝わったであろう。

染井三郎といえば伝説の名台詞がある。１９１４年３月11日電氣館封切のイタリア映画『アントニーとクレオパトラ』の終わりで「春風秋雨ここに二千歳《にせんざい》、今尚渡る旅人の話頭にのぼる物語、アントニー・エンド・クレオパトラの一篇はこの場面を以《も》って大団円であります」というのがそれだが、最後にフィルム蒐めという困った病《やまい》をもじって言うなら、逡巡蒐集ここに身は散財、暇なら漁《あさ》る度々の阿呆《あほ》に悖《もと》るモノマニア、蒐メタリー安堵コレクトマニアの１本はこの戯言《ぎげん》を以って大団円であります。

著者近影

【脚注（参考文献ほか）】

1　新聞報道では『朝日新聞』、『産経新聞』、『読売新聞』、『毎日新聞』（すべて２００８年3月27日付）。テレビ報道ではＮＨＫ『おはよう日本』（２００８年3月27日）、テレビ朝日系『スーパーＪチャンネル』（２００８年3月27日）等

2　山口且訓、渡辺泰『日本アニメーション映画史』、有文社、１９７７年、192頁

3　福島可奈子「大正期から昭和初期における齣フィルムの蒐集と文化」、『映像学』第99号、日本映像学会、２０１８年

4　Frederick S Litten『Animation in Japan bis 1917』（本書第３部『「アニメ」が始まった時—１９１９年までの日本・欧米のアニメーションを通して—』の原形であるドイツ語版によっている。第３部は増補改訂した英語版の翻訳である）

5　福島可奈子「『少年世界』の広告にみる家庭用映像機器の変遷—幻燈から活動写真へ」、『日本映画学会第12回大会プロシーディングス』（http://jscs.h.kyoto-u.ac.jp/proceedings-zenkoku-12.pdf)、２０１６年11月26日、34頁

6　「日本最古アニメフィルム」、『朝日新聞』夕刊、1頁、2005年7月30日（大阪）、２００５年7月31日（東京）。他に『日本経済新聞』（２００５年7月31日）、『毎日新聞』（２００５年8月19日）。また大阪毎日放送「テレビ初公開！日本最古のアニメ」、『ちちんぷいぷい』（２００５年8月4日）等で放映

7　『毎日新聞』夕刊、２０１３年7月8日、6頁

8　田中純一郎「秘稿日本映画」第11回、『キネマ旬報』１９６５年10月上旬号

9　田島良一「興行師の時代と小林喜三郎」、岩本憲児編『日本映画の誕生』、森話社、２０１１年、249頁

10　吉山旭光『日本映畫界事物起源』、シネマと演芸社、１９３３年、64頁。当資料は渡辺泰氏の御教示による

11　御園京平『活辨時代』、岩波書店、１９９０年、51頁

12　タイモン・スクリーチ、講演「吉原への道—浮世絵と詩」、武蔵野美術大学、２０１２年6月28日

13　権田保之助『民衆娯楽問題』同人社書店、１９２１年

14　田中純一郎『日本映画発達史　Ⅰ』、中央公論社、１９５７年、170頁

第3部

「アニメ」が始まった時
—1919年までの日本・欧米のアニメーションを通して—

近・現代史研究家　フレデリック・S・リッテン
訳　キャラクター表現研究家　中川譲

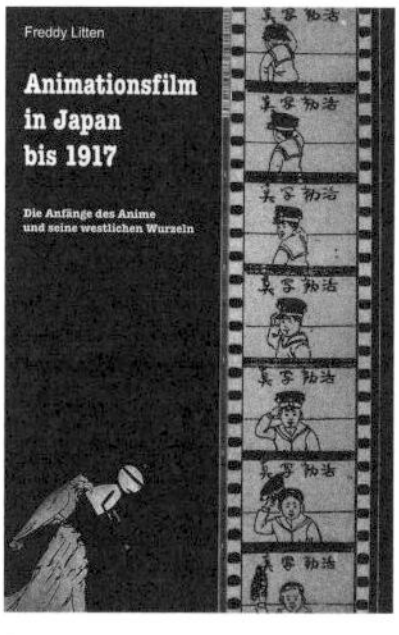

『Animationsfilm in Japan bis 1917』

『ANIMATED FILM IN JAPAN UNTIL 1919』

用語・用例

［326：64］などの参照番号は、上の数字が参考文献一覧での番号、下がページ番号であり、ページが複数ある場合は読点で区切られる。複数の参考文献がある場合は、スラッシュで区切って本の参照番号を列記している（ページ番号の下の［f.］は該当する記述が次のページにまで続くこと、［ff.］は以降数ページにわたることを示す）。［d1］や［v5］などの表記はDVDや映画などの映像作品を示し、参考文献の一覧としてP315以降に載っている。

著者のない記事や広告は新聞・雑誌のものである。日本の新聞については特記のないかぎり東京版の朝刊である。資料一覧中の［12］を除いてすべての資料は筆者が確認済である。ソースが不明であったり二次的な資料から引用したりしているときは（［…］より）として記載してある。すべてのURLは2017年8月の時点で存在を確認している。

＊

少々文章が硬いことは自覚している。それは私の英語がうまくないからという理由のみならず、一文に情報を詰めこみ過ぎているというのもあるだろう。さらに、大量の注釈と参考文献も、多くの読者に嫌がられるかもしれない。しかし、研究書の質を担保するためには大事な手法なのだと理解してほしい。表記上の癖や難点についてはお許しをいただきたい。

※注と補注について……ページ左側にまとめている。本文中、行末や語句の下にある数字は第1版にも掲載された注。第2版で追加した注は本文右脇に（補注）として表記している。

イントロダクション

1 学術的な状況とこの研究の目的

この数年間で、アニメ（日本で作られたアニメーション）の一般的な歴史については、欧米でも専門書を通して読めるようになった［160／264／61／206］。アニメーションの一般的な歴史を記した本の中で、日本アニメ史もある程度はカバーされるようになり［59／53／80］、第二次世界大戦以前のアニメを取りあげているものもある［94］。しかしながら、網羅《もうら》的な日本アニメ史の研究は2004年の文献にまで遡《さかのぼ》ることになるし［294］、1977年に出版された山口且訓《やまぐちかつのり》と渡辺泰《わたなべやすし》による『日本アニメーション映画史』［293］も、アップデートするべき部分を抱えつつもいまだに欠かすことができない1冊だ。そして少なからぬインターネット上の情報は、古かったり、嘘だったり、間違っていたりする。これは欧米の言語圏に限らない問題だ。

日本におけるアニメーション作品制作の黎明《れいめい》期、つまり明治末期から大正期の前半までに相当する20世紀の始まりから20年間についての（国内と海外の）網羅的な研究は、存在していなかった。もちろん、専門的な狭い領域の論文には、重要なものがいろいろとある。特に津堅信之《つがたのぶゆき》による北山《きたやま》清太郎《せいたろう》の伝記［273］や、大城宜武《おおしろよしたけ》による下川凹天《しもかわへこてん》の研究［217／218］、あるいは現存する最古の日本のアニメーション作品とその背景について記した松本夏樹《まつもとなつき》の研究［182］などだ。しかし、19

00年代から1910年代までの日本におけるアニメーションのあり方を理解するにはこれらだけでは十分とは言えない[1]。

そうした背景を受けて、1917年までの日本のアニメーションについてまとめた研究本を、私は2016年にドイツ語で出版した。当時の海外作品からの影響を含めて、日本のアニメーションについて、広範囲に、なおかつ批判的に記したもので、はっきりとした出典も整えた。その後、日本人の研究者たちや私自身の研究も進んだことで、英語で改訂版を出す準備が整った。それが本書である。ただ、これほどの情報量（と参考資料）を詰めこんだ本であるにもかかわらず、現在の研究状況では、すべてが明らかになっているというわけではない。いくつかの資料について私は語りきれないし、曖昧《あいまい》な部分や矛盾を含んでいるものもある。そのため「明らかに」や「おそらく」、あるいは「と思われる」といった言葉を用いて断言を避けている部分は、私自身の個人的な見解や憶測《おくそく》なのだと理解してほしい。二次資料における間違いや誤った理解については（私のドイツ語版での誤りについても）、必要に応じて取りあげていきたい。

2 英語での定義

歴史を正確に記そうというのならば、テクニカルタームの厳密な定義が不可欠である。まずは「アニメ」というアニメーション（Animation）を日本語風に略した言葉について考えよう（訳注＝ここで取りあげられる概念は英語でも“Anime”と表記されるものである）。「アニメ」を「日本のアニメーション」だと定義するならば、「アニメーション」という言葉の意味は限定され、また

「日本の」という形容に多少の問題も出てくるが、(補注1)とりあえず次章以降で取りあげる作品はすべて「アニメ」と呼べるし、「アニメの始まり」を叙述することも可能であろう。

ただ「アニメ」の異なる定義は存在する。ひとつ例を挙げると、マティアス・C・ヘンゼルマンは、アニメーションの記号論と物語論についての著作において、アニメをこう定義している。

> 本研究における「アニメ」とは、手描きアニメーション作品の一種で、1960年代から発展を見せたものである。一般的には日本で制作され、制作プロセスや物語構造は、商業的なテレビ放送に合わせて毎週放映できる形式に合わせられている。そして、人物の描き方について、絵的にも物語的にも独特の性質があるもの。[87: 64 f.]

この定義を使って「アニメ」を捉《とら》えることはもちろんありえるし、その場合「アニメ」の始まりは、手塚治虫《てづかおさむ》と虫《むし》プロダクションによる1963年の『鉄腕アトム』（英語名 "Astro Boy"）、フジ

---

1 アニメ研究には、ソースの明記のない研究書が少なからず存在する。本書で参照している当時の新聞記事や論文や書籍については、既存の研究で取りあげられているものも含めて可能なかぎりすべての出典を確認している（聞蔵《きくぞう》Ⅱとヨミダスは本当に便利だ）。

(補注1) 1950年代の日本のアニメ制作会社は海外の顧客に向けてアニメを作っていたし、その後は海外のさまざまな国に作業をアウトソースするようにもなる。作品表現の「日本らしさ」はともかくとしても、こうした作品がどこまで「日本」のものなのか、違うとしたらどの程度違うのかは議論の余地が大きいだろう。

テレビ、1963〜1966年）になるだろう[2]。しかし、この定義には問題がある。まず東映動画（現・東映アニメーション）による1958年から1960年代半ばまでにかけてのフルアニメーション作品は、「アニメ」の歴史に含まれないことになってしまう。私が「アニメ」の定義を「日本のアニメーション」にしたほうが良いと考える理由は、これだけではない[3]。

ヘンゼルマンのような「アニメ」の定義は、日本のアニメーションの歴史の範囲自体を決めてしまう。本書におけるアニメーションという語は、「静止画のすばやい連続的な変化によって実在しない運動の錯覚を生じさせること」を指している。実写映画のフィルムやいわゆるパラパラ漫画、ゾートロープのような「光学玩具」も同じ原理だ。ヘンゼルマンは光学玩具のことをジョージ・グリフィンに倣《なら》って「有形（concrete）アニメーション」と呼ぶが、「非投射型アニメーション」と呼ぶこともできるだろう。本書では扱いきれないが、非投射型のアニメーションは、ヨーロッパのみならず日本にも19世紀から存在している。その後の日本のアニメーション映像に影響を与えた可能性は、もちろん否定できるものではない。ただ、本書でアニメーションを定義するうえでの意図は、中世の絵巻物[4]やその後の写し絵（幻燈、影絵）を「アニメ」から除外することである（[87：37]も参照）。確かに幻燈は動く映像ではあるが、バラバラの画像をすばやく連続的に変化させた結果起きる現象ではない（繰り返しになるが写し絵が初期のアニメーション作品と歴史的に無関係だと主張したいのではない。その他の視覚文化や文学作品と同様に、アニメもさまざまな表現と相互に関係があるものだ）。ただ、一部の写し絵には、種板《たねいた》と呼ばれるスライドで絵を変化させるものもあり、そうした作品は境界線上にあると考えられるが、本書ではアニメーションの範囲からはずして考えたい。

ヘンゼルマンの理論［87：33ff.］を超えて、私は本書での「映像」については、異なる静止画の限定的な組み合わせによる連続的なすばやい変化によって動きの錯覚を作りだし平面に投影されるか電磁的信号として配信されるもの、と定義したい（映像は物理的なメディアでもある）。

ヘンゼルマンも私も「アニメーション」と「実写映画」は根本的には等価であり、映像という概念の部分集合であると捉えている。実写映画は（被写体とカメラあるいはそのどちらかの）運動を記録したものであるのに対して、アニメーション作品は、1枚1枚用意された静止画から動きを組み立てていくものだ（分割・分析的か、合成・統合的か、の違い［87：41］）。また取り扱う時代的な特徴も鑑《かんが》みて、「アニメーション映画」という語も用いる。これはアニメーション作品の一部であり、娯楽《ごらく》用途に劇場で上映されることを主目的として制作されたものだ[5]。

アニメーション映像をさらに区分するのならば、フィルムより手前の素材の物質性で考えることができよう［87：46］。まずひとつは「画像アニメーション」（＝象徴的）であり、アニメーション表

2 ノースロップ・デイビスは自身の研究においてハリウッドと漫画／アニメとの関係性の端緒は手塚であり1963年からとしているが［68：10、188ff.］、後で述べるようにハリウッドはアニメからの影響をそれ以前から受けている。

3 この問題は他でも指摘されている［185／72：4ff.］。英語でもアニメーションを定義しようとしている本は多々ある（たとえば［85／180／288］など）が、本書ではドイツ語版に倣ってヘンゼルマンを参照し続ける。

現のための2次元の素材が用意されるもので、CGアニメーションが3次元空間を想起させる場合でもこれは同様である。もう一方は「立体アニメーション」（＝指示的）で、実在の3次元空間にある物体を用いて、1フレームずつ物体の形状や位置をずらしながら撮影していく。後者に区分される作品例を挙げるならば、アーサー・メルボルン・クーパーの映画が良いだろう。正確な制作年には議論のあるところだが、1899年制作〔70：11ff.、267ff.〕の『マッチの嘆願（"Matches: An Appeal"）』は、最初期のアニメーション映像の事例だ。もちろん、アニメーションさせる物体として人形を使うこともできる（クレイアニメでもいい）のだが、『アウクスブルクの人形箱』として有名なドイツの操り人形劇場による人形劇映像のような作品は、人形の動きがそのまま録画されるものであるから実写映画として区分されることになり、立体アニメーションとはならない。

前者の画像アニメーションは、様々な技法で制作されている（〔87：52ff.〕参照）。紙アニメーション、チョークアニメーション、切り絵アニメーション、シルエット・影絵アニメーションなどが、この本での文脈においては当てはまる。簡単に言えば、紙アニメーションは変化が起きるごとに新しい絵を紙に描いていくもので、チョークアニメーションの絵はそれが黒板にチョークで描かれるわけだ。切り絵アニメの場合は紙や段ボールでキャラクターを切り抜き、さらに動かしたい腕や脚なども別個にわけて可動できるよう関節をつける。それらを、描かれた背景の上に置いて演技させるというのが一般的だ。影絵アニメーションの手法もほぼ同じだが、切り絵アニメでは画面に向かってライトを当てるのに対して、シルエットアニメは画面奥から手前に向かってライティングすることになる。ヘンゼルマンは「画像アニメーション」（ドイツ語で"Bildanimationsfilm"）と「描画アニメーション」を区別しない〔87：47〕が、私は、紙や（紙の代わりにセルロイドを用いる）セルのアニメーション、及び同様の技法を用いたアニメーションを「描画アニメーション」とし、切り絵アニメーションなどは（ある程度）別の技法として捉える、つまり「画像アニメーション」における

4 アニメ監督として著名な高畑勲《たかはたいさお》は、アニメ（特に日本で人気がある特定のタイプのアニメーション、つまりセルアニメーションであり、「漫画映画」であり、「人形アニメ」ではない表現）や漫画（主にストーリー漫画や4コマ漫画を指していると考えられ、政治風刺の1コマ漫画のように日本で人気のなくなった漫画ではない）などを包含したメディアについての考察を1999年に発表した。彼は日本の漫画やアニメを「おもに輪郭線と色面で描かれたさまざまな絵をならべ、それに言葉をそえて、時間とともに、お話をありありと語ったもの」と定義し、こうした手法は、12世紀の絵巻物や草双紙にまで遡ることができるもので、高畑は「語り絵」と命名し、日本の伝統だという［259：4 f.］。「日本人は昔からずうっと漫画やアニメのようなものが大好きで、作ることもたいへんうまかった」のは「事実」［259：3］と彼は述べ、20世紀末の日本で漫画やアニメが人気を博す「大きな理由」へつながるのだと主張する。こうした言論は「日本人論」のプロパガンダと考えられるだろう。日本の文化はユニークであり太古の昔からほぼ変化していないという発想だ。こうした発想は、アニメの歴史を詳説してはくれないし、なぜ今アニメがこれほど人気があるのかについても、実は何も説明していない。高畑は自身が「証明」の対象としたいアニメ以外を捨象《しゃしょう》しているので、その定義は曖昧なままだ。高畑への批判は他にも、たとえば［88：49 ff.］などがある。

5 こうした用語は、本書を超えて一般的に用いられるわけではないことは留意してほしい。

部分集合として整理したい。

ただ、画像アニメーションを分類する価値観は他にもある。「撮影型」か「非撮影型」かである［87：48ff.］。撮影型アニメーションの技法は、個々の絵を写真的技術によって記録していくもので、歴史的にはほぼすべてのアニメーション映像がこちらに含まれる。一方の非撮影的技法は、先に「有形アニメーション」とした画像アニメーションに分類されるものだ。具体例としては、動きの錯覚をアニメーションとするという定義を踏まえれば、１８８０年にシャルル・エミール・レイノーが考案した「投射型プラキシノスコープ（Praxinoscope à projection）」が該当する(補注2)［１７４：１０９／51：46］。彼自身の手で描かれた描画アニメーション映画公演は「光のパントマイム」と題していたが、その代表作としては数百枚の絵で15分ほどの上映時間になる『哀れなピエロ』（１８９２年）［v26］が挙げられよう。「テアトル・オプティーク」という名で知られる彼の発明は１８８８年に特許を取得し、１８９２年から１９００年までパリのグレヴァン博物館で上演された［64：17／２０２：8ff.］。つまり、アニメーション映画は、リュミエール兄弟によって「映画」が発明されたとする１８９０年代の半ばより以前から存在していたということになり、そしてフェナキストスコープの開発は、少なくとも１８３０年代にまでは遡ることができる（たとえば［１６７］）。

ノーマン・マクラレンが代表的な「ダイレクトアニメーション」も、非撮影型描画アニメーションのひとつに区分されるだろう。ダイレクトペイントとも呼ばれるその手法は、感光剤を削りおとしたり彩色したりするなど、フィルムに物理的に手を加えてしまうことで映像を作りだす。ヘンゼルマンが言及していないダイレクトアニメーションには、「印刷アニメーション」と呼ぶべき技法も存在する。こうした「フィルムストリップ」は、再生時間が極めて短い（30秒以下）という特徴があるが、この点については次章で取りあつかおう。
ここまでいろいろなアニメーションの定義を確認してきたが、最後に非常に悩ましい「ハイブリッド映像」について考えておかねばならないだろう。一般的には、実写部分とアニメーション部分の混在した映画ということにはなる[6]。では、ハワード・ホークス監督の『エル・ドラド』（パラマウント社、1966年）において、青年ミシシッピーがショットガンを撃った時の画面効果としてアニメーションが使われているからと言って、この作品を「ハイブリッド映像」と呼んでも良いものだろうか。そう定義したらアニメーションの歴史を俯瞰《ふかん》するうえでメリットがあるだろうか？
［169／58］
タイムラプス撮影（訳注＝比較的長い時間間隔を空けて動きのある同じ対象を撮ること。実際の時間が何倍にも高速化される）やストップモーション（訳注＝静止している対象を1コマごとに少しずつ動かしながら撮影すること）や、先述した立体アニメーションとの区別、あるいは特殊撮影

（補注2）幻燈機のガラススライドは10枚未満で直接手で左右に動かせるものであるのに対し、プラキシノスコープは12枚の画像をクランクで回転させる。この構造の違いは、アニメーションから前者を省くほど大きくないのではという批判はありえる。しかし、私はレイノーのプラキシノスコープこそが、アニメーションと投影を結びつけた最初の発明だったと考える。

6「ハイブリッド映画」や「混成映画」という語を、ホラージャンルとコメディジャンルの混成というような意味で使う研究者もいる。また、複数のアニメーション技法の混在について使う人もいる。

や特殊効果との区別をしハイブリッド映像なのかどうかを考えていくというのはなかなかに困難がある。特に特撮やSFXは、実写の一部であると考えられているからだ。こうした分類は、第2章でカバーする初期の欧米における映像作品を考えるうえで重要になってくる。以下本書で私が「ハイブリッド映像」という語を使う場合は、必要に応じて意図するところを説明していきたい。

3 日本語に特有な用語の説明

「アニメ」という語の定義については述べてきたとおりだが、日本でこの言葉が使われるようになったのはかなり新しいということは指摘しておきたい。津堅信之の最近の研究によると（惜しむらくはソースや具体例に乏《とぼ》しいところなのだが）、映画雑誌に「アニメ」という語が登場するようになったのは昭和30年代で、新聞が使うようになったのは昭和50年代だという［277：13］。筆者が偶然見つけた用例としては、映画評論家の森卓也《もりたくや》が1961年12月に出版された映画雑誌で「アニメ」という語を用いている［191］。これが最初期の使用例だろう。森は、「アニメ」、「動画」、「漫画」、「アニメーション」といった語を互いに言い換え可能な概念として使っている[7]。アニメーションという語が日本で広がっていったのは、娯楽的なアニメーション映画が増えたからという理由のみならず、1950年代後半のテレビコマーシャルや非商業の実験的な領域でのアニメーション作品による部分も大きい（具体例は［317／177］）。日本の大手新聞社の記事で「アニメ」が初めて使われたのは1969年。虫プロダクション製作の『千夜一夜物語』（日本ヘラルド、1969年）を初の大人向けのアニメーション映画「アニメラマ」（「アニメ」と「シネラマ」と「ドラマ」をつなぎあわせた造語）として紹介する記事で用いられている［293：168］[8]。

さて、アニメという語が登場する前の日本では、アニメをなんと呼んでいたのだろうか。アニメーション映画を表す言葉として大正初期に登場していたのは、「凸坊新画帖《でこぼうしんがちょう》」やそのバリエーションである「凸坊之新画帖」や「凸坊画帖」または「茶目坊新画帖《ちゃめぼう》」などといった表現だ。アニメ歴史家の中には、フランス人エミール・コールの〝Fantoche（人形）〟のキャラクターが日本で男の子と解釈され、額《ひたい》の大きないたずら盛りの男の子を意味する「凸坊」という言葉が当てられたという説を唱える人もいるが、「凸坊」や「新画帖」は、コールの作品のみならず他のアニメーション映画を表す際にも用いられた［273：57／293：8］。もちろん、すべての作品にこの名がつけ

7　以下、本文中の「漫画」に言及する際は、印刷媒体なのか否かについては明確にしてある。

8　東映動画出身の杉井《すぎい》ギサブローは、リミテッドアニメとしての『鉄腕アトム』がディズニーや東映動画の作品とははっきり異なるのだと示したかった手塚治虫が「アニメ」という語を生み出したとしている［255：12］。しかし、横山隆一《よこやまりゅういち》によるおとぎプロダクションは、1分の短編テレビシリーズアニメーション作品『インスタントヒストリー』を1961年から制作しているし、1961年12月の時点で森卓也が『映画評論』で記事にしていることからも明らかなように、少なくとも映画関係者の間では、『鉄腕アトム』の計画が持ちあがる以前から「アニメ」という語は使われていた。もちろん手塚が「アニメ」という語の普及に大きく貢献したことも間違いはなく、「アニメ」と「アニメーション」という語の弁別も含め、より一層の研究が必要であろう。

られたわけではないが（第2章第3項参照）、判明しているかぎり最初に「凸坊」をタイトルに含んだ映像作品が公開されたのは1911年［284］で、渡辺泰はこれをエミール・コールの（実写と画像アニメーションをミックスした）ハイブリッド映像作品だと主張している（補注3）（第2章第1項参照）。

とはいえ、この語の出自としてより可能性が高いのは、当時非常に人気のあった北澤楽天《きたざわらくてん》の漫画（新聞連載漫画）であろう（注31／P188図1参照）。1902年から複数の雑誌や新聞で掲載されていた彼の作品には「凸坊」がメインキャラクターとして登場し、他の人物にいたずらをしかけるなどしていたが、後には茶目坊とともに、また茶目坊単独でも登場するようになった［107：41、68、121f.］。このふたりのキャラクターは広く親しまれ、また広く販売もされたので、ふたりの名前は腕白《わんぱく》坊主やいたずら小僧を意味する代名詞となった［244：143］。このふたりのモデルは、リチャード・F・アウトコールトがアメリカの新聞で連載していた『イエロー・キッド』ではないかと思われる［244：112］。1910年代後半になると、「凸坊」は一般名詞としてさまざまな描画アニメーション作品に用いられていることがわかる（補注4）（第4章参照）。

一連の『凸坊〜』及び『茶目坊〜』と作品に名づける流れは、1917年に隆盛を迎えているようであるが、これには同じ映像作品を別の名前で売ろうとしていたという理由もありそうだ（第4章参照）。そしてどちらも、1920年代に入るとパタリと使われなくなってしまう（補注5）。

また1910年代後半の日本には、これとは別の語がアニメーション映像の分類に用いられていた。初期の映画雑誌のひとつ、『活動写真雑誌』1917年7月号に掲載されている映画の一覧を見ると、「漫画」、「漫画トリック」、「線画」などの用例が確認できる［134：77］。そして当時の別の映画誌である『キネマ・レコード』の映画一覧表では、アニメーション映画に「ト」と印が打たれている（たとえば［260：240］）。もちろんこれは「トリック」の略だが、当時はアニメーション映像のみならず、実写のトリック映画まで含む、広範なカテゴリーとして、「魔術映画」という分類があった。(補注6)

　1916年からは、「喜劇」という用語と結びついて「線画喜劇」という用例も見られ、これはその後広くアニメーション映像について使われるようになる［249：29f.］。1917年には「漫画トリック」や「線画トリック」という表現も見られる［150：140／153：26］。

（補注3）この後、少なくとも、F・M・フォレットによるアメリカのアニメーション作品“Mr. Fuller Pep”の1本が、1916年9月に『凸坊画帖』の名で公開されたと思われる［118：118］。シリーズ作品であるから、1916年5月にアメリカで公開された3本のどれが日本で上映されたのかはわからない［192：550］。

（補注4）寺崎広業《てらさきこうぎょう》は、『凸坊新画帖』とは線で描かれたものでそれが「常識」だと、1916年に述べている。5～6年前から見かけるようになり現在（1916年当時）は質がずっと向上した、とも言う［265：100］。

（補注5）アクメ商会が制作し配給していた「凸坊」で始まる1920年代のアニメーション作品は、1930年の映画目録で一覧することができる［189：56］。なお、1931年の映画『茶目子《ちゃめこ》の一日』（西倉喜代治《にしくらきよはる》監督、協力映画製作社）［d2］は女の子の話である。

西村智弘《にしむらともひろ》は2012年に、第二次世界大戦以前の日本に「アニメーション」という概念は存在していなかったと主張するが、松風生（第2章第4項参照／読み方不明）は、1916年に「活動せる線画」という表現を用いている。これは「アニメイテッド・カートゥーン」の直訳であろう［249：28］。そして彼の同僚である落葉生（読み方不明）も1917年に「活動漫画《（補注7）》」と記しており、これも同様である［222：32］。さらに、少なくとも1926年の時点で、幸内純一《こううちじゅんいち》は、自身の『スミカズ映画創作社』のロゴに“SK ANIMATED CARTOON STUDIO”との英字を付している［v6］。

松風生は「漫画」という語を低品質な「線画喜劇」と弁別して用いている。前後の文脈から、この「漫画」は、印刷媒体ではなく映像作品について語っていることがわかる［249：31］。彼のこの用法は、ヘンリー・メイヤーが関わっていたアメリカのユニバーサルスタジオによるニュース映画『ユニバーサル・アニメイテッド・ウィークリー』を念頭に置いていた。ヘンリー・メイヤーの描く風刺画が収められているこのニュース映画は、カール・レムリの設立したユニバーサル社が当時提供していた毎週2種類のニュース映画のうちの1本であったが、ちょうどこの時期プライバシー裁判でもめて終焉《しゅうえん》を迎えた［257］。

吉山旭光《よしやまきよっこう》も、このニュース映画の末尾に組みこまれていた時事風刺漫画について取りあげており、「ハイメーヤー」［326：63］との記述がある。これは明らかにヘンリー・メイヤーの別名「ヘイ・メイヤー」のことだろう。

ただ、メイヤーの風刺漫画をアニメーションと区分するのは難しい。現在アーカイブされている作品から考えるに、ハイブリッド映像［165：227］、あるいは「ライトニングスケッチ」（訳注＝画家がすばやく似顔絵やキャラクターを描いていくところを見せて楽しませる類《たぐい》の映像。ライブドローイング記録）といったところだろうか［v24］。松風生による第2の使用例は「サミュエルソン」についての言及だが、これがイギリスの映画製作者G・B・サミュエルソンを指しているのかどうか［249：31］、詳細は述べられていないので不明である。小路玉一《しょうじたまいち》は1927年の著作で、パテ兄弟社のニュース映画を振り返って、ヨーロッパやアメリカの事件についての風刺的な「線画」と評している。

1915年の前半には、映画『快漢』の解説に「時事漫画」という用語が使われているが、これは印刷された社会風刺漫画と考えるべきだろう。解説文を読む限り、戦争を取りあげているのは確かだが［302］、具体的な作品は同定できておらず詳細は不明である。ヘンリー・メイヤーの『トピカル・ウォ・カートゥーン』（1914年）か、ヘンリー・ファーニスやランスロット・スピードらがすばやく絵を仕上げていく様《さま》を見せているイギリスのプロパガンダ映画のどれかだろうか。

アニメーション映画『天才教授の月旅行（"Professor Wiseguy's Trip to the Moon"）』（ジョセフ・

（補注6）松風生と名乗る筆者は、1916年の時点でアニメーションとトリック映画を区別している［249：30］。1927年の小路玉一も、漫画／線画作品とトリックの違いについての一考を述べている［250：183、241］。一方、1921年の帰山教正《かえりやまのりまさ》は、線画などとしても知られる凸坊画帖と切紙粘土細工等のトリックは同様で、静止画の撮影だと述べている［111：199］。また石巻良夫《いしまきよしお》は1925年にアニメーション映画はトリック映画の拡張だと述べている［99：31］。

（補注7）輸入された「活動漫画」が1917年1月に東京シネマで上映されている［5］。

カマー監督、パワーズ社、1916年）は、『凸坊新画帳　月世界旅行之巻』との邦題をつけられ、日本では1916年9月9日に公開された。[補注8] 雑誌の紹介では「漫画の画帳」という説明が付されている［118：118］。1917〜1918年では、日本国内で制作された作品は、わざわざ「日本漫画」と明示されている［285：41］。

　1920年代から1930年代にかけては、「漫画映画」及び「線画映画」（あるいは単に「漫画」・「線画」）という語が一般的である。もともと20世紀初頭における「映画」という言葉は、幻燈のスライドを指していた。「フィルム」の訳語として「映画」が使われるようになるのはやや後のことだ。たとえば、朝日新聞1904年2月17日に掲載されている光学機器の広告には「幻燈映画」という用例があるが、これはガラススライドを指している［14］。現在の意味での「映画」が出てくるのは、1912年2月9日である［21］。読売新聞では1917年9月に「映画」という言葉に「フィルム」とルビを振っている[補注9]［311］。むしろフィルムという語のほうが一般的であって、こちらは1908年まで遡ることができる（たとえば［18／301／326：169］）。そして「活動写真」はさらに長い歴史があり、1897年の2月にまでたどれる[補注10]［326：8／297／13／267］。「家庭フィルム」とも呼ばれた「玩具《おもちゃ》映画」もあった。フィルムは全体で10mから35mくらいの長さしかないが、「フィルムストリップ」より再生時間は長い。家庭用映写機向けに作られたアニメーション映像や、劇場用のアニメーション映画、あるいは実写映画を短くカットして再編集した作品が制作されていた。キングやハグルマといった製作会社や小売業者がいくつか存在し[補注11]、現在も残るそうした映像作品の冒頭では社名やロゴを眺めることができる。ときにはコピー防止のためロゴがフレームに埋めこまれていることもある［220／256：268ff.／268：11f.／182：127f.］。初期の日本のアニメーション映像の中で現在も残っているのはすべてこうした玩具映画として制作された作品だ（第1章・第2章参照）。

（補注8）アメリカでは1916年6月15日に「教育的な旅の珍品」と付された"Little Journeys in Scenic Japan"（Powers）とともに公開された［195］。

（補注9）記事では子供に人気のフィルムのジャンルについても触れられているが、アニメーションを一つのジャンルとしてくくれるような語はない。

（補注10）フィルムとフィルムを扱う機器が日本に紹介されたのは、1896年11月の神戸でエジソンの「キネトスコープ」が、リュミエール兄弟の「シネマトグラフ」は1897年2月の大阪で、である［320：44］。

（補注11）ハグルマ印に続く"Y.N.& Co."が中村義明《なかむらよしあき》の名前から取られていることは、最近の福島可奈《ふくしまかな》子《こ》の発見である（訳注＝「大正期から昭和初期における齣フィルムの蒐集と文化」https://www.jstage.jst.go.jp/article/eizogaku/99/0/99_46/_article/-char/ja 参照）。

第1章　ドイツと日本における印刷アニメーション

1-1　ドイツのキネマトグラフと印刷アニメーション

1866年、イグナッツ・ビンクとアドルフ・ビンクの兄弟は、ドイツ・バイエルン州ニュルンベルクで金属製の台所用品や器具を扱う卸売会社を設立した〔164：4〕。1879年にビンク兄弟社を設立、金属製品や、ドールハウス用の台所用品を自分たちで製造しはじめた〔164：5〕。1880年代には他の金属製玩具にも手を伸ばしていった。そして鉄道模型や蒸気機関などに加えて、幻燈機のような光学玩具にも取り組みはじめた〔164：5〕（レイノーのプラキシノスコープをまっ先に複製したのもビンク兄弟だったようである〔174：104〕）。

会社は劇的に成長し、1882年に200人だった従業員は1914年の時点で3000人を超えるまでになった〔164：5、15〕。成功の大きな理由は、ビンク兄弟の輸出戦略にあった。ヨーロッパのみならず、アメリカ合衆国やイギリスの各植民地、南アフリカなどの市場を開拓していった〔164：7ff.〕。

キネマトグラフ自体は1897年には発明されていたと思われるが〔164：13〕、ビンク兄弟は1898年に「幻燈機と接続したキネマトグラフ」を発明し〔106：77f.〕、同年にライプツィヒの玩具見本市に出展している〔54：71〕。これは「スタティーフ」と命名され、1930年代前半に至《いた》るまで、良質な光源を備え、映画機構を持った幻燈機として使用されていた〔221：170〕（P188図2）。スタティーフは、フィルムを送るための機構（クランク、スプール、ジェネバ機構のマルタ十字など）を持ち、投影した画像の明滅を制御するためのシャッターが備わっていた〔221：170〕。このキネマトグラフは、35㎜のセルロイドフィルムを観ることができ、エジソン式の送り穴（パーフォレーション）、つまり映画館で上映される映画フィルムとも互換性があった。（補注12）

当時のニュルンベルクは、玩具の世界的中心としての地位を築いていた。多くの企業や下請け業者が集積しており、ビンク兄弟社以外にも、エルンスト・プランクやジョルジュ・カレットが設立した会社があった。（補注13）そして、そのような競合各社も、幻燈機を製造できるくらいの知識や技能は有していた。ビンク兄弟社の製品に類似したキネマトグラフ玩具が作り出されるのは時間の問題だった。1900年になると、ニュルンベルクの大手企業は年間で5万台以上の幻燈機を製造していた〔238：41〕。

（補注12）Watson社のMotorgraphは、幻燈機と投影機が統合されていなかったが、キネマトグラフへとつながっていったのだろう〔90：11〕。ビンク社は1898年のカタログで既に「市場における新たな形状と機構」と言及している〔106：64〕。

（補注13）当時、特に「モダン」な玩具製造で対抗できる能力のある都市はパリくらいだった〔238：41〕。実際にフランスのラピエール社は1890年代の終わりから玩具キネマトグラフの製造を開始している〔224：60／60〕。

幻燈機を扱っていた企業は、どこもハードウェアだけを扱っていたわけではなく、一枚絵のスライドから映像と言える長さの作品に至るまでのソフトウェアの提供も行っていた。1902年のエルンスト・プランク社のカタログや、創業者エルンスト・プランクの孫[9]にあたる研究者が執筆したニュルンベルクの玩具産業についての博士論文［221：174f.］などを読むと、当時3タイプの「子供向け映画」が存在していたということがわかる。

●特別フィルム画／カラー仕上げ［52：1037］／非常に短いアニメーション映像の断片で、多色刷りリトグラフで透明のフィルムに直接印刷されたものだ。これは「印刷アニメーション」に区分したい。映像の各コマはアーティストが絵として描くか実写の映像からトレースしてリトグラフにされた。実写からアニメーションのための絵を描くというのは、その後のロトスコープ技術を思わせるものだ［221：174／90：11］。そして多色刷りリトグラフという技術にも、ニュルンベルクの企業はノウハウを持っていた(補注14)。カレットは特に有名だった［56］。
イブ・リフォーのデータにはところどころ信用が置けない部分もあるのだが、エルンスト・プランク社のカタログで価格が載っている以上、遅くとも1902年には確実に存在しており、白黒版に関してはおそらく1899年から存在していたと思われる［224：60］。フィルムストリップの最初と最後をつないでしまうことでエンドレスの「ループフィルム」として鑑賞することができた。だいたいの場合はこの手のフィルムストリップの最初のコマと最後のコマの絵は似ていたので、切れ目なく無限に動きつづけているように見えた。「エンドレスフィルム（ドイツ語では“Endlosfilm”）」という表現は1914年にはそのまま日本語に直訳され、「無終巻写真（フィルム）」と表現されていた［84：349］。

なぜリトグラフによる印刷アニメーションが作られるようになったのかについて、リフォーは初期の実写フィルムが極めて貴重で高価だったからだと述べている。しかし、印刷アニメーションではもうひとつ、カラーの映像を送り届けることができたという点も考えねばならない。カラー映像が発揮する子供やその親たちへの訴求力を製造企業が重視するのは当然のことだ。(補注15)

●特別フィルム実写撮影[52：1038]／大量複製された子供向け（玩具映画）の白黒実写映像であり、「ありとあらゆる点で素晴らしく美しい」[52：1038]。ニュルンベルクや、近郊の玩具メーカーで開発した「特殊プロセス」で製造していたという[221：174f.]。

●オリジナルフィルム／撮影された約5、7、10、15、20、25メートルの長さのフィルム／劇場用に制作された映画作品を切りだしたもので、その点は先に述べた日本の玩具映画とも似ている。エルンスト・プランク社のカタログには、「現存するすべての映画」を「オリジナル価格で」提供できるとあり[52：1038]、それゆえキネマトグラフを「ホームシネマ」と呼ぶのは決

9　孫の名前も創業者と同じくエルンスト・プランクである。1898年生。

(補注14)　1900年頃の高級な幻燈機用スライドは手で着色されていたが、安価な幻燈向けには「ニュルンベルクの高度な技術で開発されたクロモリトグラフィ（多色刷りリトグラフ）」で「ガラス上に絵を印刷」していた[238：40]。

(補注15)　フランスでも、アニメーション映像の断片は制作されていた[179：249]。ただしこの資料のプランクキネマトグラフの日付は誤りである。

一して誇張ではないだろう。

1902年のエルンスト・プランク社カタログの18番「特別フィルム画」、つまり印刷アニメーションのセクションには、『アイススケーター』や『喫煙する男』、あるいは『女子校の体育』などといったタイトルが並んでおり、フィルム6本を3組セットにした形で売られていた。いくつかのタイプのキネマトグラフは、「特別フィルム画」に区分されるアニメーションのフィルムストリップとセット販売されていたが〔52：1037〕、その他の実写フィルムは個別に販売されていた。35番『ワイン呑み』はそのひとつで、これはまた後で取りあげる。

残念ながら1900年代前半のカレット社のカタログは発見できていないのだが(補注16)、フランス人ジョルジュ・カレットは、ビンク社の下請けとして1886年から玩具製造を始め、すぐにニュルンベルクの玩具業界で大きな存在になった〔92：38〕。1899年の地方紙広告では、カレット社製のキネマトグラフはまだ登場していないが〔234〕、それからすぐに製造を始めたという(補注17)〔93：84 f.〕。遅くとも1911年、実際のところはおそらく20世紀最初の年のうちには既に、カレットはキネマトグラフのみならず、20から150コマほどの長さの「優《すぐ》れたキネマトグラフ効果を発揮する色つきフィルム特別セット」を提供していた〔168：144〕。1911年の販売作品リストには『馬跳び蛙』や『道を横切る牛』などの題名が並ぶ〔168：144〕。

カレットがニュルンベルクで製造した玩具は、1904年にイギリスのバゼットローク社へ提供されたのみならず広く世界に向けて販売された。たとえば日本の1910年の新聞記事でも、ドイツは玩具における「上等物の本場」と見出しを付けて褒《ほ》めちぎり、日本製の玩具のほとんどは安物で遺憾《いかん》だと述べられている[20]。そして孫のほうのエルンスト・プランクも自身の博士論文において、日本の玩具は「極めて低品質だった」と評価している。当時の日本企業は、金属を加工して高品質な光学玩具を大量に生産する技術をいまだ有していなかった。ニュルンベルクの企業群にとっての日本は、主要輸出先というわけではなかったが、ドイツ製のキネマトグラフやループフィルムは、滞《とどこお》りなく日本にまで送り届けられていた。

1-2 日本とカレット社

2005年1月、収集家であり大学で映像文化史を教える松本夏樹は、骨董《こっとう》商から3台の古い映写機と11本の35㎜ループフィルム、そして13枚の幻燈スライドを入手した。骨董商へこれらの品々を託したのは京都の資産家で、今風に言うならば、映画のアーリーアダプターだったのだろう。1台はニュルンベルクで製造されたジョルジュ・カレット製のキネマトグラフで(補注18)、もともとはループ

(補注16) 再発行された1911年のカレット社英語版カタログは1905年の部分も一部含んでいるが、光学玩具については載っていない[168]。

(補注17) 最初期のカレット社によるキネマトグラフは、ビンク社やプランク社[69]と同様にフィルムを水平方向に送っていたが、3社ともすぐ垂直方向へ変更した。世界中で開発の足並みが揃っていたことが窺《うかが》える。

フィルムやガラススライドとともに収納されていたはずの箱といっしょに見つかった［１８２：98ff.］（P１８８図3）。これはドイツから直接輸入されたものではなく、イギリスのバゼットローク社経由と考えられる。ということは、日本に到着したのは１９０４年以後ということになる。

　カレット本人はフランス国籍を放棄しなかったため、第一次世界大戦の勃発《ぼっぱつ》後はニュルンベルクの自身の工場からも立ち去らねばならなくなってしまった［54：82］。そして、ドイツの玩具産業が輸出で栄える時代も、この世界大戦によって終わりを迎える［１６４：14］。日本市場からもドイツの光学製品が消え去った［79：36、40］ということを考えれば、このキネマトグラフやフィルムストリップが日本に到着したのは、第一次世界大戦が始まる１９１４年より前だと考えられる。

　スライド13枚のうちの11枚は多色刷りリトグラフで、カレット製の映写機本体とセットになっていた12枚のスライドの一部だと思われる。他の２枚は手で彩色されたもので、おそらくは他の幻燈機用だったろう［１８２：１００f.］。

　もっとも興味を引くのは35㎜のフィルムストリップだ。７本は日本や海外の実写映像（長さは31フレームから75フレームまで様々）だが、３本は海外の印刷アニメーション、そして１本は日本製の印刷アニメーション作品だ［１８４：92］。海外製の３本のうちの１本（10番）［１８４：92］は46コマからなり、東京都写真美術館の図録でも確認できる。この作品はリフォーが示した［２２４：39、49］エルンスト・プランク社製［１８４：92、１０３／１８２：１０１f.］の『ワイン呑み』であると松本は同定した。

　しかしながら、プランク社の『ワイン呑み』はもともと実写映画であって、アニメーション映画ではない（リフォーによる同定には他にもいくつか誤りや疑わしいものが含まれている［１７２：12］）。幸いなことに、アメリカの収集家ダレン・ネメスもこの作品を所有しており、そこには“G.C.&C

[°].N."(Georges Carette & Co. Nürnberg)というトレードマークが入っている。つまり同題名だがカレットの製品であると考えて良いだろうし、1911年の英語版のカタログでは"A Good Drop"(補注19)と題されている[168:144 No.329 11CB](P188図4)。そしてプランクによれば[221:174]、こうしたリトグラフはそれぞれの玩具会社が所有するものであり、それゆえに特定のフィルムストリップが複数社から販売されていたことはなかったという。

発見された海外製アニメーション作品のうちの61コマのもの(4番)[184:92]は、その内容とコマ数から『奇術師("Magician")』であると特定された[168:144 No.329 11CB]。そして9番の46コマから成る作品[184:92]は、ほぼ確実にカレット製の『体操("Gymnastic")』[168:144 No.329 23A]であると考えられる。

カタログの情報から、印刷アニメーション映像のフィルムストリップ(ループフィルム)は、遅くとも1902年からエルンスト・プランク社とビンク兄弟社によって販売されていたことは、はっきりしている[52:1037/81:177]。カレット社については1911年以後の記録しか残っていないが、プランク社やビンク社と同じ時期から売り出していたと考えてほぼ間違いない。そして、これらの企業がキネマトグラフとセットにして販売したフィルムストリップは、アメリカやフラン

(補注18) 当初松本はフランス製と考えていたが[184:89]、2011年の再調査の結果ドイツのカレット製であることが判明した[182:125]。

(補注19) ドイツ語の ein guter Tropfen (a good drop =良い雫)は、一般的にはワインを意味する。

1

北澤楽天のマンガ作品「いたづら」(1905年)『楽天漫画集大成〈明治編〉』(1974年、北沢楽天顕彰会、東京グラフィック社、p.230)

2

ビンク社のキネマトグラフ（ビンク社商品カタログ、1898年［106:77］）

3

カレット製キネマトグラフの外箱（松本夏樹所蔵）

4

カレット社の“A Good Drop”（ダレン・ネメス所蔵）

ス、オランダ、そして日本など世界各地でその存在が確認されている。

1―3『活動写真』

“A Good Drop” を始めとするカレット社やビンク社、プランク社製のフィルムストリップと同様に、松本夏樹が入手した日本製の印刷アニメーション『活動写真』も、もともとはセルロイド製の35㎜ループフィルムで、エジソン互換の送り穴が空けられていた。現存するものは、経年変化によって現在、35㎜から33・5㎜にまで縮んでいる。『活動写真』と称される作品は、“A Good Drop” とは異なり、正確な題名も解説も不詳だ。『活動写真』や『松本フラグメント』(例〔264：47〕)という名称は、便宜《べんぎ》的につけられたものだ。ただ、これは文字通りにフラグメント、断片化された作品というわけではなく、一定の内容を余すことなく伝えている完成した作品だ。ループフィルムにすれば最後のコマと最初のコマが切れ目なくスムーズにつながる。

水兵服の少年が壁に向かって「活動写真」と記し、また観客へ向きなおって帽子を掲げて挨拶《あいさつ》する様が50コマで描かれている(P206図5a、b)。1秒16コマで再生するのが当時の一般的なフレームレートだから、この作品の上映時間は約3秒ということになる。むろんループフィルムであるから、実際に映写された際の再生時間はもっと長かっただろう。

少年と帽子の輪郭線や漢字は墨色で描かれているが、帽子は赤い。ただ印刷機の性能の問題だろうか、コマが進むにつれて帽子の塗りは少しずつズレていき、輪郭線の内側から赤色がはみ出していく。この作品はセルロイドの上に手描きされたものではないかとの説が欧米の研究でなされたことはあるが〔１７５：５８４〕、この色ズレは、本作品が印刷アニメーションであることを示す証拠のひとつだ。

ドイツ製のフィルムストリップで見られる多色刷りリトグラフとは異なり、『活動写真』はステンシル印刷で制作されている。黒や赤の油性インクを、直接無地のフィルム上に印刷したものだ。この技法は「合羽摺《かっぱずり》」や「謄写版《とうしゃばん》」で用いられていた〔１８３：４・８・２０１６〕。当時既に、安価な幻燈用のガラス製スライドでも使われていた〔１８２：１０２、１０８f.〕こうした技法と、作品中で描く文字などの内容から見て、このアニメーションは日本製で輸入品ではないだろう。そして、『活動写真』は手描きの「ワンオフ」な作品ではない。ステンシルが使われたということは、複数生産するために製版したことを意味する。

そこで疑問になってくるのは、この『活動写真』が制作され流通した時期である。本作を取りあげた商品カタログや商品広告などはいまだ発見されていない。１９１４年に出版された権田保之助《ごんだやすのすけ》の著作には、印刷されたループフィルムについての言及がある〔８４：３４９〕。そして１９１２年の終わりまでには、ドイツで制作されたキネマトグラフとフィルムストリップが日本で売られていたことも確かだ〔１８２：１２１〕。第一次世界大戦以後の１９１４年には生フィルムの輸入が停止されたため〔１８２：１２１〕、セルロイドの価格も急激に上昇した〔３０３〕。そのためこのような「児戯《じぎ》」に用いられたとは考えがたい。さらに、権田の指摘で重要なのは、印刷アニメーションによるループフィルムは、彼が執筆した時点で、古臭い趣味だったというのだ。彼は、「今の子供衆は中々悧巧《りこう》」なので、「其《そ》んな子供騙《だま》し」ではなく「本当の写真を映し出す大仕掛けの器械」を好み、それが現在の趣味であると述べている。また、そうした大仕掛けな映写機にかけられていたフィルムのうちで、傷ついたり流行遅れになったりしたものが玩具屋で安価に売られるようになり、それを収集して色合いや著名作であることなどを競い合うことは、1912~1913年頃の子供たちのちょっとした流行だったという［84：350f.］。こうした当時の事情を考えると、『活動写真』が1910年代に新規に販売されたのだとは考えにくい。(補注20)

つまり、1912年というのが考えうるもっとも遅いタイムリミットである。一方で考えられる始まりのタイミングは、キネマトグラフと印刷アニメーションループフィルムがヨーロッパで流通しはじめた1900年であろう。さらに、1904年から1905年までの日露戦争の期間、吉澤《よしざわ》商店（たとえば［14／298／299］）や池田都楽《いけだとらく》［17］のような小売業者や制作会社は、全国紙に活動写真機械（キネマトグラフ）や活動幻燈器械（幻燈機でフィルムを投影するためのアダプター装置）の広告を掲載していた。

ドイツの光学業界の製品も当時既に日本に輸入されており、その証拠に、小西《こにし》本店（現・コニカミノルタ株式会社）がカールツァイスの双眼鏡や、製造元不詳のキネマトグラフの広告を1905年4月に出している［16］。大阪の専門小売業者である高木《たかぎ》幻燈舗は、少年雑誌『少年世界』191

(補注20)『活動写真』は印刷物であることを忘れてはいけない。権田は、安価なキネマトグラフ用の手《しゅ》彩色《さいしき》ループフィルムが商品として販売されていたことを指摘している［84：349］。ループフィルムから玩具フィルムへの移り変わりは、明治後期から大正初期の『少年世界』の広告でも確認できる［182：118］。

0年10月号にて、フィルム付きドイツ製映写機の販売を告知している［182：119］。

ドイツと同様日本の企業も、ハードウェアとフィルムをいっしょに販売していた。たとえば吉澤商店は、1905年2月の時点で既に日本・海外製の戦争映画、海外の娯楽映画を販売している［15］。1905年12月のカタログでは、まだ幻燈機用のスライドが多いものの、240本ほどのフィルム作品（15mから120m）が掲載されており、日露戦争をテーマにしたものだけでも100本ほどになる［328：111ff.］。日本も軍を派遣した1900年からの義和団の乱［328：137f.］や、著名な観光地である日本の日光《にっこう》やナイアガラの滝などを取りあげたものもある［328：124］。さらにいくつかのフィルムは、「自然色」バージョンが存在している。たとえば、表示価格に50％上乗せすることで、人間が手で彩色したジョルジュ・メリエスの『不可能を通る旅行』（あるいは『太陽旅行』、1904年）［v1］が入手できた［328：125f.／156：56f.］。さらに1906年3月の広告では、350本以上の作品を提供できるとしている［300］。

吉澤商店が1906年12月23日発行の雑誌『世界周遊写真帖』に掲載した写真入り広告は松本も収集しており、そこにはキネマトグラフとループフィルムがはっきり確認できる［172：14］。この広告に載っている作品がアニメーションだったかどうかのはっきりとした証拠はない。しかし、キネマトグラフも観光地を取りあげた旅行映画も確実に輸入されている一方で、欧米ではその器具に付属して売られるのが一般的だったアニメーションフィルムが日本には存在していなかった、と考えるのは無理がある。

日露戦争の勃発によって映画への関心が高まったのは確かなようで［82：164］、戦争が終結するとセルロイドの価格は急速に下落した［18］。従って、日本の企業は、そのタイミングでアニメーションのフィルムストリップを作り始めたのではないかと推測することができよう。『活動写真』で用いられている技法自体は、日本は1894年の日清戦争時点で有していた〔183：11・6・2014〕。それゆえ、1905年以後というのが合理的な推測だろう。それ以前ではキネマトグラフがさほど普及していないから、日本が自前でアニメーションのフィルムストリップを製造していたとは考えにくい。

ここまでの時期の推測や、日本がさほどフィルム周りの技術開発に熱心だったとは言えない事情を踏まえれば、『活動写真』の元ネタとも言うべき表現は、ドイツ（あるいはフランス）のループフィルムの中にあるのかもしれない。1905年までに印刷アニメーションが輸入されていたと考えられる理由はいろいろある。高価になってしまう手彩色〔172：6、8〕以外に色味を出せる技術というのは、他のどんなフィルムにもないセールスポイントである[10]。

---

10 広く受け入れられた初めての「天然色」実写映画は、イギリスのジョージ・アルバート・スミスが開発した「キネマカラー」の技術による。日本の新聞で取りあげられているのは1908年だが実際に使用された作品が公開されたのは1913年になる〔172：2〕(第3章第4項も参照)。チャールズ・アーバンは1921年に、大正天皇が初めてご覧になった動いている絵（映画）は1913年の8月にキネマカラー撮影されたもので、特別の内覧会を設けたのだと自慢している。しかし実のところ、大正天皇は皇太子であった1897年〔267〕の時点で既にエジソンのヴァイタスコープを観覧されていたという。

1905年から1912年の間のどこで日本製の印刷アニメーションによるループフィルムが作られたのだろうか。フィルムを発見した松本自身は、1900年から1912年の間［182：110ff.］と推定しているが、私は以上の根拠を踏まえて、1907年前後と考えている。理由を書き出してみよう。

●海外製の印刷アニメーションループフィルムがその時点で既知であること。
●日本製のコンテンツを作る価値があるほどにはキネマトグラフが普及していること。実のところ、1908年の吉澤商店は、映写機やフィルムを毎月の分割払いでも販売していたし、さらには、月額一定の料金で貸し出しもするという、今日で言うところのサブスクリプション型の販売形態まで実践していた[補注21]［301］。
●セルロイドの価格が常識的な値段に落ち着いている時期であること。
●1914年の時点で印刷アニメーションは最近の流行ではないと権田が語っていること。
●『活動写真』は特に巡業興行師に向けて制作され、技術部分も含めた見世物《みせもの》として当時のアーリーアダプターたちを惹《ひ》きつけたのではないかと考えられるところ[11]。

『活動写真』の印刷品質があまり高くないというところは、小さい会社で印刷・製造されたことを窺わせる証拠でもあると、松本はこの技術の他での用いられ方を挙げながら説明している［182：116／183：5・6・2014］。しかしながら、黎明期ゆえに技術が煮つめられなかっただけとも考えられ、決定打とは言いがたい。
　さまざまな疑問は残ったままだ。

誰が、どこの会社が製造したのか。何本ほど印刷されたのか、似たようなループフィルムは他にどれくらいあるのか。どれくらいの期間販売されていたのか[12]。極めて短い映像に未解決の疑問が山積みの状態ではあるが、確信を持って断言できるのは、これは現在知られる日本で最古のアニメーション映像であり、どこかの個人が趣味で作ったものではなく、商業ラインに乗った作品だったということだ。

（補注21）福島可奈子の研究によると、『少年世界』に掲載される活動写真の広告は1909年から劇的に増加しているという［79：28］。ただ、そうした激増はすぐに飽きられた理由かもしれない。

11 巡業興行師自体は、少なくとも19世紀末には存在していた［182：116 f.］。

12 プランク社の『ワイン呑み』は1914年のカタログに［52：1138］、義和団の乱の鎮圧を扱った映画は吉澤商店の1910年版カタログにも載っている［331：56 ff.］。

第2章　欧米のアニメーションと日本での専門知識（1917年以前）

2-1　1912年前半までの日本における欧米のアニメーション映画

純粋にアニメーションである映像が日本で初めて観覧されたのはいつか。どこかの家庭の中かあるいは興行師によってか、いずれにせよ、そこで上映されたのは、1899年からキネマトグラフを製造し輸出をしてきたドイツで制作された印刷アニメーションによるフィルムストリップだったのではないだろうか。ハードウェアとソフトウェアがそろう道筋を考えればその可能性は高い。しかし、それを証明できるだろうか？

初めて日本の映画館で上映された海外製のアニメーション映画は何なのか、という疑問を考えていくためには、その他にもいくつか関連する疑問に答える必要がある。アニメーションと実写映像の区別、ハイブリッド映像はどう扱うべきだろうか。立体アニメーションやストップモーションとの区別はどうするべきだろうか。また、史料に残された日本語の題名のみで、作品の説明も満足に記録されていない場合に、映像作品を特定することが本当にできるのだろうか[13]。

こうした課題を考えると、本研究は完璧というわけでもないし、最終的な回答ということにもならないのではあるが、これは歴史研究には付きものでもあろう。

ジョルジュ・メリエスの作品でもっとも広く知られているのは『月世界旅行』(スター・フィルム社、1902年)である。私自身は、アニメーションに分類するよりは実写映画と考える作品だが、古賀太《こがふとし》が指摘するように、メリエスの映画は遅くとも1903年には日本でも知られていたようだ。『月世界旅行』は1903年10月に千代田区神田《かんだ》の東京座で公開されたという[156:54][14]。ジェームズ・スチュアート・ブラックトンの『愉快な百面相』(ヴィタグラフ社、1906年)も、当時の日本に入っていた。吉澤商店の1910年の在庫一覧に『不思議のボールド』という作品が掲載されており、渡辺泰はこれをブラックトンの作品であるという[283:19ff.]。実はこの作品は、1907年11月時点ですでに吉澤商店の在庫リストに存在している[329:52][15]。

ブラックトンの同作が一般にも公開されたことは間違いないが、その緻密な証明はまだのようだ。横田《よこた》商会が東京の八千代《やちよ》座で1907年8月2日に上映した『奇妙なるボールト』[16]という作品が同作ではないかと渡辺は考えており、私はこの仮説は正しくないと考えるが、その確たる証拠がない

13 幸いなことに、当時の映画雑誌などでは英題も記録されていることが多い。以下、明らかな誤植については特に断りなく修正している場合がある。

14 ただし、古賀が記している日付([156:53]中の図20)は、紹介されている史料から考えるに誤っているようだ。

15 吉澤商店の「魔術」セクションのリストは1907年と1910年で同じである。

16 「ボールト」は「ボールド」の誤植であろうと渡辺は指摘している。

ことは渡辺自身も認めている［283：17］。1909年8月4日には、『不思議なボールト』が鳥越電気館で上映されたという記録が残っていて、これも同作品だろうと考えられる［284］。ただ、メリエスの作品 "Le Chevalier mystère"（スター・フィルム社、1899年）がアメリカで公開された時のタイトルが、"The Mysterious Blackboard" や "The Mysterious Knight" であったことには、重々注意をしておかねばならないだろう［232：709］。

『愉快な百面相』は実写とチョークによるアニメーションのハイブリッドで、無理やり区分するならば切り絵アニメーションになるが、純粋なアニメーション映画とは言いがたい[17]。ブラックトンの "The Haunted Hotel"（ヴィタグラフ社）［v20］が初めて封切られたのは1907年3月のニューヨークで、その後長期にわたって世界中でヒットし、多くの模倣作も生んだ［74：78f.］。日本でも公開されたのだろうと考えられる記述が、少なくとも2回ある[18]。いずれにせよこの作品は、切り絵アニメーションとストップモーションを特撮として用いた実写とのハイブリッド映像だと私は定義する。

厳密な話をするならば、1908年8月17日のパリで初演されたエミール・コールの『ファンタスマゴリ』（ゴーモン社）［v19］ですら、冒頭と末尾の部分は実写による手と黒板であり、実写と描画アニメーションのハイブリッド映像であるということになるだろう。ただ、その比率や内容を考えれば、同作をアニメーション映画と捉えるのは妥当だろう。『ファンタスマゴリ』は、世界初の撮影された描画アニメーション映画であると言える[19]。

渡辺泰は、1911年から1912年の初頭にかけて日本で公開されたコールのいくつかの作品、立体アニメーションを伴った実写映画や、実写と描画アニメーションのハイブリッドを示している

［284］。たとえば、"Le retapeur de cervelles"（パテ社、1911年）［v3］で、この作品は1911年5月22日に世界館で公開され、『脳髄修繕《のうずいしゅうぜん》』あるいは『脳の修繕』という邦題が付いている［284］。"La musicomanie"（ゴーモン社、1910年）も同様の作品で、渡辺によれば1911年5月26日から東京の福宝《ふくほう》堂・福宝館で、『凸坊新画帖音楽狂』と題して公開されたという［284］。1911年から1912年にかけて「凸坊新画帖」と銘打って公開された作品を渡辺は他にも挙げているが、『第五凸坊新画帖』と命名された作品は、1912年6月1日に福宝館で公開されたこと以外何もわかっていない［284］。

『凸坊新画帖第四』の情報も興味深い[20]。渡辺は1911年という公開年に加えて、原題は"Living

---

17 ブラックトン自身は、彼の未発表の手記において一度もアニメーションという言葉を使っていない［74：85］。これは詰まるところ、ストップモーションという技法がいつ特殊撮影であることをやめ、アニメーションの一種と考えられるようになったのか、という問いになる。

18 吉澤商店のフランス・パテ社やイギリス・アーバン社の在庫リストには『化け物ホテル』という作品があり、「世ノ中ニ之《コ》レヨリ以上ノ不思議ナシ」と記されている［330：15］。

19 コール自身は、変名を用いて、『ファンタスマゴリ』やその後の作品について、「アニメーションの一種」の始まりだと1925年に述べている［181：27］。

20 『凸坊新画帖音楽狂』を「第一」だと考えるとしても、1911〜1912年にかけての「凸坊」シリーズのうちの残り2本は、いまだに特定できていない。

Blackboard” ではないかと主張している［２８４］。この作品を、コールが１９０８年に制作した純粋な描画アニメーション作品である “Le cauchemar du fantoche”（ゴーモン社）［ｖ２］であると考えたくなる気持ちはなかなか抑えがたい。本作はアメリカでは “The Puppet's Nightmare” と英訳されたが、イギリスでの英題は “Living Blackboard” なのだ［66：３４６f.］。しかし、この魅力的な連想は誤りなのかもしれない。“Living Blackboard”（おそらくはコールの “Le cauchemar du fantoche”）は、オーストラリアでは１９０８年後半には公開されている［２８９］。日本での公開に果たしてそこから３年もかかるだろうか。そして、コールのものではないと思われる “Living Blackboard” と題された作品が、１９１１年後半にオーストラリアで公開されているのだ［３］。渡辺の調査による１９１１年という公開時期と合致するのはこちらではないか。そして、横浜ゲーテ座では１９１２年３月16日から “The Living Blackboard” という “excellent and amusing（優れていて、おもしろい）” な映画が公開されている［１０１］。とは言うものの、私は１９１１年当時に制作されたはずの “Living Blackboard” という映画作品を見つけられているわけでもない。だから、もしかしたらこれはコールの作品の（再？）上映だったのかもしれない。

セグンド・デ・チョーモンが制作した “Le Reve des Marmitons”（パテ社、１９０８年）［ｖ４］は、実写と立体アニメーションのハイブリッド作品で、おそらく１９０８年あるいは１９０９年に日本で公開された。日本の映画評論家である吉山旭光は、題名や監督を記憶していなかったが、彼の作品内容についての記述はチョーモンの作品と一致した。吉山はこの作品を「魔術映画」と記述し、登場人物の禿頭《とくとう》に顔が描かれていくシーンについては、「線画」という言葉を用いている［３２６：62］。描画アニメーションの意味合いでこの言葉を用いたのはこれが日本初であろう。

一方で、吉山は1911年に公開されたパテ社製の『シャボン玉の泡』のことははっきり覚えているようで、「線画」の「傑作」〔326：63／327：147f.〕だと記している。しかし、残念ながらこの映画の原題は特定できていない〔172：4〕。さらに残念ながら、発表年などの細かい部分の吉山の記憶の信頼性はあまり高くないのだ。

2-2『ニッパルの変形』

1912年4月15日、帝国館で『ニッパルの変形』が上映された。吉山によれば、この作品は日本で初めて公開されたアニメーション映画であるというが、彼の記憶の中では1909年の作品で、タイトルも『ニッパールの変形』と覚え違いをしている〔326：62f.〕。渡辺は、この作品が初めて日本で公開されたのは、1912年4月15日の帝国館であると記述している〔283：18〕。しかし渡辺も、この作品の原題や制作者は特定できていない。吉山によれば製作・流通は「パテ社」であり、「魔術映画」が徐々《じょじょ》に飽きられ「行詰《いきづま》り」つつあった当時において観客は大いに歓迎したという〔326：62f.〕。1912年2月の新聞記事にも、映画の輸入業者の弁として、以前は海外製の魔術映画が子供たちに喜ばれていたが、最近は興味が失われていると紹介されている(補注22)〔21〕。

しかし、2012年12月、私は『ニッパルの変形』の原題が何だったのかを突き止めることができた。エミール・コールの"Les Exploits de Feu Follet"〔170：2f.／v18〕である。

チャールズ・アーバンが立ちあげたフランスの映画製作会社エクリプセのために1911年後半に制作された作品で(補注23)、1912年2月21日にイギリスで上映された際には"The Nipper's

"Transformations" との英題が付いている[55]。英国の映画雑誌 "The Bioscope" [55] での解説が現存するコールの作品と完全に一致するうえ、オーストラリアで1912年4月に上映されたことも判明した[49]。『ニッパルの変形』はほぼ同時期に日本でも公開された。"Les Exploits de Feu Follet" は、完全な画像アニメーション映画で、紙と切り絵によって構成され3分半ほどの長さがある。コール自身の "Fantoche"（訳注＝コールが創作したキャラクター）を彷彿《ほうふつ》とさせる棒人間も用いて、キャラクターが変形し、気球で空中をそして水中を冒険する。現在のところ、本作が公開日時までが明快に特定されている、日本で初めての純粋の画像アニメーション映画作品である（P206図6a、b）。

2-3 日本での欧米アニメーション映画（1914～1917年）

その後の1912年夏から1914年春までの間に、日本の映画館でアニメーション映画がいくつ上映されたのか、そもそも上映されたのかどうかについてすらもよくわかっていない。1912年の新聞記事によると、当時はだいたいひと月に約30本の映画作品が輸入されていたことがわかるが、アニメーションの存在については特に言及されていない[21]。欧米のアニメーション映画が上映された記録としてはっきり残されているのは、1914年4月15日以後になる。チャールズ・アームストロングによる "Isn't it Wonderful?" は同年に制作され、チャールズ・アーバンが配給したシルエットアニメーションだった[53：52]。帝国館で公開された時の邦題は『凸坊の新画帖』となっている[143][21]（新聞広告では邦題に「魔術」とも書き加えられている[27]）。数か月後、同じ作品が『アームストロングの半面映画（凸坊の新画帖魔術の巻）』[22]と題名を変えて公開された〔145〕。このタイトルは、英語で“Armstrong's silhouettes”とされた（おそらく）シリーズ物作品の前半部分と、『凸坊新画帖』と、アオリとしてつけられた『魔術』の詰め合わせである。そして作品紹介がすべて英語で“The Wonder-Johney from Mars an Enthralling Fairy Tale in Cloudlands”[23]と記されているのは興味深い（補注24）〔145〕。

（補注22）フランスの「魔術物」である『魔法鞄』が、1917年になってようやく公開されている事例がある〔134：83〕。これはおそらくマックス・ランデーの“Les vacances de Max”（パテ社、1914年）であろう。

（補注23）1911年10月7日とする文献〔72：28〕と1911年11月11日とする文献〔66：328〕がある。

21 この作品が日本で最初に公開されたアニメーションと言われていたこともあるし〔253：35／231：150〕、「凸坊新画帖」と銘打つようになったのも本作からではないかという説もある〔10：4／4：84〕。私自身がそう考えていた〔170：5〕時期もあるが、今までに確認したとおりこれは誤りだ。

22 『半面映画』という邦題は、1916年にもアームストロングの作品に対して使われている。

23 訳注＝「火星から来た不思議のジョニー、雲の国の楽しいおとぎ話」程度の意。

（補注24）この作品は特定できていない。アームストロングの2作目は“Armstrong's Trick War Incidents”（1915年）〔83：36〕と思われるが、1915年に『快漢』と題された作品である可能性もある。

1914年には、少なくとも5本のアニメーションが輸入され公開されている（補注25）［263：35］。この次に「凸坊〜」が付されたのは、原題 “Bottom of the Sea”（ヴィンセント・ホイットマン監督、ルービン社、1914年）だ。1914年7月には、そのまま『海の底（第二凸坊新画帖）』とのタイトルで「切り抜き画のトリック写真で美しい緑の調色が一段映画をひき立てゝいる」との説明がなされている［144］[24]。非常に面白くなおかつややこしいのは、4か月後には同じ雑誌で同じ作品が『凸坊ポンチ（“The bottom of the sea”）』の題で紹介されているところだ［147：32］。

より重要なのは、遅くとも12月中旬には、ジョン・ランドルフ・ブレイの『ヒーザライア大佐』シリーズ（1913〜1917年、1922〜1924年）が日本で公開されたことだ。

もともとは “Col. Heeza Liar's Adventures in Africa”（補注26）（パテ社、1914年）という題で、日本語では『アフリカ探検』と訳され［147：29］、1914年秋にニュージーランドでも上映されたとされるが、現在研究者が発掘しているブレイの作品一覧の中にこの原題は見つかっていない［253］。実際には “Col. Heeza Liar in Africa”（1913年／P206図7）であるか、時期も考えると “Col. Heeza Liar's African Hunt”（1914年）［d4］である可能性のほうが高いだろうか。

当時、セルアニメーションとスタジオシステムを導入したブレイはアメリカのアニメ映画の世界を変革しつつあった［251：23ff.／188］。彼の『ヒーザ大佐』は、セオドア・ルーズベルト（「大佐」と呼ばれることを好んでいた）大統領とミュンヒハウゼン男爵がモデルで［67：273］、日本の観客も魅了していた。

1915年［263：35］から翌年にかけて、年間20本のアニメーション映画が続々と日本に輸入された。翌々年の1917年には約40本に増える。その中には、ポール・H・テリーや、アール・

ハード、パット・サリバンの作品［273：60］が含まれていた。イギリスの製作・配給会社としてはアームストロングやネプチューン、アーバンなどが、アメリカはルービンやカレム、エッサネー、タンホイザー、フランスにはエクレールやパテなどといった会社があった［263：35f.］。1916年11月に出版された日本の雑誌記事には、パテからユニバーサルに移籍したとしてブレイに触れているものがある。ヴィンセント・ホイットマンはルービンが、F・M・フォレットはパワーズが、ウォレス・A・カールソンはエッサネーが（補注27）、そしてランスロット・スピードはネプチューンが製作・配給会社であった［249：31］。

1917年5月には、以下のような海外のアニメーション映画作品が東京で鑑賞できた。

―●『ジョン・ブル漫画』（"John Bull's animated sketch-book"、1巻、英カルトン・フイルム社）

（補注25）田中純一郎《たなかじゅんいちろう》が5本という数字を挙げた理由は、1914年の『キネマ・レコード』が5番目の凸坊新画帖として『執拗《しつこ》い乗り手』を取りあげているからだろう。同作は"Strenuous Ride"（ヴィンセント・ホイットマン監督、ルービン社、1914年）ではないかと思われる。

24 アメリカの雑誌では、「潜水艦の乗客と乗組員たちの冒険を描いたアニメーション漫画」と説明されている。初期の日本のアニメーション映像における色については［172］参照。

（補注26）1か月後には同じ雑誌で『凸坊新画帖（亜弗利加探険）』［148］との表記。

（補注27）カールソンの"Dreamy Dud"シリーズの邦題はすべて、「凸坊」を冠《かんむり》としたようである。カールソンについては［65］を参照。

5a

5b

5a：『活動写真』11 コマ目、5b：同 35 コマ目（ともに松本夏樹所蔵）

6a

6b

6a：エミール・コールの『Les Exploits de Feu Follet（鬼火の冒険）』より（『Gaumont : le cinéma premier 1907-1916. Vol. 2』, 2009 年）、6b：同前

7

ジョン・ランドルフ・ブレイの『Col. Heeza Liar in Africa』（パテ社、1913 年）より（トミー・ステイセス所蔵 / ブレイアニメーションプロジェクト）

電気館［134：81］

●『凸坊の新画帖　潜航艇《せんこうてい》の巻（補注28）』（“Colonel Heeza Liar and the pirates”、1巻、パテー米国支社）大勝館［134：81］

●『チャップリン凸坊芝居《しばい》の巻（補注29）』（“Charlie here to-day”、1巻、ムーヴイカ社）帝国館［134：82］

●『凸坊新画帖　チャップリン化物《ばけもの》退治の巻（補注30）』（“Charlie in India”、1巻、ムーヴイカ社、パラマ

（補注28）『ヒーザ大佐と海賊船』［151：303］、『凸坊の潜航艇』［7：185］（1917年4月後半には上映されたとしている）などの別題がある。

（補注29）別題『凸坊チャップリン（凸坊チャップリンの巻）』［126：177］。この作品は特定されていない。英題は『活動写真雑誌』からのものだ。Movcaの「チャーリー」シリーズの内の1本（1916年）と思われる［108］が、「動物の活動写真館を蜂を以《もっ》て荒らして失敗の筋」という内容説明が一致しない。また「芝居」という語が入っていることにも留意が要るだろう。大阪の天活倶楽部では『凸坊と動物』と呼ばれる線画コメディが上映され、大阪ルナパークでは『凸坊妻君の巻』がともに1917年5月11日から上映されている［125：163］。理由はよくわからないが、どちらの漢字も「とつぼう」と読みが振られている。京都からの報では通常どおり「でこぼう」である［125：162］。『凸坊と動物』が“Charlie here to-day”なのかアメリカの作品なのかも定かではない。『凸坊妻君の巻』はユニバーサルによって「漫画」とされている［125：163］。

（補注30）別題『凸坊新画帖（化物帽子の巻）』。

ウント社）帝国館［134：83］

- 『凸坊雲中旅行[25]』（"Dreamy Dud: Up in the air"、1巻、エッセネー社）キネマ倶楽部［134：82］
- 『凸坊チャップリン見物』（"Dreamy Dud Sees Charles Chaplin"、1巻、エッセネー社）キネマ倶楽部［126：176／65：31］
- 『西洋凸坊捜し物』（"Joe Boko in saved by gasoline"、1巻、エッセネー社）キネマ倶楽部［134：83］
- 『デイズイ・ジョーは如何《いか》にして天国に召されたか[補注31]』（"How Dizzy Joe Got to Heaven"）電気館［151：303］
- 『影絵[補注32]』（"Inbad the Sailor"、パラマウント社）富士館［126：176］
- 『凸坊ピアノの巻[補注33]』（パラマウント社）千代田館［7：185］

この月のラインナップを見るかぎり、海外のアニメーション映画の新作のみが並んでいるというわけではないが、この5月やその前数か月の間に上映された作品は、さまざまなアニメーション技法を取り入れた重要な作品ばかりである。また、実写の新作も上映されている。たとえば『ロージーの牧畜』（ウイリアム・ボーディン監督、ユニバーサル社）が御国座《みくにざ》で公開されたのは、アメリカでの初上映からわずか3か月後である［134：83／96］。

2-4 1916〜1917年のアニメーション映画に関する日本の文献

1916年11月に『凸坊新画帖の話』という記事が『活動之世界』に掲載された［249］。筆者は「松風生」という筆名である。記事は「凸坊新画帖」の歴史をたどろうとするもので、フランスのパテ社やゴーモン社についての記述から始まるが、その後は米国について多くの紙幅を割いており、特に「漫画家」ジョン・ランドルフ・ブレイ（訳注＝松風生は「ブレー」と表記）によるアメリカ・パテ社の『凸坊の新画帖』は、「従来のものに一新基軸を出《いだ》し」「普通の俳優が演じている様に思われる程に巧妙になった」と、今までにない高いレベルの作品であると高く評価し、帝国館で上映された『ヒーザ大佐』シリーズは、実写のチャップリンと並ぶ「帝国館の名物」であったとも述べている［249：28］[26]。

25 この物語のあらすじは英語では発見されていない［65：37］。しかし、『活動写真雑誌』の1917年7月号には、子供向けのセクションであらすじを説明している。

（補注31）別題として『影絵（"How Dizzy Jae get to Heaven"）』［126：177］。ジョン・ブレイスタジオが1916〜1917年に制作した"Silhouette Fantasies"からの1本で、実写のシルエットと手描きのアニメーションを合わせたものだという［188：143］。『キネマ・レコード』では「中々巧みに出来た影絵」との評である［151：303］。『活動之世界』1917年7月号の冒頭で紹介されているスチルはおそらくこの作品からか、もしかしたら次の"Inbad the Sailor"からかもしれない。

（補注32）"Inbad the Sailor"シリーズのどの作品であるかはわからない。

（補注33）この作品は特定できていない。

松風生はアニメーションとその撮影の技法についても言及しており、『凸坊画帖』の撮影法であるが、其れは形式に於《お》いて頗《すこぶ》る簡単である。大体二つの方法が」あるとして、ひとつ目の方法は切り抜いた絵を背景画の上で動かすもの、もうひとつが「始めから終わりまで」すべてを少しずつ変化させながら描くもので、松風生はこれを「活動せる線画」であると述べる［249：28］。

第二の方法はいわゆるパラパラ漫画、「活動絵本」であり、(補注34)フィルムで必要な上映時間分、大量に細かく描く必要がある。背景を描いて何十枚・何百枚も複製し、その上に少しずつ変化させながら動いて見えるように人物を描く。この技法は、作画や撮影にとっては大変な作業になる。一方で、第一の方法は切り抜いた人物を背景画の前で小さく動かして撮影すればすむので、こちらのほうが「一般に使用されてはいる」、という［249：29 f.］。

通常の映画のフィルムの長さは約150mから300mになり、必要な絵の数は少なくとも8000枚になる、と松風生は続ける。ユニバーサル社で制作したフォレットの「漫画」が最近帝国館と浅草のキネマ倶楽部で上映されたが、あれは1枚1枚描かれたものであり、松風生によると、アニメーション映画の質というものは、画家と絵と撮影技師の3つがそろって初めて高められるのだという［249：30］。

松風生はブレイを高く評価している。300mの映画ということにもなれば、16000枚の絵が必要ということになるが、ブレイは4000枚から5000枚程度で済ませている。1枚の絵を3回、時には5回も使いまわしつつ、見事な絵を作ることに成功しているからだ、と彼は述べる。こうした工夫や多数の協力者の力によって、『ヒーザライア大佐』シリーズは驚異的な数の作品ができているのだという［249：30 f.］。

アメリカの資料[27]に基づき、またブレイの作品として“Col. Heeza Liar – Ghost Breaker”（パテ社、1915年）[28]を引用してもいるが［249：29］、松風生はそれほど丁寧に研究したわけではないだろう。彼は、ハードとブレイたちが開発したセルアニメーション技法のことは知らなかったようである。とはいえ、ブレイたちの作品制作の物量に驚くのは無理もないことで、ブレイは1916年にパラマウントと契約し、毎週300m以上のアニメーション映像を制作し続けていた［251：26］。

松風生の記事が発表されてから比較的すぐの1917年2月、『活動画報』に、“Scientific American”誌の翻訳と思われる記事が掲載された［222］。アメリカでは1916年10月14日号の同誌に発表された“Animated Cartoons in the Making”の和訳で、読み比べると日本語版は少々編

---

26 ブレイの人気は、1917年の『キネマ・レコード』でも強調されている［332］。1927年に小路玉一は、アニメーションでドラマを描いたのはブレイが最初だと言っている［250：185］。（補注34）北山は1930年に線画が映画より古い理由としてパラパラ漫画（活動漫画帖）を挙げている［155：325］。

27 おそらく参考にしたのは［2］などではないか。一方で、“Movie Pictorial”が1915年12月に掲載した、ウォレス・カールソンによるアニメーション映画についての記事を、松風生が参考にした形跡はない［65：14 f.］。

28 この作品は『凸坊幽霊の巻』と題して帝国館で公開された。同じスチル画像が、アメリカの雑誌“Motion Picture News”に掲載されている。

集・要約されていることがわかる。オリジナルの記事では、当時著名な漫画家であったルーブ・ゴールドバーグのスタジオに取材のうえで執筆されており、「アイディア」こそがアニメーション映画制作の上で最も重要であり、効果的な手法を探そうとするのでないかぎり、作画枚数を減らすにしても特殊効果にしてもすべての過程はルーティーンであるという。背景画が描かれるのは一度だけである一方で、人物は必要に応じてその都度何度も描かれる。手描きアニメーションであろうと切り絵アニメーションであろうと、背景画にはその上に重ねられて人物が動き回る空間が空けられているものだ。もし人物が背景の「後ろ」へも動けるとしたら、その背景部分は透明なセル[29]に描かれているのだ（訳注＝現在の日本のアニメ制作ではBOOKと呼ばれる処理のことを指しているものと思われる）。運動の各段階をきちんと理解するのが漫画家（アニメーター）の技術であり、画家として1枚の絵として仕上げることと細かい部分を完成させずに他のスタッフへ仕事を託していく作業の進め方の違いや、アーティストたちが磨《す》りガラスを傾けて枠《わく》をつけたものをイーゼルとして下から電気灯を当てて作業していることなどを紹介している［235］。

この記事には画面中の吹き出しについて、さらに制作作業中に絵がズレないようにすることの重要性なども取りあげられている。絵を大量に描くのは苦痛ではあっても、「撮影作業は単純」であり、「動画用のカメラで絵を撮影しているが、カメラはレンズを下に向けて木枠で固定していて、画面のフレームや絵の位置を合わせるための機器がカメラの直下に置かれており、絵を撮影するための照明として左右には水銀灯がある」のだという［235］。

日本語への翻訳版でもほぼ同じ情報が含まれているが、大きな違いとして気になるのは、英語版では「磨りガラス」となっている部分が、日本語ではただの「ガラス」になってしまっているところだろうか［222：34］。これは、日本でアニメを作ろうとしたパイオニアたちをかなり悩ませたようである。この点については、次章で確認してみよう。

こうした記事が発表された1916年から1917年に、東京の映画館ではさまざまな海外製のアニメーション映画が上映され、そしてそのフィルムは上映終了後には短く切られ「フィルムストリップ」となって売られたのだろう。こうした状況が、次章で紹介する3人の日本アニメーション映画のパイオニアたちを支えたのだろう[30]。

日活が1917年からアニメーション映画を制作しはじめたということを示す史料は残っている［128］が、今まで見過ごされてきた不思議な情報もある。1917年6月の『活動画報』によれば、4月に日活の遊楽館《ゆうらくかん》で『線画の製法』という作品が上映されたそうである［6：187］。それ以上の情報は何も残っていないが、輸入映画であることは確実である。当時日本でアニメーション映画を作っていたのは、日活のライバルだった天活《てんかつ》以外にはないからだ。そして、日活がこの直後の19

29 ループのスタジオでは、セルはさほど用いられていなかったようである。ブレイが特許を握っていたからと考えられる［251：25］。

30 津堅信之は、こうした記事は「ごく概略的」であり、日本のパイオニアたちが「アニメーション制作のすべてを習得できるものではない」と述べている［274：14］。確かに記事を読んでわかることと実際に制作することとの間には大きな隔たりがあるが、記事が存在したことの重みについては過小評価するべきではないと私は考える。

17年5月からアニメーション映画を制作しだしたことを示す史料は、はっきり残っている［128］。アニメーションの制作を題材にしている最も古い映画は、アメリカで1919年9月6日に封切られたブレイスタジオの“How Animated Cartoons Are Made”［v21］である［65：36］から、これは参考にはされていない。

第3章　日本アニメーション映画のパイオニアたち

3-1　下川凹天

下川貞矩《さだのり》は、1892年5月2日に現在の沖縄県宮古島平良《たいら》で生まれた。小学校の校長であった父と死別した1898年以後は母方の実家である鹿児島へ移ったが、その2年後には東京に住んでいた父方の親戚が彼を引き取った。その後1906年に高等小学校を卒業し、当時有名な漫画家であった北澤楽天（本名：北澤保次《やすじ》）[31]の書生となった[218：126]。下川のペンネームは、「オウテン」とも「ヘコテン」とも読まれるが、「テン」が師匠にちなんだものであることは間違いない。

その後青山学院を中退したことが理由で北澤の下を離れ、陸軍省陸地測量部で働いていたが、北澤が自身の出版社である楽天社を設立した際に、また彼の下に戻る[218：126、130]。大阪朝日新聞で仕事をしながら[218：126]、北澤の『東京パック』や『楽天パック』[32]でも仕事をするようになる[218：130]。下川は1915年の8月から10月の間に、『東京パック』で『芋川椋三《いもかわむくぞう》』[217：67]につづいて『芋川椋三とブル』[4：96][33]を連載していた（P248図8）。芋川椋三が偉大なヒーローなのか負け犬なのかはわからないが、いずれにせよその登場人物はその後、下川のアニメーション映画に登場することになる（第4章参照）。

下川が初出版となる『ポンチ肖像』を発表したのは1916年のことだ[218：130f.]。「ポンチ」や「ポンチ絵」は風刺画を意味しており、その由来は、1862年にチャールズ・ワーグマンが創刊した風刺漫画雑誌『ジャパン・パンチ』である。もちろんその起源はイギリスの『パンチ』誌だ。1927年に下川は「漫画」と「ポンチ」との違いについて説明している。ポンチは喜劇的でユーモアを目指す「滑稽《こっけい》の表現」であるが、漫画は「意識の表現」であり、ユーモアは目的ではなく結果に過ぎない。それゆえに漫画は芸術なのだという（［107：31］より）。

下川は1916年に最初の結婚をしている［218：126］。後年下川は、妻であった小磯たま子から受けた影響について書き残している。「若い時分、日本画の全盛で、漫画を何度止めようと思ったかしれなかった。亡妻が『私はマンガ家の処《ところ》に嫁に来たのです。日本画になるなら別れます』と言われた」という［218：131］。

結婚の同年下川が天活に雇用され、アニメーション映画の制作を始めたものと考えられる。1934年の手記によると、「当時私は東京下谷《したや》の東京パックにいたが、東京パックの宣伝部と当時の天活株式会社（現在の松竹）との会議がもたれて、宣伝部が私に天活の社長太田《おおた》氏との話し合いを薦《すす》めた。浅草のあるレストランで言われたのは、月給50円に加えて歩合がもらえるという申入れであった。そのうえで契約を結んだ」という。

ただこの回顧には若干《じゃっかん》の問題がある。2度目の復刊を遂《と》げた『東京パック』が存続できていたのは1915年までであり、3回目は1919年まで待たねばならない［245：29、127］。自身の作品についての記述（第4章P262参照）にも不正確なところがあり、この1934年の回顧録の記述はなかなか厄介《やっかい》だ。下川は自身の経歴書として1918年に天活と契約を結んだとも書いているが、表記年齢との齟齬《そご》を考えると1917年なのであろうか？［218：216、131］

いずれにせよ、1917年に初めてのアニメーション映画が封切られたのは1月である（第4章参照）。どこかの時点で彼は助手を雇っているが詳細はわからない［247］。彼と組んでいたカメラマンは、日本で初めて空中撮影を行ったと言われる岡部繁之《おかべしげゆき》であるらしい［242：6、8］。作品のう

31 下川も、北澤を漫画の創始者であると考えていた（風刺画としても連載漫画としても）。当時、北澤より著名な木版画家であり風刺画も描いていた小林清親《こばやしきよちか》の下への弟子入りを考えていたこともあったというが、下川が北澤を選んだ理由は、北澤が「漫画」の父でありまたそれがジャーナリストでもあると考えたからだ［246：5］（私はこの北澤の評価については斟酌《しんしゃく》する立場にない。下川が、漫画史上で師の存在を高く評価していることについては、私は概《おおむ》ね同意しているが、漫画史の専門家ではないので、本書で行っているようなアニメーションの定義やその歴史のような細かい議論はできない）。下川によれば、「茶目助《ちゃめすけ》」や「凸坊」といった、今の言葉で言えばキャラクターを作りあげたのは「当時の北澤」でありそれ以前には存在してないと述べているし、それを正しいとする人もいる［246：6］。

32 『東京パック』の歴史はなかなか複雑で、1905年に創刊されてから幾度も休刊と復刊をくり返して、1941年に終焉を迎えた。『楽天パック』は、1912年から1914年まで刊行された［245：26ff.、127］。

33 ブルドッグのブルは当初から作中には登場していたが、タイトルにも入るようになったのは少し経ってからである。

ちの1本、おそらく4月と思われるが、当時天活の撮影助手だった柴田勝《しばたまさる》が担当している［243：51／242：8］。下川が他のライバルたちと同様に、自宅を作業場にしていたのかどうかはよくわからない。撮影が行われたのは天活の日暮里《にっぽり》撮影所だっただろう［282：2］。

1917年9月には東京で他の作家たちと共同の展覧会を開催しているが、意外なことに朝日新聞から否定的な批評を書かれてしまう。彼らを「日本一流の漫画家」としながらも、北澤楽天と岡《おか》本一平《もといっぺい》の作品は「漫画としての興味は頗る貧弱」とし、下川や他の作家たちも「単なる写生の境地に納まり返って居る」、「漫画気分は頗る淡い」など手厳しい［269］。

下川は1917年末頃に目を痛め、最終的には右目を失明してしまう。もしかしたら、作業台として磨りガラスではなく普通のガラスを使っていたせいなのかもしれない［218：131］。また「奇妙な病気」［247］で入院していたために天活を首になってしまった。『活動画報』によれば（［216：66］より）、友人たちが彼のために生活資金を集め、師の北澤楽天らは展覧会を開くなどして援助をしてくれたという［44］。

1919年に下川は読売新聞で連載を持つが、長男を生後わずか半年で亡くすという新たな悲劇に見舞われる［218：126］。ここからの数年間、彼はさまざまな新聞に政治風刺漫画を描いたり［218：126］、漫画雑誌の刊行・編集を行ったり［4：93］、風刺画や連載漫画をまとめた『凸凹《でこぼこ》人間』（1925年）を出版するなどして暮らした［313］。

この時期の下川はドイツで創刊された絵入り雑誌(補注35)である“simplicissimus”や同じくドイツの風刺画家ジョージ・グロスの影響を受けているようだ。1920年代初期のある集会では、北澤を「英国風」として、麻生豊《あそうゆたか》を「アメリカ風」(補注36)、そして下川は「ドイツ式」と紹介されている。192

５年に下川が記した『漫画人物描法』では、「オルフ」と題されたヘンリック・イプセンの肖像画が載っているが、これは下川の絵ではない［２４６］。オラフ・グルブランソンは、"simplicissimus"誌で有名だった。新聞に掲載された『凸凹人間』の書評でも、下川がトーマス・ハイネやエドヴァルド・ムンクの影響を受けていると記されている。

歴史家の視点で考えると、下川が１９２２年に東京毎夕《まいゆう》新聞で連載していた漫画『神出鬼没マゴジものがたり』は非常に興味深い（補注37）。「マゴジ」はおそらく10年ほど前にヒットした映画『ジゴマ』の逆読みだろう。『ジゴマ』（エクレール社）はヴィクトラン・ジャッセ監督の１９１１年の映画で、レオン・サジによる同名の犯罪小説を土台にしており、シリーズものとして多数の作品がある。日

（補注35）『ジンプリチシムス』は１９１７年には日本に入っていた［98：９］。当時グロスは岡本一平などの漫画家によって画家ではなく漫画家として紹介されている［98：６f.］。ただし、下川の伝記を記した大城宜武によれば、下川は大阪朝日新聞にいた第一次大戦前から『ジンプリチシムス』とグロスを知っていたという［２１８：１３０］。

（補注36）麻生の代表作でその後マルチメディア展開した『ノンキナトウサン』を踏まえ、アメリカの新聞に連載されるコミックストリップを意識しているものと思われる。特にジョージ・マクマナスの『親爺《おやじ》教育（"Bringing Up Father"）』の影響はよく指摘される［２４５：１７９／78：１７０］。

（補注37）下川は後に同社の従業員になり、慧星会《けいせいかい》という若手漫画家グループを立ちあげている［２１８：１３２］。

本での輸入・配給は福宝堂が担当して同年中に公開した。そして、信じられないほどのヒットとなり、すぐに日本版のジゴマが制作され、子供たちが真似《まね》を始めた。ついに東京警視庁は1912年10月に「ジゴマ」に関するありとあらゆるものを禁止するまでに至った［241］。

1930年から1937年にかけて、下川は読売新聞夕刊日曜版の漫画を担当している［319］。1930年代初期に描かれた作品でヒットした2本は実写映画化され、それぞれ『男やもめの巌《がん》さん』（斎藤寅次郎《さいとうとらじろう》監督、松竹、1933年）、『剛《ごう》チャンの人生日記』（大谷俊夫《おおたにとしお》監督、日活、1934年）として公開されている［218：133f.］。

最初の妻を1940年に亡くした後、彼は菅原なみをと再婚する［218：126］。戦後も彼は漫画や似顔絵を描き続け、1949年から1950年にかけては『東京タイムス』で政治風刺画を描いていた。その後彼は千葉県野田《のだ》に引っ越し、仏教や仏画に傾倒していく［218：126］。1963年に再婚相手にも先立たれた後は、野田の著名な実業家であった茂木房五郎《もぎふさごろう》の私邸に間借りしていたという［218：127］。1968年9月から10月にかけては、埼玉県大宮市（現：さいたま市）で（アニメ作家ではなく漫画家としての）「下川凹天展」が開催された［218：127］。下川が亡くなるのは1973年5月26日、幸田《こうだ》（現：茨城県稲敷市）の老人ホームで、肺結核を患ったことによる［319］。

下川は人生で少なくとも7本のアニメーション映画を制作している。彼の漫画家としての仕事については日本ではあまり顧《かえり》みられていないものの、ローマン・ローゼンバウムは、岡本一平や北澤楽天らとともに、大正時代における「グラフィック・スーパースター」のひとりであったと下川を高く評価している［227：183］。

3-2 北山清太郎

現在までに、「アニメ」の最初の20〜30年間にまつわる重要人物のうち、伝記的な研究書が出版されているのはふたりしかいない。特に1930年代から1940年代にかけて偉大な足跡を残したアニメ監督である政岡《まさおか》憲三《けんぞう》[86]と、もうひとりが北山清太郎だ[273]。

北山は1888年3月3日、和歌山市の裕福な家のひとり息子として生を受けた[273：247]。だが父は1892年4月に亡くなり、小学校を卒業した1898年からは、大阪の呉服商で丁稚《でっち》奉《ぼう》公《こう》を始めた[273：274]。20世紀が幕を開けた頃、水彩画がちょっとしたブームとなった。水彩画家の大下《おおした》藤《とう》次郎《じろう》は、入門書の出版、1905年の美術雑誌『みづゑ』の創刊などといった形で流行を煽《あお》っていた[281：1]。北山は1907年に和歌山へ戻って兵役に就き、衛生兵となって当時日本が実質的に保護国化していた朝鮮半島へも渡った。そうした兵役中から、彼は雑誌『みづゑ』への投稿を重ねていた[273：274](P248図9)。

北山が大阪に戻ったのは1909年で、2年後には『日本水彩画会』の大阪支部を立ちあげる[273：275]。1911年5月に上京し、会の運営や『みづゑ』の出版を手助けするが、同年11月に大下が死去した後は、彼が同誌の編集者となった[281：1]。しかし翌年2月に彼は『みづゑ』を辞め4月には新しい雑誌『現代の洋画』を立ちあげ、『日本洋画協会』も設立する。私生活でも、同年1月には大阪以来のつきあいだった大塚ひさとの間に娘をもうけ、その後5月に入籍している[273：275]。さらに同年11月には、斎藤与里《さいとうより》らとともに、短命だった前衛芸術家集団『ヒュウザン会』（後に『フュウザン会』、フュウザンはフランス語で「木炭」の意）が刊行する雑誌『フュウザン』の刊行にも携《たずさ》わっている［218：7］。1913年に『フュウザン』が廃刊となると、翌6月には雑誌『生活』を創刊したが［273：275］、同誌の7月号は発禁処分を受けている［25］。

この時期の北山は、自身の雑誌の編集やそのための撮影、画家集団の取りまとめや美術展の開催などといった、編集・出版・運営などの業務に多くの労力を割いており、自分の作品を制作する芸術家という雰囲気ではない。パリの画材商ペール・タンギーにちなんで「ペール北山」［218：2］と呼ばれ出したのもうなずける［273：242］。

1914年の2月には次女が生まれる。その年の7月で『現代の洋画』は終刊号を迎えてしまうが、翌月には新雑誌『現代の美術』を創刊する［273：276］。同時期に北山は、別の洋画家団体である『巽《たつみ》画会』の事務局も担当することになり、1914年と1915年に展覧会を開催、また同会の機関誌『多都美《たつみ》』の編集も行っている［281：10］。北山は人生で何度か引っ越しをしているが、1915年9月に千代田区平河町《ひらかわちょう》へ転居したのを契機として巽画会との関係は終わったようで［273：276］、長年の交流があった画家、岸田劉生《きしだりゅうせい》の展覧会を手助けするようになり、これは後に「草《そう》土社《どしゃ》展」へと発展する［218：10］。「草土社展」は1922年までに9回開催されているが、北山は最初の2回にしか関わっていない。1915年11月から1916年7月には新雑誌『美術雑誌』の編集にも携わる。しかし、北山のファインアートとの関係はここまでのようだ［281：10］。

その後の北山が日活と契約を結ぶ詳細については、北山自身の回顧録を基にして津堅が再構成している［273：61ff.、80ff.、277］。

北山自身が1930年に記しているところによれば、1916年の彼は新たな生活の糧《かて》を探さねばならなかったという。この時期の映画館で映画に出会い、「線画」の存在を知ったようだ［155：321］。1933年にはもう少し詳細にその出会いを記している。正確な年はわからないが、夏ではあったようだ。有楽座《ゆうらくざ》が開催した「漫画大会」（アニメーション映画を上映する会であったと思われる）でアニメーション映画に惚《ほ》れ、ありとあらゆる映画館でアニメーションを探すようになったという［273：63］。

実際に、そうした「漫画大会」と思われる『凸坊会』が、1916年7月15日に有楽座で開かれている。当時の日本で既に高い人気のあったチャーリー・チャップリンの実写映画も併映されていた［32］（補注38）（チャップリンの作品は複数流されたかもしれない）。北山と一緒に映画を鑑賞し、程なく彼の助手になる山本早苗《やまもとさなえ》（別名：山本善次郎《ぜんじろう》、本名：戸田《とだ》善次郎）は、最近アメリカから輸入されたフライシャーの『凸坊画帖』を観に行こうと、ある暑い日に北山から誘われたと回想している（補注39）。彼は、「大正4年（1915年）であったと思う」と回想している［295：76 f.］。彼の記憶によれば、観に行った映画はフランスのもので、アメリカ経由で日本に入ったものだという［295：81 f.］。ただ

（補注38）アニメーション作品で何が上映されたかは不明だが、合計で15本、チャップリンの作品では『アルコール夜通し転宅（“A Night Out”）』（エッサネー社、1915年）が上映されたことはわかっている［304］。

（補注39）津堅は、1914年から北山と山本は講師と生徒の関係だったと述べている［273：153］。

し、フライシャー兄弟の作品という話も、フランス製のアニメーションであるという話も、やや疑わしい。

北山にはアニメーションについての知識はなかったが、何本かの欧米製の作品を観た彼は基本原理を理解し、これを新しい仕事にしようと決めた［155：321f.］。その後は独学で動きやタイミングの研究に没頭していた［155：322］。

1917年、北山は日活に所属していた斎藤五百枝《さいとういおえ》という友人を頼ることにした［155：322］。彼は画家としての教育を受けた後、吉澤商店の時代から映画業界で背景画家として働いていた［261：140、202］が、アニメーションの技術的な話について詳しくなかった斎藤は、北山と日活の脚本部長だった桝本清《ますもときよし》とを引き合わせる［155：322］。『活動之世界』1918年10月号の記事を踏まえながら、津堅はこの邂逅《かいこう》が1917年1月であったと推定している［273：80f.］。桝本は北山の情熱を理解し、総務に掛け合って、向島《むこうじま》撮影所での試作が始まることになる［155：322］。

はじめのうちは失敗ばかりだったが、研究が進展し［155：322］、1917年5月20日に初上映を迎えている。しかし北山によればこの作品は彼にとっては完全な失敗だったらしい。また1918年の3月に、北山が字幕（サイレント映画でセリフや場面説明をする文字情報）を担当した最初の実写映画『生ける屍《しかばね》』が公開された(補注40)［155：323］。田中栄三《たなかえいぞう》監督とともに、字幕を「芸術的に」作ることを目指していたとの北山の弁が残されている［261：277］。

津堅による北山回顧録の検討は妥当なようだが、彼自身も認めるようにいくつかの問題がある(補注41)［273：88ff.］。1点目は、北山や彼のアニメーション作品について、『日活五十年史』［203］でひと言も触れられていないという点である。

日本映画史の研究者である田中純一郎の推理はこうなる。田中の『日本教育映画発達史』によれば、北山は日活の専務であった鈴木要三郎《すずきようざぶろう》と既に親交があり、そこから日活の字幕を「芸術的に」作るようになり（補注42）、そして鈴木の要望によって北山はアニメーション映画制作に従事するようになったというのだ［263：36］。1912年の日活の創立時から鈴木は専務取締役で、経営の責任者として最高位であり続けた［203：210］。彼が退職したのは1921年の7月であるが［203：235］、北山もまたある時から日活を離れ、自身の北山映画製作所を設立する。

北山は1930年の回顧録で、彼が新しい職業を模索するようになったのは1914年に雑誌

（補注40）日本映画データベースによれば、実写の『乃木《のぎ》将軍（噫《ああ》、乃木将軍）』（小口忠《おぐちただし》監督、日活、5巻、1918年9月1日）の「字幕」として北山のクレジットがある［104／261：276］。また田中純一郎の記憶によれば『国の誉《ほまれ》』（小口忠監督、6巻、1918年6月）にも北山によるアニメーションのシーンがあったという［263：37f.］。

（補注41）1930年の北山の回想では、北澤楽天の弟子である下川「凸」天や幸内純一が自身のすぐ後にアニメーション映画を発表したと述べている［155：322］。北山は（私は意図的にやっていると思うが）下川の名前を軽んじたり、自分が日本でアニメーション作品を初めて作ったことを強調したりしており、さらに、彼らは2・3本でアニメーションを作らなくなったなどと述べている。こうした北山の言には信用性がない。

（補注42）吉山旭光の北山についての短い言及も同様に理解できる［326：64］。

『現代の洋画』を終刊させたことがきっかけだったという。彼自身1916年がスタートだと述べているのに、である〔155：321〕。1914年の半ば以後も、北山は芸術・出版の世界での活動を続けていたことは確かであるが、このズレは何だろうか。考えられる説明としては、1914年の時点で既に彼は、「新たな収入源」を模索していたのであろう。たとえば、1915年初頭の朝日新聞「文学と芸術」欄には、なんと北山清太郎が源助町《げんすけちょう》（元・港区）に玩具店を開いたとの知らせが載っている〔29〕。いやむしろ、北山が日活での仕事を探しに来たのは1917年より前であろうと考えられる。それゆえ、北山が映画に興味を持つようになったきっかけは、日活で働いた結果であったのではなかろうか。彼自身が1933年に記しているとおり、彼の友人たちは映画を「芸術的」だなどとはみなしていなかったし、映画業界に行くなどということは避けるべき行為だった〔273：63〕。

いずれにせよ、この時期彼は新しい仕事を探していた。それを前提とすると、1930年の回顧録のようにたまたま映画に出会ったというシナリオも誤りとは言えないのかもしれない。当時の彼は、あまりお金をかけずに人生を楽しむ状況にあったのだ。確かに、映画は安価な娯楽ではある〔155：321〕。北山は1916年の時点で気に入った芸術的な映画作品として、『クレオパトラ』と『シーザー』を挙げている〔155：321〕。ともにエンリコ・グアッツォーニ監督によるイタリア映画史に残る映画で、1本目の原題は“Marcantonio e Cleopatra”（1913年、邦題『アントニーとクレオパトラ』）である。日本で公開されたのは1914年3月だが、2年後に「世界最高の文芸映画」との評を受けて再上映されている〔31〕。2本目は1914年の“Cajus Julius Caesar”（邦題『シーザー』）で、日本での公開は1915年6月である〔30〕。北山の映画への興味の発端を遡るならば、この１９１４年か、あるいはこれらの映画の再上映の時点であろう。

山本早苗の記憶によれば、北山と日活の関係は１９１６年の夏にまでは遡れるはずだという。山本はなんと、北山とアニメーション映画を観に行った翌日には、アニメーション映画制作の打ち合わせのために日活の向島撮影所に出向いたと回想している。そして、北山から「85円出そう」と伝えられたという。下川が天活から受け取っていた給金より高額である。さらに、嶺田弘《みねだひろし》や山川國三《やまかわくにぞう》（補注43）は北山から１００円で誘われたともいう（補注44）［２９５：81］。山本の言う時系列が正確なのかどうかはわからないが、北山がこの半年後に連絡を取ろうとしていたという会社を山本たちとのミーティング場所に指定したというのは納得しがたい。逆に、北山が既に日活で働いていたのだというのならば、

（補注43）山本早苗は彼について「山川國男」と名前を間違えて回想している［２９５：77］。１９３０年の北山によれば、アニメーションについて調べ始めた時から一緒にやっていたとしている［２７３：１５７］。１９１１年11月３日の『みづゑ』77号には、山川が日本水彩画会の会員になったとの記載がある［１８７］。彼も洋画を通じて北山と知り合った人物ではないかと思われる。

（補注44）ただし、山本の別の本では20円との回想もある［２７３：１５５］。しかしそれでも東京の公務員給与より高給である［３１０］。当時腕のいいカメラマンは毎月30～50円を稼いでおり、映画会社の撮影部長なら１００円を超えたという［１１９：34］。支払いが北山からなのか日活からなのかはわからないが、もし山本や嶺田、山川らへの報酬が低めであったとしても、北山にとって徐々に重荷にはなっただろう。

話の流れは論理的になる。しかし、津堅が指摘するように、山本は北山との関係が始まった時期を誤解しているようであり、彼が助手になったのは1917年夏以後であろう［273：155］。

わからない疑問点はまだ残っている。日活と北山はいつアニメーション制作事業を始めたのだろうか。そしてどういう制作体制だったのだろうか。『活動之世界』1918年10月号によれば、日活の向島撮影所には、1915年の秋から『漫画部』が存在し（補注45）、1917年正月から制作が始まっていたという［237：80／273：89 f.］。しかしながら、1917年7月号では、制作を開始したのは1917年5月の初旬だという［128］。そして北山については何も言及がなく、アニメーション制作に取り組みはじめたのは、当時日活向島撮影所で企画や脚本を担当していた新海文次郎《しんかいぶんじろう》の立案とされる［128］。「線画喜劇」に挑む彼の言葉として「我が国においては正に新事業と謂《い》つべし」［128］と述べており非常に興味深いところだが、アニメーション制作業務上の役割は不明である。

1917年8月の『活動画報』には、編集者であり洋画家である「北山氏」が日活に招かれ、「凸坊新画帖」の撮影が順調であるという記事が載っている［115］。

ここまでの資料を見ても、北山がいつ日活に合流し、どのようにアニメーション制作を開始したかについてははっきりわからない。私が整理するならば以下のようになるだろうか。まず、北山は、輸入アニメーション映画に注目する前のある時点から映画には興味を持っていた。この「ある時点」は最も遅い場合で1917年1月ということもありうる。有楽座でアニメーション映画が上映され、下川のデビュー作が公開された時点だ（北山の後の回想では、1917年8月山本早苗らを招いてアニメーション制作を開始した時期と混同しているようでもある）。そして斎藤五百枝の伝《つ》手《て》をたどり、天活のライバルである日活を口説き、自身のアニメーション映画制作を支援させた。

アニメーションではない仕事もしていた。日活はまだアニメーションにはさほど積極的にはなれなかった［155：323］ので、北山は自身が記すとおり「山川國三という助手を相手にまったく独立した研究で進んだ」（補注46）［155：322］。そして下川の作品が人気を博した1917年4月頃になると（第4章参照）、アニメーション制作のノウハウもたまり北山も一定の成果を示すことができたので、1917年5月に日活は最終決定をして制作に取り組むようになった。

1917年から先の北山と日活の関係もまた、不透明である。自宅で「机上の研究」［155：322］を終えてからも自宅で実制作を続け、助手たちも北山の自宅で作業していたと思われる［295：82／273：144］。田中純一郎が指摘するのは、幸内純一も自宅で『なまくら刀』の制作を行っていた点である［263：55］。

山本早苗によれば、作画は北山の家で行われ、撮影は向島撮影所で高城泰策《たかぎたいさく》と金井喜一郎《かないきいちろう》[34]が担当し、完成した映画は北山と日活で合意の取れたものだけが公開されたという［295：82］。しかし、北山と日活がアニメーション映画を作っていた時代はずっとそうだったのかどうかについてはわか

（補注45） 田中純一郎によれば「線画部」［263：37］。

（補注46） 日活が山川を雇ったのか、北山が将来の利益配分を約束していたのか、は興味深いところだ。北山には日活からの資金を受け取っていないかぎり助手を雇う財力はなかっただろう。北山は助手とともに独力でアニメーションの研究をしたと強調するが下川や幸内と接触しているようにも見える［155：322］。アニメーション作品からは何の証拠も見出《みいだ》せない。

らない（山本は『桃太郎』や『カチカチ山』、『浦島太郎』といった作品を挙げており、これは1917年末頃のことだろうと思われる）。正直なところ、山本の回顧録はあまり信頼できない。アニメーションに関して、北山が単なる下請け業者やフリーランス以上の存在であったのは確かなようだが、日活での撮影機器の利用や完成作品の流通が作品ごとに決定されていたというのも、作品を内製している体制ではないように思われる。

こうした点についてはさらなる研究が必要だろう。

1917年3月、北山は長男を授かるが、1か月後に彼は娘も授かっている。高岡千代という「知人」［273：277］との間にできた子だということだが、この娘は8月には亡くなっている。1918年2月には、高岡との間に新たな子が生まれ、本妻は1919年8月に娘を出産し、そして1920年3月には高岡との間にも次の子が生まれている。本妻との離婚が成立するのは同年の9月である［273：278］。

下川や幸内は1917年に作品が集中しているが、北山は1918年から1919年にかけても、アニメーション映画を制作している（第5章参照）。少なくとも北山自身の主張のかぎりでは、他の顧客の要望にも応えられるようにするために［155：323f.］、隅田《すみだ》村の日活向島撮影所近くに、自身のスタジオである北山映画製作所を立ちあげた［273：144f.］。ただし正確な日付は不明である。回想には、1919年［155：323］から1921年［273：140ff.］までのいろいろな日付が挙がっているし、日活を離れて自身のスタジオを立ちあげるまでにどれほどの期間があったのかもよくわからない。ただ、1918年9月以後は、北山と日活の名前が入った作品が公開されていない（第

5章参照)。よって、自分から契約を切ったにしろ、日活から切られたにしろ、北山が1919年の後半にはもう日活を離れていて、1920年に自身のスタジオを構えたという推定は成立する。1925年に石巻良夫が整理した映画史によると、1920年に開設された映画製作所は7つあり、そのうちのひとつが北山のものだという[99:326]。ただ、津堅は、1922年の映画人名録による調査から、設立時期は1921年の秋であると結論づけている[273:143]。比較的遅い時期ではあるが、知られているかぎり北山映画製作所による初作品が公開されるのは1922年2月なので、この日付でも時系列上の矛盾はない。

繰り返しになるが、日活と北山との亀裂《きれつ》がどのようなものであったかは不透明だ。北山は社の空気が気に入らなかったので辞めたと述べている[273:142]。1918年の日活は経営状況もよかったが[99:321]、アニメーション事業は期待したほどの成果ではなかったので北山との関係を

34 出生時の名字は「佐藤」。『活動之世界』1918年10月号によると、北山の作画を手伝っていたのはふたり、撮影にもひとりついていたという([273:152]より)。山本早苗を除けば、金井は北山の助手だった人物の中で最も映画史に名を残していると言える。1923年か1924年に、彼は『東京線画フィルム製作所』を立ちあげ、1920年代後半から1930年代初期にかけていくつかのアニメーション映像や劇場用作品を制作しており、そのうちの2本は山本早苗との共同制作だ[273:160ff/293:196f/189:46、58]。なお1930年の『教育映画目録』では名前表記が「木一路《きいちろ》」となっている[189:付録20]。ドキュメンタリー作家としての顔もある[291]。

切った、ということなのかもしれない（個人的にはこの可能性が高そうだと感じている）。北山が「戦後（訳注＝第一次世界大戦）の黄金時代」［99：325］に新しいチャンスを感じたからではないかと石巻は述べているが、1920年にもなるともうそうした空気はなかったとも言われている［203：77］。「日本映画の父」と呼ばれる日活の牧野省三《まきのしょうぞう》（この時点で北山とも面識があったようで［263：38f.］その後北山は牧野の下で働くことにもなる）が、教育映画会社『ミカド商会』を立ちあげたのは1919年である［263：38f.］。牧野の独立が、北山に影響を与えた可能性もあるだろう［273：142］。

しかし、北山といっしょに仕事をしていた人たちの多くは、企業広告や字幕の制作などの仕事へと散ってしまい、娯楽用のアニメーション映画作品を制作しようとはしなかった［293：11］。官公庁や国営企業からの映画制作の受注についても、1930年の回顧録によれば、年に1度か2度のそうした受注を得られるかどうかについて、北山はまったく確信が持てなかったという［155：328］。北山が日本で最初のアニメーションに特化した映画製作所を作ったというのにおかしいのではと考える人もいるかもしれない［273：140］。しかし、同スタジオがアニメ制作にそれほど熱心だったとは思われず、アニメーションを主目的にして設立されたという主張はかなり疑わしい。スタジオの名称にも「漫画」や「線画」と入っているわけではない。1922年の『活動写真名鑑』によれば、「タイトル、漫画を主として制作」するとある（［273：143］より）が、北山は、「（1918年に『生ける屍』の仕事をしてからは）本業が『タイトル屋さん』になってしまって、漫画の製作はその片手間にやる程度に過ぎなかった」［155：323］と回顧している。一方で、「線画」は広告や教育映画では広く普及したとも述べているものの［155：324］、この「線画」が何を指しているのかはよくわからない。

北山映画製作所の主業務が字幕やタイトルでアニメーションは余業であったとしても、「アニメーションスタジオ」ではあっただろう。ただ、日本初かどうかは疑わしい。あまり知られていないが、1903年に設立された『日本フィルム協会』という制作会社があり、杉《すぎ》田《た》亀《かめ》太郎《たろう》の指揮の下で大正初期から映画製作に取り組んでいた（補注47）［263：28］。教育分野［263：54］、実写［189：8f.］、そしてアニメーション映像（ハイブリッド映像？）も制作していた。1930年の文部省による『教育映画目録』によると、1921年3月から「線画」（補注48）は存在していることがわかる。作品制作と目録掲載の時間差を考えれば、北山のスタジオ設立の1年前から北山と似たことに取り組んでいたようだ。ただ、日本フィルム協会で、誰がどうアニメーションを作っていたのかについては何の情報もない。もしかしたら、幸内純一や大石《おおいし》郁雄《いくお》や、北山の関係者であったかもしれない。目録によれば、日本フィルム協会の作品は1926年後半以後掲載されていない［189：111］が、いつ制作をやめたのかの正確な時期についても、わからないままである。

（補注47）『教育映画目録』には「日本フィルム協会」による作品の製作年月として1913年5月との記載があるが［189：63］、これは誤りと思われる。1919年には「国防軍事」に関する作品が複数記載されており、この時期に活発であったことは窺える［189：127］。

（補注48）1930年の『教育映画目録』では「劇」「実」そして「線画」というカテゴリー分けがなされているものの、かなり間違いも多く「線画」には実写とのハイブリッドも含まれている。

津堅によると、北山映画製作所はかなりの大所帯であったということだが、名前がはっきりしているのは7名である。山本早苗、嶺田弘、山川國三、橋口壽[35]、石川隆弘《いしかわたかひろ》、高城泰策、金井喜一郎［273：153ff.］。山本以外の人たちが、どれほどの期間北山と仕事をしたのかについてはよくわかっていない。というより、ほぼわからない[補注49]。日活から北山の作品が発表されていた期間だけ雇われていたのかどうかもわからない。山本は、嶺田と山川が切り絵アニメーションの退屈さにうんざりして急に辞め[36]、自分と北山だけになったと回想している［295：83］。その理由としては、北山は利益を公平に分担しようとせずに、弟子たちの「親方」として振る舞っていたからという点が挙げられよう［273：176］。また北山と山本は実制作者としての仕事を芸術ではなく職人芸と理解しており、職人として長く続ける気のない応募者は片っ端から落としたという［295：83］。山本には、将来的にライバルになるかもしれない人たちに、制作技術上の秘密を暴露《ばくろ》したくなかったという動機もあるようだ。(おそらく) 1925年には、長くつきあいのあった村田安司《むらたやすじ》に仕事場を見せることも嫌がっていた［211：60］。実際、村田は『猿蟹合戦《さるかにがっせん》』(1927年)［v9］の発表以後、すぐ強力なライバルになった。さるかに合戦という題材は、北山が1作目で用いたものだ。

北山は、広告と教育のアニメーション映像に特化したようである［273：147、205］。北山が制作した「線画」には以下のようなものがあり、文部省の1930年の『教育映画目録』で「線画」として扱われているのが確認できる[補注50]。ただし、これらの中には実写とのハイブリッドも含まれているだろう。

●『気圧と水揚ポンプ』(1巻、1922年2月)［273：147］。同じタイトルの教材が日本フィルム協会によって1年前に制作されている［189：58］。

●『植物生理・生殖の巻』（1巻、1922年3月）［273：147／293：193］。日本フィルム協会は、『植物繁殖の巻』という線画を1923年3月に制作している［189：64］。

●『地球の巻』(補注51)（1巻、1922年8月）［273：147／293：193］。『地球』という、よりシンプルな題名の教材を日本フィルム協会は1921年3月に作っている［189：58］。

●『転ばぬ先の杖』（1巻、1923年5月）［273：147／293：193］。1930年の文部省目録では同名・同年の作品は日本フィルム協会制作となっている(補注52)［189：15］。

●『植物の生理』（1巻、1923年8月）［273：147］。1930年の文部省目録には掲載され

35 名前の読み方については不明。

(補注49) 北山の娘のひとりは、日活の仕事をしていた時期に自宅で同時に5～6人がアニメーション制作に打ちこんでいたことを記憶している［273：165］。

36 1930年の北山は、金井、石川、山本、橋口といった人たちが当時門下にいたと述べているが、嶺田と山川の名前は挙げられていない［155：324］。

(補注50) 山口と渡辺は、横浜シネマ商会が1923年に制作した実写とアニメーションのハイブリッド教育映画『雪』に北山が携わった可能性を指摘している［293：193］。

(補注51) ［189：58］によれば2巻。

(補注52) 同様の混乱は日本フィルム協会の線画『頓知《とんち》博士』にもある［189：28］。山本早苗のものとされる同名の作品がある［293：194］。

ていない。

● 『悪魔祓《ばら》い』（1923年）［273：147／293：193］。逓信《ていしん》省からの委託。1930年の文部省目録には掲載されていない。

また1922年には、岸一太《きしかずた》博士からの依頼でゴミの焼却処理を東京市議たちにわかりやすく説明するための「線画」を作っているという［273：178f.］。

もう1本、北山によって作られた長編と思われる『口腔《こうこう》衛生』という1923年の作品がある。ライオン歯磨（現・ライオン株式会社）の依頼で制作され、フィルム8巻（あるいは9巻?）、上映時間は2時間にもなるという［273：177ff.］。しかし、この作品の全編、あるいは大半がアニメーションであったというのはほぼありえないだろう。津堅が示すとおり、おそらく静止画での図解なのであろうと考えられるが［273：183］、北山の他の作品と同様このフィルムも失われているので確認の術《すべ》はない。

関東大震災の後、北山は家族を実家のある和歌山へ移し、牧野省三の会社であったマキノ映画へ働きに行っている［273：279］。山本早苗は、しばらく被災した東京のスタジオに残り、おそらく『教育お伽《とぎ》漫画 兎と亀』（1924年）［v11］を仕上げていたのだろう。その後さらに2本の作品を『北山映画製作所』名義で制作しているが、時期的にこれらは山本の作品として扱うべきだろう。彼はその直後アニメーション制作者として独立する［273：155f.］。1924年から1932年までは、北山は大阪毎日新聞社の活動写真班で働いていたというが、残っている記録の情報精度はあまり高くない［273：218ff.］。1929年、大阪で『北山活映商会』を設立［273：279］したが、かなり手広くやっていたようで、『独逸《ドイツ》シーメンス』の「健康太陽燈」といった健康器具なども扱っている［273：231］。1930年での彼の肩書きは「大毎《だいまい》キネマ ニュース技師」であった［155：321］。

1924年から1929年にかけて、アニメーション映画を北山が制作したという記録は残っていない[37]。北山活映商会による1930年の広告には、16㎜の教育映画として『一寸法師』や『蟻《あり》と鳩』などの作品が並んでいるが、これらは1918年に同じ題名で発表された映画の複製品だろう（第5章参照）［273：206f.］。津堅によれば、1922年に教材用アニメーション映画3本。左の3本の映画は、1924年または1925年の制作だったかもしれない［273：204ff.、279］。

- 『蒸汽機関』（200フィート、1巻）
- 『勤労の蟻』（200フィート、1巻）：津堅はイソップ寓話の「アリとキリギリス」ではないかと述べている［273：205］。
- 『協調』（200フィート、1巻）：1934年の解説によれば、子供ふたりが堅パンをめぐって争っているところに男が現れて協調のたいせつさを教える内容だという［273：205］。

しかし、こうした3分半ほどのショートフィルムが、どの程度アニメーションであったのかについてはわからない。1922年から1923年にかけて、北山に雇用された山本早苗が制作していた可能性もある（津堅の推論は理のあるものだが、彼はやや北山贔屓《びいき》な判断をする傾向がある）。

---

[37] 小路玉一は1927年の漫画・線画として、北山が童話を基にして制作した映像作品を挙げてはいるが、それでもその時点より前の彼の作品の存在はわからない［250：190］。

複数の史料を統合して考えると、北山は関東大震災以後アニメーション制作から離れたと考えるのが妥当なように私は思う［198／239：102］。北山は、海野《うんの》幸徳《ゆきのり》が『学校と活動写真』で「（主に資本の不足という問題により）教育的映画の製作ということは、今のところ、我国では全く不可能だと思う」［279：157］と述べていたことに対して思うところがあったのかもしれない。1930年の北山は、アニメーション映画の価格が、海外市場での報酬に比べれば20分の1であり、フィルム1尺につき1円という対価を省庁から受け取ったことはあったが、それは極めて珍しいことだったという。日本ではいつも早く・安くと求められるので、「外国物のように立派なものが出来ない」と述べている［155：328］[38]。

1932年、大阪毎日新聞社は『円《えん》』という7分のハイブリッド（実写＋「線画」）の教育映画を制作する。円という図形の特徴や円の面積の計算方法などについて説明したもので、脚本・監督・編集を担当したのは近藤《こんどう》伊《い》與吉《よきち》、北山はその「線画」部分と撮影を担当したという［273：209ff.］。ただこれもアニメーションと理解して良いのかどうかはわからない。北山が参加したさまざまな教育映画の中でも、画像が残っている『円』は稀《まれ》有な例だ。実写部分で、自動車や自転車の車輪を使っているのがわかる［273：213］。

北山はその他2本の教育映画を1932年から1933年にかけて撮影している（スチル画像は［273：230］）。北山は映画脚本を募集する企画を立てて『映画教育』誌上で応募を募り、以下の優秀作が映画化されたという［273：227］。

●『峠』（1220フィート、1932年9月）。このフィルムは現存しており、障害者の兄弟が峠越えを通して絆を深める物語である（［273：227ff.］より）。

―●『ポケット』（1010フィート、1933年）［273：228］

1929年8月に彼の故郷和歌山県で開催された「映画教育夏期大学」で行った講演が「線映画の作り方」としてまとめられ、『映画教育の基礎知識』（1930年）に収録された。制作に必要な機材や道具について詳細に記述した日本初のアニメーション関連著作だと津堅は高く評価している（補注53）［273：280］。確かに、実践のうえで役立つ詳細な記述はあるのだが、小路玉一はそうした内容を1927年の時点である程度取りあげている［250：183ff.］。さらに言えば、北山自身も、大藤信《おおふじのぶ》郎《ろう》による1929年の『映画教育』の記事が「動物の歩き方とか、駆け方、波浪の打ち寄せる動きとか云ふものは、大変むづかしいもの」を作るうえで参考になると言及している［155：339］。北山の記事が、第2章第4項で取りあげた1916年から1917年にかけての日本の文献と比べ、実作者にとって何がどのようにメリットがあったのかについては判断の分かれるところだ。

38 北山は日本でアニメーションを作ることへの意欲を見せながら、国内で作ることの意義も批判的に論じている［155：328f.］。

（補注53）北山の「線映画の作り方」のほぼすべての作例がE・G・ルッツの"Animated Cartoons"からの借用であることは踏まえたほうがよいだろう［273：168］。北山はルッツのソーマトロープ（訳注＝紙や板の表裏に描かれた絵を交互に見せる玩具）［155：326／176：17］や車の排気の作例［155：336／176：161］を土台にして日本語を付け足している［155：330／176：203］。

1933年8月に北山は『私の漫画観』という記事も書いているが［273：281］、アニメーションや映画の制作自体について、あまり積極的ではなくなっている。代わりに彼は新しい映写機の開発に取り組んだようだが、財政的にはあまり芳《かんば》しくなかった［273：234f.］。その後彼は大阪から堺《さかい》へ移り、脳腫瘍のため1945年2月13日に大阪府高石《たかいし》市で亡くなった［273：281］。

北山の一生を振り返れば、彼は残念ながら画家・芸術家として一流ではなかったが、非常に優秀なオーガナイザーであり編集者であったとまとめられるだろう。彼が生涯に何本のアニメーション映像・アニメーション映画を制作したのかについては、以下の3つの理由によりなかなか断定しがたい。

●北山の参加が明らかな作品であっても、役割のはっきりしないものが多い。たとえば『円』が北山のアニメーション映画だとは言えないだろう。

●彼の作品は実写や静止画のハイブリッドが多いようだが、どのくらいアニメーションが用いられていたのかを正確に知る術がない。

●教育映画や広告映画の詳細がほとんどわからない。この点は3人のパイオニアたち全員に当てはまることでもある。

津堅は北山が30本以上のアニメーション作品を制作し、さらに実写映画や教育映画も多数存在すると述べている［273：253］。北山自身は1930年の時点で「数十」［155：323］としている。確かな数字を整理しよう。10本のアニメーション映画が1917年に制作されているし、1918年には11本、そして1919年にも1本ある。（正式な？）独立以後の1922年から1923年にかけてのアニメーション（あるいはハイブリッド？）映画作品は、すべてがではないにしても、

多くは山本早苗とともに作られている。

3-3 幸内純一

3人のパイオニアの中でも、幸内純一はもっとも知名度が低く、また最近まで知られていない存在でもあった。幸内自身の説明によれば、生まれたのは1886年9月［158：235］、場所は岡山県だったようだ［293：10］。その後家族とともに東京へ移る［293：10］。彼の父であった幸内久太郎は、仏教徒から社会主義者へと宗旨変えをした［1：62f.］。息子の純一は少年の頃から画家になりたがっていたが、画家は生涯貧乏になると知った時点で断念をしたという［158：234］。しかしその後の学友が、彼の画家への夢に再度火を付けた。1905年1月に洋画家・三宅克己《みやけこっき》の下へ弟子入りし水彩を学んだ（三宅は、北山が編集していた『現代の洋画』の初期、特に最初の3号分については多大な貢献をしている［11］）。1906年、幸内は洋画を学びだすが、あまり納得はいかなかったようだ。三宅の紹介で北澤楽天と出会い、1908年4月から[39]『東京パック』［158：234］で漫画を描き始めるようになる。

おそらく北澤が1912年5月に『東京パック』を離れた［245：29］のを理由として、幸内も職場を変え、1917年2月まで『東京毎夕新聞』で政治風刺漫画を描いた。同時期に彼はアナキズ

39 別資料［293：10］によれば1907年。

ム運動の機関誌の巻頭挿絵を描いたり〔1〕、『少女画報』に絵物語を寄せたりしている〔270〕。1916年には下川の『ポンチ肖像』〔218：130〕の巻頭言を執筆しているが、ともに北澤の弟子でもあり、1915年に設立された『東京漫画会』〔107：47、113〕の会員でもあることを考えれば当然であろう（P248図10）。

小林《こばやし》喜三郎《きさぶろう》（第3章第4項参照）の求めに応じて、1917年2月からアニメーション制作を開始する〔158：234〕[40]。1917年4月の『活動画報』によると、小林はアメリカから機材を輸入し、「さる画家」を『弁慶と牛若』制作の中心に据えた[41]。

幸内の作品が劇場で初演されたのは1917年6月だが、そのプロットは当初は別のものだったという。幸内によると、『なまくら刀』は前川《まえかわ》千帆《せんぱん》との共作であった（〔4：98〕より）。前川は幸内と同じく風刺画家として『東京パック』でも仕事をしており、その後は木版画家としてよく知られるようになった〔57〕[42]。撮影は小林商会の技師が担当し、南千住にあった小林商会の撮影所で撮影作業が行われたようだ〔127〕。

しかし同年中に小林商会は破産し、幸内は失業してしまう〔158：235〕。彼が再び漫画を描きはじめるのは、1918年2月の東京毎日新聞〔158：235〕になる。また、3度めの復刊を果たした『東京パック』でも仕事をしている〔4：97〕。この時点では幸内は未婚で、両親の他には弟や妹のことを気にかけている〔158：235〕。

杉本《すぎもと》五郎《ごろう》によれば、この時期の幸内は完全に漫画家に戻ったわけではなく、アニメーション映像の制作にも従事していたという。ただ杉本の記憶が正確かどうかは不明で、他の証拠もなく、特に幸内自身が1920年の記事でも言及していない。とはいえ、たとえば日本フィルム協会などでアニメーション制作に携わっていたという可能性は、完全には否定できない。1922年、幸内純一は石田龍蔵《いしだりゅうぞう》とともに風刺漫画や時事批評をまとめた『からでっぽう』を出版し、「民本主義」で有名な茅原華山《かやはらかざん》が「漫画《カーツーン》は今や人間生活の一大要素である」と始まる序文を寄せている［159：2］。

アニメ歴史家の山口且訓は1960年代の幸内にインタビューを行っており、このインタビューが多くの幸内研究の基礎資料となっている。それ以前の最も詳細な記述は足立元《あだちげん》によるもの［1］だった。足立のインタビューによれば、関東大震災があった1923年の末に、内務大臣兼帝都復興院総裁であった後藤新平《ごとうしんぺい》から、自身の著作のためのアニメーション宣伝映画を作ってくれないかと打診されたという［1：69］。この記述は、幸内が当時でも映画業界とのつながりを持ち続けていた

40　山口と渡辺によれば1916年だということだが［293：10］、これは小林自身の先駆者としての言葉を信じてよいケースだと思われる。

41　訳注＝東京国立近代美術館フィルムセンター（現・国立映画アーカイブ）の目録によれば、この「さる画家」は石川隆弘と考えられる。

42　前川は、下川や幸内らとともに1930年代に読売新聞に漫画を掲載している。連載漫画『あわてものの熊さん』が始まったのは1930年だ。京都国際マンガミュージアムは、4人目の日本アニメーションのパイオニアであるという企画展を開催したが、前川が京都出身であることを考慮するとしても、それは言い過ぎだろう。前川を「パイオニア」とするならば、山本早苗や岡部繁之、下川の撮影技師などを含めないのはおかしい。

という理解を強固にするものであろう。後藤新平が、6年以上も前に観た幸内の短編アニメーション映画のことを急に思い出して呼びつけたという可能性は、さすがに考えにくい。

この映画は1924年に『人気の焦点に立てる後藤新平』として完成した［1：69／293：193］。この映画のために幸内は『スミカズ映画創作社』を設立し、先に述べたとおり幸内自身が“SK Animated Cartoon Studio”と英訳を当てている。以下のようなハイブリッド・アニメーションや、ドキュメンタリー、実写作品を制作していた。

- 『宝珠のささやき』（1巻、1924年）。実業家で政治家でもあった武藤山治《むとうさんじ》のPR映画［293：193f.］。アニメーションまたはハイブリッドと思われる。
- 『国家を救え』（1巻、1925年9月）［189：107］。政治プロパガンダ映画［293：194］、線画。
- 『醒めよ有権者』（1925年9月）［189：108］。政治PR映画［293：194］、線画。
- 『予算政治』（1925年9月）［189：108］。政治PR映画［293：194］、線画。
- 『市政刷新』（1925年10月）［189：108］。政治PR映画［293：194］、線画。
- 『兵六武者修行』（1巻）［293：195］。足立は1926年の作品だとする［1：69］が、山口と渡辺は大正期に作られたとしか述べていない［293：195］。フィルムからスチルを起こした杉本五郎は、1920年（！）だとしている［256：411f.／266／105］。武士の兵六が狐に騙されて僧侶になるというアニメーション娯楽映画である［293：195］。
- 『映画演説 政治の倫理化』（3巻、1927年）［189：108］。現存している。32分の大半は、日本語の文字を、表示・変化・移動させながら見せていくものだ[43]。切り絵を動かすシークエンスも挿入されていて幸内が政治漫画家であることがよくわかる。わずかながら実写部分もある［v6］。文部省の『教育映画目録』では「線画」として扱われている［189：108］。この「線画」という分類がハイブリッド・アニメーションを含んでいたことを示している。

- 『国民大会』（1巻、1927年3月）。「実」（「実写」の意）と分類されている［189：93］。
- 『協同の力』（1巻、1927年9月）［189：107／293：196］。線画。
- 『偽仏』（2巻、1928年1月）。「国民政治教育資料」と説明されている。「劇」と区分されているがこれは誤りだろう［189：130］。
- 『金剛山見物』（2巻、1928年6月）。「実」に区分［189：76］。
- 『普選漫史特別議会』（2巻、1928年10月）［189：108］。第一回普通選挙について［293：198］、線画。
- 『御大典奉祝小田原祭典盛況』（2巻、1928年）［189：108］。「実」に分類。昭和天皇の即位御大礼記念に関連するものか。
- 『普選漫史協定案の巻』（2巻、（補注54）1929年5月）。「実」に分類［189：108］。

43 小路玉一は、こうしたタイトルや動く文字イラストレーションと漫画（アニメーション）との関係を論じている［250：80］。北山もこうした手法についての持論を1930年に「動く字幕と統計表」と題して著している［155：340］。

（補注54）［293：301］によれば1巻。

幸内の最後のアニメーション映画は『ちょん切れ蛇』（1巻、4分、1930年）[293：203]と思われる。読売新聞では、蛇と蛙と虫と小鳥が出るとしか説明されていないが、幸内のアニメーション映画としては『なまくら刀』以来であると述べている点が重要だ[314]。つまり、1920年代の彼の作品は知られていなかったか、アニメーションと考えられていなかったということだ。約2週間後の記事でも、幸内がアニメ制作に携わるようになったのは最近だと書かれている[315]。春に『ちょん切れ蛇』はトーキー作品で、山口と渡辺によれば1931年に公開されたという。蛇のなって穴から出てきた蛇の身体が半分に切れていた、というところから物語は始まるという。切り口から飲まれた蛙が這《は》い出して蛇に驚く。蛇は蛙に、穴に残っている尻尾側の半身を呼びに行かせるが、蛙は尻尾に入って蛇と格闘する。ボール投げで勝負を決めることになり、蛙が蛇の口にボールを投げこむと、蛇の腹の中から先に飲まれていた4～5匹の蛙が現れる。腹の減った蛇がしっぽを飲みこんだところ、蛇の身体がつながる[293：203]。

　山口と渡辺は、蛇は竹で作られた関節でつながっていたという幸内の説明を紹介しながらも、それは「幸内の記憶違い」だと否定している[293：24]。明快な根拠は不明だ。また幸内はアマチュア向け写真雑誌『カメラ』で「素人《しろうと》活動写真の話」と題した記事を連載し(補注55)、1928年には書籍としてもまとめられている[12]。序章を記しているのは洋画家の三宅克己である。1932年から1933年にかけて、幸内は非常に多くの政治風刺漫画を読売新聞で描いている。幸内の漫画家としての「再発見」については、下川凹天による部分もあるものと思われる。夕刊日曜版では漫画の共同制作作品が掲載されており、その編集責任者は下川だった。たとえば、1932年6月13日の紙面の半分以上では、下川や幸内を始めとした漫画家たちの「政治論争」が繰り広げられている[31

6]。1932年1月の時点では既に社内のスタッフとして参加していたようである[293:24]。

この時期より後の幸内についてはほとんど知られていない。雑誌『映画評論』は、1934年にアニメーション関係者たちを訪ねて回っているが、幸内のコメントはかなり逃げ腰である[76:41](下川はナンセンス映画への意向やムッソリーニの顔の面白さや、横山隆一《よこやまりゅういち》へのアニメーション作家としての期待などを述べている。北山については触れていない)。1944年の漫画作品集『決戦漫画集』に寄稿してから後の幸内の足取りについては、ほぼ何もわかっていない[1:71]。幸内が亡くなったのは1970年10月6日の東京調布市だった[292]。

漫画史における幸内のポジションを正確に語るのはなかなか難しいが、アニメーションにかぎっては、彼は3本のアニメーション映画を制作し、約20本の実写映像やドキュメンタリー映画作品などを残している。しかし北山がそうだったように、実際には多くの作品に関わっていたのではないだろうか。切り絵や影絵アニメーションで著名なアニメーション作家の大藤信郎[229]は、幸内の下でアニメーションを学んでいたという。ただしそれが具体的にいつからいつまでのことだったなお、国立映画アーカイブによれば、彼は1921年には自身のスタジオを構えたことになっているが、第一作はやはり1924年である[199]。

(補注55) 国立国会図書館デジタルコレクションのメタデータによる。大藤信郎をアニメーション制作に引きこんだという話も記載されている[293:10/209:15、41]。しかしそれがいつかは明確でなく、大藤は1924年6月には自身のスタジオを構えてテストフィルムを制作している[209:15、37]。

8

下川凹天の『芋川椋三』(東京パック、1915 年 8 月 15 日号)

10

幸内純一の描く下川凹天(1916 年)[217:69]

9

北山清太郎の描いた風景画(制作年不明/安田彪所蔵、宮本久宣・和歌山近代美術館撮影)

のかは不明である［209：15／86：111］。

3-4 3つの映画会社・日活、天活、小林商会

梅屋庄吉《うめやしょうきち》は1906年に『M・パテー商会』という映画会社を創業した。ただしこの会社はフランスやアメリカのパテ社とは何の関係もない。1912年に梅屋は、当時競争が激化していた日本の大きな映画会社4社、自身のM・パテーと吉澤商店、横田商会、福宝堂を合併する段取りをつけた［203：73f.／261：194ff.／250：338f.］。こうした会社は映画の輸入（補注56）、製作、流通、劇場の経営を主業務としていた（日本で座席のある映画館が初めて作られたのは1903年の『電気館』で、これは吉澤商店による［97：752］）。1909年には東京だけでも70館以上の映画館が存在した［203：73］。1912年2月に『大日本フィルム機械製造会社』が信託会社として設立され［99：318／22／23］、この4社に対して企業買収をかけた[44]。特に福宝堂はかなりの抵抗をしたようだ［110：24］。

1912年7月に福宝堂の買収が完了し、同年9月10日に4社の合併が正式発表された［250：341／203：74］。同日に開かれた設立総会で、翌日からの『日本活動写真株式会社』への社名変更が決定されている［99：318］。『日活』という略称のほうがよく知られているのは言うまでもないだろ

（補注56）吉澤商店と福宝堂は、横浜や神戸でも買いつけていたが、ロンドンにも代理人を置いていたという［203：78］。

う。英語の社名は"Japan Cinematograph Co Ltd"〔325〕とされた。
設立から程なくして財政問題や従業員間での争いが勃発し、梅屋は辞職〔203:74〕し、再度独立して自身の映画会社である『M・カシー商会』を立ちあげる〔216:80〕。そうした状況にもかかわらず、日活は1913年5月には19の直営館と、全国に150を超える系列館のネットワークを維持していた〔203:75〕。

日活は1913年10月に向島撮影所を開設、「グラス・ステージ」と呼ばれた総ガラス張りの撮影所（P275図11）は、可能な限り日光を使えるようにとの意図で建設された〔203:74〕（日本で最初に自社スタジオを建設したのは1908年の吉澤商店だったが、規模は小さかった。場所は目黒だった〔203:73/97:766〕）。日活は映画の実作を行う日本で最大規模の企業となったが、横浜、ロンドン、ニューヨークなどでの海外作品の買い付けも幅広く続けていた（補注57）。

1919年中頃に日活はアニメへの興味を喪失したようで、1930年に政岡憲三のデビュー作品『難船ス物語第壱篇・猿ヶ嶋《さるがしま》』（1930年）〔v7〕の製作・配給を行った時くらいが例外である〔293:24/86:63f.〕。第二次世界大戦以後は、日活はアクション映画〔241:181ff.〕やロマンポルノ〔240:123ff.〕で有名になった。

日活は度々分裂の危機に晒《さら》されていた。福宝堂で取締役だった小林喜三郎は短期間のうちに2度日活を去った。1度目は1912年末に彼が常盤《ときわ》商会（福宝堂直営の活動写真館、浅草常磐座にちなんでいる）を設立した時点で、この会社は荒川区日暮里に小さな撮影所を構えた〔261:205f.〕。福宝堂の時代にも近い場所に撮影所があり馴染《なじ》みの場所だったのだろう〔250:338〕。しかし、日活との協議の末に小林は会社を畳《たた》んで日活へ戻ってしまう〔261:207/203:75〕。

そのすぐ後、元大阪の福宝堂支社長であった山川《やまかわ》吉《きち》太郎《たろう》を中心として新たな組織が作られた［282：17］。この新会社、東洋商会［261：207］は短命に終わり（補注58）、1914年3月3日には小林を加えてまた新たな制作会社、『天然色活動写真株式会社』、略称『天活』が設立された［203：75／258：243］。

天然色という社名は、イギリスのジョージ・アルバート・スミスとチャールズ・アーバンによる「キネマカラー」システムの利用を前提としたものだ。日本でのライセンスは福宝堂が保持し続けていた[45]。日活への合併時、福宝堂は自社が取得していたライセンスを渡さなかったのである［15

---

44 日活前史については、ドナルド・リチー［223：31f.］やジャスパー・シャープ［241：153］から異なる見解が示されている。両者はともに、『大日本フィルム機械製造』という信託会社は買収劇以前から存在していたという。リチーは1910年から、シャープは1909年からと主張するが資料に乏しい。

（補注57）第一次世界大戦の間の日本のユニバーサル子会社は、当時の日本国内の映画産業が制作していた映画すべてと同じくらいの本数の作品を、毎月輸入したとも言われている［203：75］。

（補注58）小林は山川とともに東洋商会を立ちあげたという説もある［203：75／258：246］。

45 日活は、この高額なライセンスを保持したくなかったので福宝堂から引き継がなかった、という見解もある［258：269］。梅屋は、予定額を遥かに超える金額を各社の、とりわけ福宝堂の買収につぎこんでいた［203：74］。

7：70f.］。この自然色のシステムは東洋商会時代からテストが行われていた［261：214ff.］が、実際に天活で使われたのは短期間であった。モノクロの2倍のフィルムを消費するこのシステムは、第一次世界大戦によるセルロイド価格の急騰以後、まったく採算の合わない仕組みとなってしまい、ごくごく限られた撮影に用いられたのみだった［157：75］[46]。モノクロ作品を作っていたにもかかわらず、天活は日活にとって最大の競争相手となる［110：25］。小林は東京を中心とした関東を掌握《しょうあく》し、日暮里撮影所も最大限に活用した［261：207f.］。そして山川は大阪や京都といった関西を担当した［261：214］。

小林は「バクダン男」や「興行界のジゴマ」［282：19］[47]、あるいは「活動界の怪物」［28］などの異名をとっていたようだ。彼は天活の内部で1916年7月までには「小林興行部」を設立し、「連鎖劇」を担当すると主張した［305］[48]。連鎖劇は、上映される映画で演じていた俳優が、映画終了後舞台に登場し生で映画の続きを演じるという一連の上演形式である［305］。これを関西から東京へ持ちこんだのは小林らだったという［216：80／258：247］。

こうした小林と天活の亀裂は1916年10月13日の新聞記事で公となり、『小林商会』の設立が発表された。輸出入、教育、興行などの部門を創設し、天活との関係を切った(補注59)。こうした分裂とその余波は想像どおり友好的なものではなく［307］、東京市長であった奥田義人《おくだよしと》には、「見る可《べき》ものゝ一つ」も作らずに喧嘩《けんか》ばかりしている、と言わしめるほどであった［214：6］。和解の兆《きざ》しが見えるのは1917年4月も終わる頃である［308］。

1917年の時点で日本には3つの大きな映画会社があったことになる。日活は177館（直営と契約）、天活は80館、小林商会は68館を有しており、これら以外の会社の劇場はわずか4館しかなかった(補注60)［203：76］。3大会社の映画館はかなり大きく、(1918年の調査によれば)1000人を超える収容人数を有するものもあった［75：50］。1916年末には、浅草だけでも1日に4万人を超える観客が訪れており、その多くは子供や若者であった［196：142］。天活のキネマ倶楽部や小林商会の帝国館は主に子供たちを対象としていたが、日活の電気館はより高級な顧客を相手にしていたという［207：115］。

小林の市場獲得への野心はなかなか無謀なものであり［4：98］、連鎖劇への試みは失敗に終わる［261：241］。東京警視庁による1917年7月の「活動写真興行取締規則」による興行制限で、

46 特定のシーンでキネマカラーが使われている作品として『西遊記』(吉野二郎《よしのじろう》監督、5巻／7巻、天活)がある。前後編がそれぞれ1917年1月と3月に大勝館で上映された［131／133］。あまり良い効果は上げていなかったようだが［157：79］、多くの「トリック」(アニメーションのことではない)が用いられていたと制作に参加していた柴田勝は述べている［243：50］。

47 福宝堂で『ジゴマ』を輸入したのは小林だった［258：250］。

48 この「興行部」の分裂は、山川吉太郎との責任分担を反映してのものであった可能性が高い。

(補注59) この「部門」は「小林商会興行部」と呼ばれて、1917年の記事では所属する女優の一覧を見ることができる［122：98］。

(補注60) 1917年の他の映画会社は、小松商会、M・カシー商会、東京シネマ商会、東京活動写真会である［123：224］。

連鎖劇も規制を受けた（補注61）［258：248］。もともと小林が資金問題を抱えていた［258：249］ところへの公的な規制は、映画館や映画制作全般にも大きな影響を与えた。これは致命傷だった。

8月半ばには、小林商会の株式会社への転換が提案され［152］、1917年9月には破産する［258：257／261：246］。小林商会のすべての映画の権利は米国ユニバーサルの日本支部へ移譲《いじょう》された［154］。

しかし、小林喜三郎は諦《あきら》めなかった。1917年10月には新たに小林合資会社を設立する。ユニバーサルが配給する映画の制作部門を担っていたようだ［154］。いくつかの別々の報告書を検討するかぎり、小林興行という会社が、1917年中いっぱいは活動していたらしい［307／89／113］[49]。1918年9月には西巣鴨《にしすがも》にあった撮影所が火事に遭《あ》う［43］。1918年の小林はこの撮影所と輸入映画を用いて帝国館の上映を維持していたものと思われる［258：251］。

1919年、小林はアメリカからD・W・グリフィス監督の『イントレランス』（トライアングル社、1916年）を持ちこむ。通常の10倍という極めて高額な入場料を設定し、ここで大きな利益を上げる［261：328／75：38］。この資金と、おそらく東京の裏社会からの助力によって［258：244］、小林は1919年12月に『国際活映株式会社』、略して『国活』を立ちあげ、なんと翌月には天活を買収してしまう［110：25］。だが、会計上のスキャンダルで会社を離れざるをえなくなり［258：265f.］、国活は1925年に破産する［241］。そして、小林は1941年から1947年まで、監査役として日活に戻る［203：217f.］。

映画歴史家の田中純一郎は、小林喜三郎にかなり批判的である［258：244］一方、田島良一《たじまりょういち》はより好意的に評価している。評論家の佐藤忠男《さとうただお》は、井上正夫《いのうえまさお》が監督した『大尉の娘』（1917年）

や『毒草』（1917年）は、カットバックやクローズアップを日本に持ちこんだ作品だとして小林商会の重要性を強調している［231：152］。ただ、1917年以後の小林がアニメーションと何らかの関わりがあったという情報は何ひとつない。

（補注61）東京警視庁が連鎖劇を完全に禁止したと語られることもあるがそれは誤解である［173：53］。

49 1917年の「小林商会興行部」と「小林興行」についての情報は混同されているのかもしれない。小林の会社の詳細はまだ不鮮明である。1967年に今村《いまむら》三四夫《みよお》が彼の伝記を『小林喜三郎傳』としてまとめているが、入手できていない。同書があればよりよい理解が得られるはずだ。

第4章　1917年の日本アニメーション映画

4-1　1月

映画雑誌『活動写真雑誌』の1917年3月号に掲載されている同年1月に上映された映画一覧の中には、以下のような作品情報が載っている[50]。

「滑稽『凸坊新画帖、芋助猪狩《いもすけししがり》の巻』一巻（天活東京派撮影）欧米の所謂《いわゆる》凸坊新画帖式のトリック応用滑稽線画を研究して、我邦《わがくに》で最初の試みとして成功せるものか（キネマ倶楽部）。」［131］

この記事が重要なのは、多少の幅はあるにしろ、1917年1月という日時が明快に示されているところだ。1917年3月号に掲載されている外国映画と日本映画は、1917年1月に上映されたものだし、同様に4月の『活動写真雑誌』には2月に上映された映画の一覧が掲載されている［132］。他の情報源とも整合性があるため、これらの作品は本当にその日程で上映されただろう。

さらに、『キネマ・レコード』の1917年7月号は、天活が日本初の「カートゥーンコメディ」「いわゆる凸坊新画帖」を「突然本年1月」に天活直営の劇場キネマ倶楽部で上映したと述べている。「〝ヒーザ大佐〟のカートンコメディの多く輸入せられた影響は遂《つい》に真似ずきな日本人の性質として、我が国の製造家が一時に注目し始めました」［332］と説明しているが、日本の最初のアニメーション映画についてはこれ以上の具体的な情報を載せていない。

下川凹天の撮影を一度担当したという柴田勝の回想も、この日時の補強になるかもしれない。柴田は回想録を二度書いている。そのうち先に書いた文章中に、１９１６年の記録として下川が『漫画凸坊新画帖』[51]を制作している旨《むね》の記述があり、撮影は岡部繁之が担当したとされている［２４２：６］。ただし、柴田の記憶にはやや問題がある。より当時の製作日誌に準じているという自叙伝が後に出版されているが、それによると下川と天活による初めてのアニメーション映画は『凹坊新画帖』（傍点訳者）で１９１７年4月半ばだったという［２４３：51］。この表記は少々妙だが、単なる一般名詞の誤植なのか、下川凹天の名前に引っかけた洒落《しゃれ》なのか、それとも実際に何か一名詞として使われていたこともあった言葉なのか、あるいは一般名詞の文脈のようで具体的な作品のタイトルなのであろうか。しかし、これ以上の情報はない。

『活動写真雑誌』の話に戻ると、下川凹天が『凸坊新画帖 芋助猪狩の巻』に関わっていたという記述はない。しかし、下川の作品ではないと考える根拠もない。フィルム1巻は、当時の記録によれば２１０ｍから３３０ｍになるという［１２４：２０５］ことなので、他の作品と混じって1リールになっていた可能性があり、この映画は大体5分ほどの上映時間であろうか（１９１７年と１９１８年のアニメーション映画の長さは、特別な場合を除いてどれも2分～10分である［２９３：１９２f.］）。

50 掲載されている作品はどれも極めて短いため、おそらくは他の実写作品やパフォーマンスとともに上演されたのだろう［75：54］。

51 柴田は一般名詞として用いており、特定の作品のタイトルなどではない。

タイトルの「芋助」という名前も、1915年に下川が『東京パック』で描いていた漫画の主人公、芋川椋三の愛称だと考えるのは自然であろう。

ある程度の確信を持って（絶対に間違いがないとは言えないが）、『凸坊新画帖 芋助猪狩の巻』が日本で最初のアニメーション映画であり、下川凹天が制作し、天活が配給し、1917年1月に浅草キネマ倶楽部で上映された、と言うことができる。[補注62]

しかし、1点問題は残る。『キネマ・レコード』1917年3月号によれば、キネマ倶楽部は1917年2月の頭に、「第二次線画トリック」（訳注＝2番目のアニメーションの意）映画である『凸坊新画帖 名案の失敗』[52]を上映しているというのだ［150：140］。ごくごく短いながらも概要は載っており、椋三が猪を捕まえようと落とし穴を掘るものの失敗してそこへ落ちるというものだ［150：140］。

ということは、『凸坊新画帖 名案の失敗』と『凸坊新画帖 芋助猪狩の巻』は同じなのではないだろうか。同じ映画に対して複数の題名、しかも全然違うものが付けられてしまうことも、当時は珍しいことではなかった。主人公は同じで、おそらくプロットも同じである。個人的に、この2本は同じであると私は考えている[53]。ならば、ではなぜ『キネマ・レコード』は「第二次線画トリック」という言葉を使ったのだろうか。そしてさらに同誌は、4月に公開されたアニメーション映画のことを、「天活第三次の線画トリック」と呼んでいる［260：240］。

「第二次」というのが「第一次」の誤植であってそれを訂正しないままに次の作品を「第三次」と呼んだという説明は、不可能ではない[補注63]。あるいは、同じ映画に別のタイトルが付いてることで2月の作品リスト制作者が混乱したのかもしれない。『凸坊新画帖 芋助猪狩の巻』が1月に上映されており、『凸坊新画帖　名案の失敗』は2月の初旬、と考えると説明はつく。こうした細かい矛盾は他にもいろいろとある（左の注52参照）。現段階ではまだ、『凸坊新画帖　名案の失敗』がシリーズものであったとか、続編であったというようなことは言えない。

（補注62）文化庁による「日本映画情報システム」では、この章で取りあげているいくつかの作品を載せてはいるが、「アニメーション」のカテゴリーには入っていない。最初の「アニメーション」として出てくるのは『月の変化の魔術』（1900年）で[102]、その次は『不思議の踊』（1904年）だ[103]。前者はメリエスの“La luna à un mètre”（スター・フィルム社、1898年）[v15]かもしれないが、何も情報はない。後者は吉澤商店系の日本活動写真会「日露戦争活動写真」で上映されたとあり、おそらく輸入された「魔術映画」のひとつであったろう。日本の作品だと推測できる理由は何もない。

52　孫引きをしている文献では、『凸凹新画帖　名案の失敗』になっていることもある（たとえば[293：192]）。おそらくは、ちゃんと原典を確認しないまま誤字が広まったものだろう。

53　渡辺泰も同じ見解で、彼は『凸坊新画帖　芋助猪狩の巻』をかなり以前から知っていたようで、1917年2月初旬公開の『凸坊新画帖　名案の失敗』の別名として扱っている[285：278]。渡辺が共著者となっている2017年1月の報告書が、1917年1月という日付を公に示した初の文献資料ではないかと思われる。

（補注63）もちろん3番目の作品があった可能性を否定するつもりもないが、その情報は何もない。

1917年春のキネマ倶楽部では、『凸坊』という題名の映画が上映予定作品として取りあげられている[35]。しかし、これが国内製アニメーション映画を指しているとは断言できない。朝日新聞に掲載されたキネマ倶楽部の広告でも記載がないし、私の手元にあるいかなる資料でも見つけられなかった。また、1917年1月10日の有楽座で天活が『凸坊大会』を開催し、実写の喜劇や『ポンチ活動凸坊の新画帖』を上映したという記事も、読売新聞で見つけることができる[306]。この「凸坊」は輸入アニメーション映画のことだが[36]、この会で下川のアニメが上映された可能性は、ある。

4-2 2月

『凸坊新画帖 名案の失敗』が『凸坊新画帖 芋助猪狩の巻』と異なる、独立した作品であるのならば、この項に載ることになる。

4-3 4月・上編

1917年5月の『キネマ・レコード』には劇場向け映画についてのコラムが掲載されている。前号から始まった連載で、『芋川椋三玄関番の巻』を天活の3作目のアニメーション映画だとしている[260：240]。2013年にこの記事を見つけた時には日本の毎日新聞も取りあげてくれたが[171]、それ以前はこの作品こそが日本の最初のアニメーション映画であり、1917年1月に公開されたのだとされてきた［294：46／273：97／86：22／53：82］。もちろん疑問の声もあったが［4：94／61：25／293：192］、なぜかこの作品を最初とする主張は今でも繰り返されている。たとえば2017年の雑誌『ケトル』による日本のアニメ100年の歴史特集もそうだ（補注64）［142：67］。この作品が第1作ではありえないことは渡辺泰を始めとした多くのアニメ専門家が同意するところだし、そもそも1917年1月という日付も暫定《ざんてい》的なものでしかないにもかかわらず、である［287］。

1917年5月の『キネマ・レコード』にはこうある。「キネマ倶楽部／芋川椋三玄関番の巻 Mr. Imokawa's Janitor（天活）天活第三次の線画トリックだ。こういう試みは嬉《うれ》しい。タイトルが馬鹿に気に行った。巧妙である」［260：240］[54]。この作品については、この記述だけが唯一の情報源である。このコラムの筆者が、実は1月に公開されていた作品の再上映であるのに、3作目だと誤解したという可能性はあるのだろうか。もしそうだとするなら、「こういう試み」や「巧妙である」といったコメントと矛盾する。『芋川椋三玄関番の巻』が下川の最初の作品だとする主張は、ふたつのバラバラの資料を混ぜたうえで行われている。下川は『玄関番』に言及しながら、日本初のアニメーション3作品だという強い印象を与えるが［146：67／86：21f.］、どれも最初ではないし、『なまくら刀』はおそらく8番目である。

（補注64）この記事は『芋川椋三玄関番の巻』、『サルとカニの合戦』、『なまくら刀』を1917年最初

[54] 下川による1934年の記事でもそうだったが、この記事でも題名中の「の」が漢字の「之」ではなく平仮名表記になっている。この書き換えは特段の理由なく行われている。

のアニメーション映画を制作したのは自分であると1934年に書いているが、それについて具体的な日時の記載がない［247］。一方で、『キネマ・レコード』の1917年7月号では、日本初のアニメーションが1917年1月だとしているが、作品のタイトルの記載がない［332］。

1934年の下川の記述はあまり信用できない。その理由はいろいろある。たとえば、1916年当時には映画雑誌が1誌しかなかったと彼は書いているが、実際には当時『キネマ・レコード』、『活動之世界』、『活動写真雑誌』の3誌が刊行されていたことがわかっている(補注65)。より重要なのは下川が「最初の『芋川椋三玄関番の巻』に続いて2作がキネマ倶楽部で初めて上映された」と書いているところだ［247］。しかし、天活は少なくとも5本の映画を公開しているはずだ。どういうことだろうか。考えられるのは、下川は、最初期の作品については技術的に劣っていると自身で考えていたために、後年できるだけ言及したくなかったのではないか、という可能性だ。

『芋川椋三玄関番の巻』の作品の中身については本当に何の情報も残っていない。下川は1914年の『楽天パック』の『玄関番磯君』という作品で、主人公が訪問客に次々と邪魔されるというモチーフを描いている（［271：68］より）が、関係があるかどうかはわからない。

4-4 下川の技術的試み

当時のスチルや同時代の詳細な解説文なども残っていない以上、下川のアニメーション技法について考えるには1934年の記述に頼らざるを得ない。彼自身の記述によれば、彼はまず黒板にチョークで絵を描き絵が変わる部分を消しては新たに描く、という手法で1コマ1コマ動かしたようである〔247〕。ブラックトンの『愉快な百面相』や、エミール・コールの作品を想起させる手法だ。柴田によればこうした撮影は自然光で行われたという〔243：51／242：8〕。

下川は、この手法はあまり気に入らなかったようで、完成度も上げられなかった。そこで彼は、3種類の背景画を大量に紙に印刷し、助手とともに手描きで人物や動物を描きこんでいく（背景画と重なるところはホワイトで消してから描く）という手法を編みだした。この紙アニメーションのために、自身と助手用に箱型の作業台をふたつ制作した。箱の内側にはランプを入れ上面をガラスにすることで、紙に描かれた絵をトレースしながら作業ができる。この作業台を彼は半年ほど使用し、光のせいで目を痛めている〔247〕。この技法で絵を描いた場合、台の上に置いた絵に左右からライトを当て、上から下に向けたカメラで撮影する。柴田によると、岡部繁之のみが担当したという〔242：8〕。

下川の最後の作品は1917年9月に公開されている。そこから半年前ということならば、黒板から紙へと移行したのは1917年3月かそれより前ということになる。そして、アメリカのアニメーション技法についての記事が『活動画報』に載ったのは、1917年2月だった。この記事は

（補注65）1917年2月の『キネマ・レコード』には、東京で出版されている映画雑誌として『活動之世界』、『活動写真雑誌』、『キネマ』、『活動画報』が挙げられているし、さらに新聞のような定期刊行物や、東京以外での雑誌も刊行されていたことがわかる〔149〕。1917年の9月には東京だけでも10誌を数えるまでになっていたという〔311〕。

下川にインスピレーションを与えたに違いない。

『芋川椋三玄関番の巻』がどういう技法で制作されたのかは知る術がない。しかし、批評家のコメントから推測することができる［260：240］。アニメーション制作の技法は「総《すべ》て自分一人で考えて」［247］いたという下川の主張は、彼のアニメーション制作者人生のすべてにおいて当てはまるとは考えられない（が、1917年の初頭だけは例外かもしれない）。

4-5 4月・下編

下川の「思い出」を信じないとしても、1917年4月に公開された彼のアニメーション作品をめぐる事情は混乱している。一度下川の撮影を担当した柴田勝は、天活時代の記憶を残した自叙伝で、下川の最初の作品は『凹坊《へこぼう》新画帖』であり、4月半ばに黒板を用いて作られたと述べている［243：51］[55]。しかし、彼は下川と初めて仕事をしたのは、1917年5月半ばに上映された『芋川椋三宙返りの巻』であるとも述べている［242：8］[56]。4月に制作された映画の上映時期としては、遅い[57]。もしかしたら、柴田は公開当時の『キネマ・レコード』をたどって彼が携わった下川の作品を探そうとし、そして皆と同様に『芋川椋三玄関番の巻』を見つけられず、その次の下川の映画を取りあげたのかもしれない。

下川と働いた時期を柴田が覚え違いしているだけなのかもしれない。実は『凸坊新画帖 芋助猪狩の巻』のことを言いたかったのかもしれない。もし別作品であるなら『凸坊新画帖 名案の失敗』のことかもしれない。あるいは3月か4月初期には、まだ知られていない作品が公開されたのかもしれない。いずれにせよ、現状では柴田が回想する下川についての記述には2種類あり、1917年の作品リストは不完全なままであることは受け入れざるをえない。

1917年4月28日、天活は別の作品をキネマ倶楽部で上映している。『茶目坊新画帖 蚤《のみ》夫婦仕返しの巻』［126：168］。同じ作品は1917年5月に『茶目坊新画帖 蚤の仇討《あだう》ち』としてキネマ倶楽部で上映されたと『活動写真雑誌』7月号には載っている［134：77］。『活動之世界』と『活動写真雑誌』の作品概要は、ほぼ一致する。人間がメスの蚤を殺したところそのノミの夫が復讐《ふくしゅう》に現れて結婚式で花婿を困らせるというもの［134：77］と、茶目坊が蚤の夫婦をいじめたところ、睡眠中につきまとわれたり結婚式を混乱に陥《おとしい》れられたりする、というものだ［126：168］。

つまるところ1917年4月に、下川の『芋川椋三玄関番の巻』と『茶目坊新画帖 蚤夫婦仕返しの巻』が上映されたのは確実だ。後者は紙アニメーションであるはずで、前者もそうだったかもしれない。柴田の言う『凹坊新画帖』が1917年4月に公開されたという話はかなり怪しく、日

---

55 柴田は『凹坊新画帖』を自身の携わった作品としてカウントしていない。彼の29番目に携わった映画での肩書は撮影助手で、群馬の妙義山《みょうぎさん》での撮影が終わったのは1917年4月10日以後、そして肩書から「助手」がはずれたのは4月15日の次の作品からである［243：51］。

56 柴田はこの著作では「大森勝」と名乗っている［243：45］。

57 柴田の回想録によれば、彼の撮影の仕事が終わってから1週間以内に上映されるのが通例だったという。

付を間違っている可能性もあり、どの作品かも判断しがたい。

当時、下川のアニメーション作品は広く人気があったようだ。1917年7月の『活動画報』には、今まで見落とされていた重要な記述がある。小石川原町《こいしかわはらまち》（現在の文京区）近くの家が近年妙に人気になり、その理由はある銘板《めいばん》のためなのだという。記者（不明）が実際に出かけて確かめたところ、その家は下川凹天のもので天活製作の『凸坊新画帖』を担当したと記されていたという。記者は銘板が比較的大きかったことくらいしか説明しておらず、名前以外に何があったかも不明だが、彼は「凹天くん」の仕事は人気があると結論づけている［114：146］。

4-6 5月・上編

『キネマ・レコード』によれば、下川の次作である『芋川椋三宙返りの巻』がキネマ倶楽部で公開されたのは、5月の半ばである。椋三は空の旅を楽しむがすぐ墜落するという筋で、日本で制作したにしては大変良い映画だが、まだまだ課題は多く、主線に妙な強弱があってぎこちない、と『キネマ・レコード』は紹介している［151：302］。『活動写真雑誌』もキネマ倶楽部公開の天活製作品として名前を挙げているが、『日本茶目坊新画帖（芋川椋三宙返りの巻）』と紹介されている［134：77］。

1917年9月号の『活動写真雑誌』では、天活による漫画／線画作品として『芋川椋三空気球の巻』が、5月21日に浅草大勝館で封切られる旨の知らせが載っている。芋川が気球に乗って東京上空を飛行するも落下して上野《うえの》公園の西郷隆盛《さいごうたかもり》像に降りる、とある［138：204］。これは、『芋川椋三宙返りの巻』である可能性が高い。別の天活の劇場で上映する際に別名をつけたものと考えられる。

5月20日北山清太郎による日活での初のアニメーション映画、『サルとカニの合戦』がオペラ館で封切られた［126：128］。フィルムは約90mで、上映時間は5分くらいだった［126：168］。もう少し後に公開されたという資料もある。（補注66）『猿蟹合戦』や『猿と蟹』などの別タイトルがある［293：192／273：93ff.、118／151：302／155：322］。日活での製作開始は5月はじめ頃であった［128］。『活動之世界』の記事が伝えるとおり物語自体は有名な童話にちなんだもので、ある猿に握り飯と柿の種とをむりやり交換させられ殺された蟹の息子が、蜂や臼《うす》などとともに仇討ちを遂げる［126：128］。『キネマ・レコード』は、「子供には良いもの」と評価している［151：302］。『活動之世界』は対照的で、「線が太くてぞんざいで、変化がなく、蟹にも猿にも表情のなかった」と日活の「代表作」に否定的だ（［293：192］より）。好意的な評価を受けたが、北山自身は当時を振り返って「自分としては面恥かしいばかりで眺めているのが苦痛であった」という［155：322］（P275図12）。

（補注66）『キネマ・レコード』によれば5月下旬公開だが［151：302］、『活動写真雑誌』のリストでは1917年6月［137：223］。私の経験としては、実際の上映は雑誌に記載されている日付「より前」であることが多いが、もちろん正確な日付が記されていることもある。

4-7 北山のアニメーション技法

1918年の『活動之世界』2月号と10月号は、北山の作品について「初期には稿画式によったが、最近は切抜画式」になったとの記述がある［273：95f.／293：13f.］。津堅は稿画式を「現在でいうペーパーアニメーションであり、背景から人物等動く素材まですべて一枚の紙に描いていく方法」であると説明する［273：95］。一方、北山の助手であった山本は、初期の制作手法について別の説明をしている。山本は、キャラクターの動く部分を別紙片に描き、紙製の背景画の上に載せて撮影したという［295：82］。そして北山の助手であったということは、作業を分担していたということでもある。山本は下から光を当てられる作業台（「投射机」）についても言及している［295：82］。だから、第2章第4項で紹介した『活動画報』の記事は、間接的にしろ、北山にも影響を与えていたと考えられる。

ただ1917年5月の時点だと、北山は実際に津堅が説明するような技法でアニメーションを制作していたようだ。北山の助手であった金井喜一郎も、1931年に（補注67）アニメーション技法について書き残している。何千枚の絵を用意して壁に留め、水平に構えたカメラで撮影したという［273：83］（すべての絵は必ず2コマ分撮影したという。1秒間に16フレームで再生するのが当時は一般的なので、1秒間に8枚の異なる画像が現れるということになる［263：37］）。1918年10月号の『活動之世界』に掲載されている写真を見れば［273：85］、この撮影方法がよくわかるが、しかし北山はおそらくライバルたちを煙に巻こうと考えていたのだろう。この時点までに彼は間違いなく切り絵アニメーションの手法に移行しており、そのための撮影は上方から下向きに行う以外ありえない[58]。

映画史研究者の田中純一郎は、北山はカメラで上方から絵を撮影する技術の特許を1917年2月6日に取得しただろうと述べている［263：36］。これは、"Scientific American"の記事が翻訳されアニメの制作手法が紹介された時期とほぼ一致する［222：35］。またある日本人の記者は、日本の映画会社はトレードマークを壁に立てかけて撮影する一方で、字幕については欧米と同様に上から撮影すると1916年の末の時点で述べている［109：19］。だから、北山の「発明」の新規性はかなり怪しい。

北山が全部紙に描くペーパーアニメーションから、切り絵アニメーションに移行したのがいつかは正確にはわからない。ただ、幸内純一の作品に影響された可能性は高い。1918年2月の『活動之世界』には、「一枚一枚僅少《きんしょう》の差異」がある「無数」の画と、何百枚もの切り抜かれた「人形」の絵とがあったとしている（［273：121］より）。

1930年になると、北山は「稿画式」と「切抜画式」の両技法について説明をしている。稿画式は、分業でアニメが制作されているところで特にセルを用いる場合、つまり外国では既に行われ

（補注67）津堅は本文では1929年と述べているが［273：83］、脚注では1931年になっている［273：112、196］。

58 山本早苗が当時の線画撮影装置を図示している［263：37］。

ていると述べている（間接的に山本の説明が正しいことを示している［155：336］）。日本ではみんな切抜画式で制作していて、この場合は分業が困難になる。なぜならば、アニメーター自身が撮影も行わないと、意図どおりに動かすことができないからである。そうであっても、切抜画式は、人物の切り抜きを使い回せる分、稿画式より「経済的」だという［155：337］。

北山は彼のアニメーションへの取り組みについて「机上の研究が始まった。参考書も何にもない。線画のフィルムの破片すらもない」ところから始めたと述べている［155：322］。しかし北山が、輸入された玩具映画のアニメーションに触れることもできなかったとは考えにくい。彼が本当に1916年の秋より前から研究を始めたのかどうかも私は疑っているが、少なくとも参考資料に関して言えば、1917年初頭ならば特に充分な情報が手に入ったはずだ。ただ、アニメーションにおける動きの研究ということであれば［155：322］、北山が自分で研究をしなければならなかったというのは正しい。ただ津堅作成の年表に基づく限りでは1年はかかってないはずだ［273：276］。

4-8 5月・下編

5月末には、北山の第2作である『夢の自動車』[59]が遊楽館で上映された［151：302］。冒頭に『日活漫画』と付く表記もある［137：222］。少年が夢の中で自動車に変化した自身の寝床を自由に乗り回すという内容だが［151：302／137：222］、『キネマ・レコード』での批評家の評価は高くなく、もっとプロットを練るべきだと制作者へ注文を付けている［151：302］。ともあれ北山は、毎月1～2本のアニメーション映画作品を制作するという日活の計画を実行に移し出した［128］。

4-9 6月

下川の『兎と亀』は、6月に大勝館で上映された[137:223/8:182]。『活動写真雑誌』は、同作を『サルとカニの合戦』のすぐ隣に並べ、「前作と同じように昔話を題材にして描かれている」としている[137:223]。下川があまり取りあげない題材なのは確かなので、彼(あるいは天活?)は北山の映画に影響を受けたのかもしれない。

6月30日に、幸内純一が小林商会で制作した最初のアニメーション映画が帝国館で上映された[60]。『なまくら刀』である。『塙凹内名刀《はなわへこないめいとう》之《の》巻《まき》』や『塙凹内新刀《しんとう》の巻』、『ためし斬り』[293:192]、『野《の》呂《ろ》間《ま》凸内《でこない》』などの別名も知られている[332][61]。幸内が当初意図していた題名は『なまくら刀』であるようだ[182:123]。彼の弟子である大藤信郎も、1933年のインタビューでこのタイトルを用いている[47]。「塙凹内」という妙な名前は、当時の人気役者で1000本以上の映画に出演した尾上松之助《おのえまつのすけ》をほのめかしていると考えられる[320:50]。天活のみならず日活とも喧嘩別れを

59 津堅は本作を『夢の自転車』としているが、内容についての説明は何もない[273:118]。

60 帝国館は小林の直営で、海外から輸入した作品を扱うのが通例だった。なぜそういう方針なのかについて、『活動之世界』1917年7月号で「日本の映画には帝国キネマで上映するに相応《ふさわ》しい作品がないから」と読者からの質問に応える形でその理由を述べている[127:196]。

していた小林喜三郎が、日活のスター俳優をからかうというのはありえる話だ〔182：123〕（権田保之助が1万3000人の小学生に対して行った1917年の調査では、「松之助やチャップリンの名を知らぬ児童は殆《ほとん》ど皆無《かいむ》」であったという〔42〕[62]。本作のフィルムを2007年7月に発見した松本によれば、玩具映画の入っていた紙包みには、「時代劇マンガ松之助のなまくら刀」との説明書きが入っていたという〔182：97〕。『野呂間凸内』というタイトルは『キネマ・レコード』のものだが、松本によれば、「鈍間《のろま》で来ない」という意味を強く感じさせることで、雑誌が小林たちの争いから距離を取ろうとしたのではないかという〔183：3．7．2016〕。一方、吉山旭光は、おそらく喜劇専門の活動弁士である〔95：73〕楠井紫光《くすいしこう》[63]によるパフォーマンスであっただろうという〔326：64〕。

　松本が発見した玩具映画版の『なまくら刀』は、黄色に染色されていたものだった[64]。そして、東京国立近代美術館フィルムセンター（現・国立映画アーカイブ）により、青色に染色された別の部分が発見されている〔197〕。2本を合わせると約60mの長さになり、上映時間はだいたい4分。16フレーム／1秒で再生するとやや速いようである〔183：12．7．2016〕。オリジナルはモノクロのフィルムで、玩具映画として売られる際に彩色されたのだと思われる。

　この作品は、国立映画アーカイブのウェブサイトで映像を確認できるが〔197〕、少しだけ内容を紹介しよう。主人公の武士は、「目玉の松ちゃん」と呼ばれた尾上松之助のようにギョロリと目を回しながら、刀屋で日本刀を品定めしている。一方で刀屋の主人は侍が刀を満足に扱えないことを知っている様子。刀を手に店を出た武士の内心が、ハート型の吹き出しとともに「サア何か斬って…」と挿入される。道端で按摩《あんま》を見かけた直後には「こゝで一番試切り」との90度横倒しになった字幕が挿入される[65]。しかし刀を抜くのに手間取るうちに按摩に蹴り飛ばされてしまう（ここで星〈☆〉が飛ぶ／P275図13）。ここまで切り絵アニメーションで制作してきた幸内は、この後を影

61 1917年6月30日朝刊に掲載された帝国館の広告では、『なまくら刀』（及びその他のタイトルも）については特に言及はなく、スチュアート・ペイトン監督、ベン・F・ウィルソン主演の連続映画『電話の声』（ユニバーサル社、1917年）や、ルパート・ジュリアン監督、ルイズ・ラヴリー主演の『誕生日』（ユニバーサル社、1917年）、ウッドロウ・ウィルソン大統領の2度目の就任式を扱ったドキュメンタリーなどが挙がっている［37］。

62 権田は大規模調査以外にも子供に対する映画の影響について興味深い洞察を展開しており、映画を観る人々の恥ずべき行動は、映画そのもののどんなメッセージよりも厄介なものだという。

63 山口と渡辺は、染《そめ》井《い》三郎《さぶろう》が弁士を担当したと述べる［293：192］が、染井が得意としていたのは『アントニーとクレオパトラ』などの外国映画であって、吉山が鑑賞した時期に『なまくら刀』は担当していないものと思われる。

64 日本におけるカラーのアニメーション映画に関するさらなる言及については［172］を参照。

65 松本は、劇場で上映されたフィルムではこうした字幕は複数コマにわたっていて読みやすくなっていたが、玩具映画では映写機を簡単に止められるのでこの字幕が1コマしか入っていないのではないか、劇場版でも横になっていたのではないか、と考察を重ねている［182：117f.］。個人的には、玩具映画版が編集されていないとは考えていない。

絵アニメーションに切り替える。待ち構えて飛脚を斬ろうとする武士だが、飛脚はサッと体をかわして武士を踏みつけていく。武士の声は「人殺シー」という吹き出し（P275図14）で表され、刀にすがって立ちあがろうとすると、刀はぐにゃりと曲がってしまう（ここでも星〈☆〉が出る）。武士は刀を投げ捨てて帰っていく。最後にはハグルマのロゴと“Y.N.& Co.”という文字が映る［197］。

この映画で非常に注意を惹かれるのは、日本でその後20年近く主流の技法となる切り絵アニメーションで始まるところだ。手描きアニメーションもあるようだがほぼ使われていない。1930年の新聞で幸内は、1917年から技法はほとんど変えていないと答えている。まずケント紙の上にカーターズ社製のベルベットインク（訳注＝原文では「墨」）で背景を描いた後、動かない部分や切り絵アニメーションで動くさまざまなパーツを作っていく。特に手を表現するためには、細かな部品数は100種ほどにもなる。撮影にはポジフィルムを使い、撮影台の真上から背景と切り抜いた人物を撮影する。すばやい動きを表現する場合は3コマ連続で撮影し、通常の歩行の場合は4コマ〜5コマ連続で撮影したという。上映の速度は16コマ／秒であり、登場人物の移動速度は身長に比例させるのが普通だという。撮影時の絵の交換には通常5分ほどかかるため、1日に320コマの撮影ができれば「捗《はか》どった方」だそうだ［315］。

『活動之世界』1917年9月号は「天活日活のものに比して一段の手際」であり、また日本的な題材を扱っていると本作を高く評価している。「日活の線画が、人物は日本のものにしながら、その行き方を舶来其儘《そのまま》にして居るのは断じて不得策。之《これ》では舶来映画に比して、直《ただ》ちに見劣りのするのが目につく。殊《こと》に駒数を惜しむ為、人物の動作が甚《はなは》だしく断続的になるのは見苦しい」「現在の

11

日活向島撮影所（1913 ～ 1923 年）の外観［203:74］

13

復元された幸内純一の『なまくら刀』。
連続した 2 コマ（松本夏樹所蔵）

12

北山清太郎『サルとカニの合戦』（1917 年）のネガ版と推定される［124:93］。『活動之世界』3 巻 10 号（1918 年）［10:4］

14

『なまくら刀』の 1 場面

日本線画は此点《このてん》に於て総て工夫を欠いて居る」として日本のアニメーション全般について批判している。ただ、「此の『試し斬』（『なまくら刀』の意）の後半に、影絵を応用したのは仲々《なかなか》の思い付きであった」と結んでいる（[293：192]より）。

この映画を観た下川は、自身の作品より完成度が高いと幸内を高く評価している（[4：98]より）。北山も、幸内の作品は「綿密な技術」で作られていると1930年に褒めている[155：322]。また幸内自身も、『なまくら刀』は、下川や北山の作品を超えることができたと1936年に語っている[4：98]。一方『キネマ・レコード』は少々否定的で、『なまくら刀』が天活や日活の作品と違うところは、線画と影絵を合わせている点だとしつつも、3社のこうした手法は「歴史的」であり、もっと進歩の余地があるはずだと批判する[332]。また『活動写真雑誌』は、『日本凸坊新画帖塙凹内新刀の巻』の技術面については特に何も記述していないが、古典的な喜劇を線画で表した日本初の試みであるとは指摘している[138：205]。同号には吉山旭光の短いレビューも掲載されており、「ユ社（ユニバーサル社）の凸坊新画帳から思い付いたらしく中々よい出来だ。併《しか》し投げた小判や刀の鞘《さや》の動きが　チト間伸《まの》びがした」[197]と評している。『活動画報』は、天活と日活が海外のアニメーションを参考に線画喜劇を作り始めているが、小林商会もその第1作として『塙凹内名刀の巻』と題する作品を制作し、線画と影絵を組み合わせていると紹介している[9：182]。

4-10 7月・8月

7月4日[293：192]あるいは7日[138：205]に、北山の『猫と鼠《ねずみ》』が電気館で封切られた。

年老いた鼠が若い鼠たちに猫の危険性を説くが、その後調子の良い若いネズミが水がめに落ち、仲間に助けられるものの、猫に襲われ這々《ほうほう》の体《てい》で逃げるというものらしい［273：118］[66]。『活動写真雑誌』は、ネコとネズミの喧嘩だとしか載せていない［138：205］。『キネマ・レコード』はこの作品を『鼠と猫』と紹介し、次の作品を含めて「まず傑作品」と褒めている。天活、日活、小林の3社についても言及があり、「未製品であって未だ研究する余地は充分にある。鳥獣の動作ことに遠近においては大いなる欠点がある。(補注68)しかも動作のあまりに急なる所は日活製に多く見られた」との批評と、これからへの期待が述べられている［332］[67]。

7月14日には、キネマ倶楽部で『芋川椋三チャップリンの巻』が公開される。夢の中でチャップリンと喧嘩をする話だという［138：205］[68]。

北山の『ポストのいたずら』［332：139］あるいは『いたずらポスト』［293：192］がオペラ館で封切られたのは7月28日［293：192］か29日［139］で、ポストと公園周辺の一日の様子を描い

66 津堅は『活動之世界』などの資料から北山の作品の概要をまとめているが、原典が明示されていない［273：118］。これは山口と渡辺の公開日などについての情報も同様である［293］。

(補注68) 松風生は1916年の記事でブレイの描くパースを讃えている［293］。

67 この文は［293：11］でも引用されているが、引用元が明記されていない。

68 アメリカのアニメーション作品 "Dreamy Dud Sees Charlie Chaplin" がキネマ倶楽部で公開されたのは5月である。

たものだという〔293：192／139〕。

幸内と小林商会による『茶目坊　空気銃の巻』〔293：192〕あるいは『茶目スケッチ空気銃の巻』〔116：44〕または『茶目の空気銃』〔293：192〕が帝国館で封切られたのは8月11日である。ジョナサン・クレメンツは、本作が「何らかの問題を引き起こし、そのため幸内は数年間アニメ産業から離れることになった」〔61：28〕と述べているが、根拠となる資料がない[69]。宮尾《みやお》大輔《だいすけ》による「純映画劇運動」に関する論考を引いてはいるが、宮尾は『茶目坊　空気銃の巻』が検閲《けんえつ》によって公開を禁止されたとか、幸内がこの作品の検閲を受けてアニメーション制作を離れたなどと述べられる根拠は提示していない〔185：201、203〕。クレメンツの主張は、山口と渡辺によるアニメ史観に基づくものと思われるが、彼らの著作にも根拠となる資料は示されていない〔293：10〕。

既に述べたように、1917年7月半ばから警視庁が新たに規制を強めたことは事実だ。その規制は、成人向けの映画と15歳未満の児童向けの映画とに弁別することに多くの労力を割いていた〔38〕。子供向けのものは「乙種」と区分され、他の条項では、男女の座席の弁別や、検閲システムの中央集権化を図っている〔38〕。

この文脈には、映画会社にとってのふたつの大きな問題が絡み合っている。ひとつは、行き過ぎた自主規制であり、もうひとつは乙種映画の不足である。1917年8月の新聞では、警務部長の言葉として、行き過ぎた事例があり種々の「不便」があったことを警察としても認めている〔39〕。『活動画報』1917年10月号には、検閲の例としてあるアニメーション映画が取りあげられており、ある『凸坊新画帖』が乙種認定を拒否され、その理由は少年が壁に「ハゲ」と落書きしているところを父が看過したからだという〔117：164〕（この作品は特定されていない）。15歳未満の児童というのは、多くの場合最大の顧客と言ってもよい層であり、乙種映画への区分を認めないということは、映画そのものの完全な禁止とほとんど差がなかっただろう。

実際、乙種映画の制作は困難だったようだ。児童文学者である巖谷小波《いわやさざなみ》は、子供の映画を乙種映画とすることへの不満や、業界の経験不足のため乙種映画を制作することはほぼ不可能だろうとの見解を述べている［100：2ff.］。当時の東京市内の映画会社と常設館は活動写真の取締に反対する団体を結成し、警察に取締の延期や規制の変更などを長期間にわたって訴えていった。1917年の陳述書では、規制自体は「誠に結構である」が、戦争のため充分な乙種映画を輸入するのは困難であり、また「目下の暑さ」のために東京ではフィルムが溶けてしまい映画製作は不可能であるとの旨陳情《ちんじょう》している。ただし、警察は「十分研究した上発布《はっぷ》したものであるから」「断じて容《い》れる訳《わけ》には行かぬ」と却下している［309］。こうした圧力はむしろ国内での乙種映画の制作を促すためのものだという見解もあった［39］が、この規制は1920年に撤廃され、1938年には、文部省も「乙種フィルム即《すなわ》ち児童向け映画の乏《とぼ》しいこと」が撤廃の大きな理由であったと記している［190：14］。

69 クレメンツは、この映画は「（検閲が厳しくなっていく中での）幸内の見事過ぎる自殺点だった。タイトルだけでも教師や親たちの警戒心を煽《あお》るに充分だった」［61：28］と述べているが、これは言い過ぎだろう。たとえば、1917年10月の読売新聞の第1面には、子供向けのエアガンの広告が堂々と掲載されている。

『茶目坊 空気銃の巻』に話を戻すと、何の警告もなくいきなり映画が禁止されたということは考えにくい。この規制が発表された時点ではまだ制作半ばであったはずであり、また『活動写真雑誌』の7月号等においてもこの規制自体が予想されており〔136〕、遅くとも6月までには規制についての大まかな理解はあったはずである。少なくとも『茶目坊 空気銃の巻』の検閲や公開までに修正する時間は充分にあったはずであり、さらに映画の完全な禁止という対応が実施された形跡もない。

少なくとも私は、この映画が公開後に禁止されたという記録を当時の新聞や映画雑誌などから見つけることはできなかった。ただ、1917年10月の『活動画報』には、驚くべきレビューが載っている。この作品は日本製のトリック映画の頂点であり動きに関しても良いもので、露出オーバーで白飛びはあるものの撮影技術も向上しており、短編ではあるが傑作だという。内容についての言及はなく、「乙種」のチェックは通過していたものと思われる〔116：44f.〕[70]。

1917年8月11日には、逓信省が日本で初のアニメーション広告と思われる『貯金の勤《すすめ》』の提供を始めた〔40〕。この映画は、日本各地を巡業しながら郵便貯金口座の宣伝を行うことを意図したもので、他の2本の映画とともに上映された。ひとつはロシアの人形アニメーションである"Strekoza i muravey"（補注69）（『蟻とキリギリス』、ラディスラフ・スタレヴィッチ監督、1911年または1913年）〔v27〕で、既に同年3月1日にはオペラ館でかかっていたものだ〔120〕。「漫画ものだが却々《なかなか》上品で滑稽味を加味」されており「凝《こ》った」作品という〔40〕。田中純一郎によると、この「線画喜劇」は「児童と活動写真問題に関心を持つ各種の教育団体によって、児童向き娯楽映画としてしばしば各種集会に上映され」、フランスでも「教育団体に珍重された」のだという〔263：38〕。

1922年の記録によると、『貯金の勤』は6つの小編からなっていたようだ［210：37］[71]。

そのひとつ目は「塵《ちり》も積れば山となる」で、少年が草鞋《わらじ》を袋に入れると、草鞋が洋服となり貯金となって海外旅行にも出かけられる、というものだという。他も順番に紹介すると、次は「奢《おご》りは大敵」で、「奢侈《しゃし》」と書かれたうちわで扇《あお》がれても「勤倹《きんけん》」と銘打たれた基礎の上に建った塔が揺るがない様子や、「不時の用意」では火災で家が焼けても郵便貯金の非常払いで新居が建つ様《さま》、「ねずみ算」では1枚の硬貨がどんどん増えて馬に曳《ひ》かせるほどになるまで、「稼ぐに追いつく貧乏な

70 K生と名乗るこのレビュアーは、小林商会と関係があるか、あるいは小林喜三郎本人ではないか、というところまで私は疑っている。帝国館で上映された3本のレビューにはすべて「個人的に言えば」という文言が含まれているが、小林商会が扱っていない映画2本についてはこの文言が抜けている。小林が雑誌『活動写真雑誌』『活動之世界』に多大な貢献をし、雑誌を通じて自社作品の宣伝も行っていたことについては［258：262ff.］参照。

（補注69）R. Lortac（または Robert Alphonse Collard）と Landelle らによる “La cigale et la fourmi”（パテ社パテベビー、1922年）［v17］と混同しないよう注意。杉本五郎は第一次大戦前の作品ではないかと述べている［256：180ff.］が。

71 本原稿のドイツ語版［173：70］では、この作品は北山が1917年に制作した作品だが正確な公開日時が不明な作品としていた［171：4］。山口と渡辺は、この作品は275m（15分）の長さがあり6つのエピソードからなるものと考えている［293：193］。

し」は怠惰《たいだ》な人間から勤勉な人間へ富が移っていく様[72]、最後の「郵便貯金の効能」は、手品師が郵便貯金の箱で手品を行うと、貯金の効能が壁に描かれる、というものだ〔210：38f.〕。

北山は、日活を通して逓信省が映画を依頼してきたと書き残している〔155：323〕。山本早苗によれば、当時まだ日活にいた牧野省三のアイディアだったという〔295：82〕。逓信省自身がアニメーション映画に魅力を感じて依頼したのかどうかは定かではない。北山は、当時諸外国では既に娯楽分野以外でもアニメーションが用いられていたことを承知しており[73]、日本ではこれが初めての娯楽ジャンル以外でのアニメーションだと主張している（これはおそらく正しい）〔155：323〕。10月7日には、もしかしたら一部だけかもしれないが、オペラ館でも上映されている〔293：192／273：134〕。

北山の『花咲爺《はなさかじじい》』〔293：192〕、別名『凸坊新画帖　花咲爺』〔140〕がオペラ館で公開されたのは8月26日である〔293：192／140〕。民話にはいろいろなバリエーションがあるが、正直な老人と嫉妬《しっと》深い隣人が、それぞれに相応しい運命を迎えるという内容である〔273：118〕。

4-11 9月

9月9日〔293：192／140〕またはその数日後に〔153：26〕、おそらく下川の最後の作品『芋川椋三釣の巻』がキネマ倶楽部で公開された。『茶目坊主魚釣《うおつり》の巻』〔293：192〕、『茶目坊の魚釣』〔140〕、『凸坊釣の巻』〔242：8〕などの別題がある。椋三が釣りに出かけ、釣り糸を車につなぐが失敗する、というものだという〔153：26〕。

下川は後年この作品のクオリティについて、「なにしろ総てが眼分量でブッつけて行《や》るので歩いてる人間がピョンピョン兎みたいにとんだり此方《こちら》で想像もつかない歩きっ振りをして反《かえ》って可笑《おか》しくってお客に拍手されたり幼稚極まりないものでした」と語っている〔247〕が、その一方で1930年代のアニメーション映画よりも自身の作品のイメージのほうがより面白かったとも述べている〔247〕。ただ、具体的に作品を見ないことには、彼の真意は計りかねる。

4-12 10月

北山の『貯金の勤』が10月7日にオペラ館で上映されている。

10月10日には、北山の『お伽噺《とぎばなし》 文福茶釜《ぶんぷくちゃがま》』が三友館《さんゆうかん》で公開された〔141〕。180mの長さがあり、上映時間は10分ほどだったという〔293：192〕。茶釜に化けた狸《たぬき》が恩返しをするというよく知られた民話に基づいた作品である〔273：118〕。

数日後の15日には、北山の別の作品『舌切雀《したきりすずめ》』がオペラ館にかかる。これも雀にまつわる善人と

---

72 この説明は、1917年12月の『活動之世界』に掲載されている『貯金の勧』（表記ママ）の概要と一致する〔273：134〕。

73 ドイツ初のアニメーション広告映画は1909年にまで遡れる。グイド・シーベルによる"Prosit Neujahr 1910!"である〔233：88／d3〕。シーベルは、"Trickfilm"という本も執筆している〔236〕。

悪人がそれぞれ報《むく》いを受ける民話が土台となっている（第5章第3項も参照）。

北山と日活は次々と映画を発表する。『カチカチ山』が三友館《さんゆうかん》で封切られたのは10月20日で、悪い狸が老婆を殺害してその夫にふるまった復讐を、夫婦の友人だった兎が遂げるというものである。

この時期の北山は間違いなく助手と作業を分担しており、山本が説明するような単純化した紙アニメーションと、切り絵アニメーションも用いている。この北山の映画ラッシュが一段落すると、次の大きな波がやってくるのは1918年2月になる（第5章参照）。

4-13 日付不明

幸内純一の『塙凹内かっぱまつり』は、1917年に制作されたということ以外には何もわかっていない［293：193］。浅草のかっぱ祭りが夏の風物詩であることや、9月には小林商会が倒産していることなどを考えると［258：257］、この映画は『茶目坊　空気銃の巻』[74]とあまり間を置かずに制作されたものだろう。もしかしたら、この映画は「乙種」指定を得られなかったのかもしれない。

柴田勝の後期の回想録によれば、下川は1917年にあと2本映画を制作している。『文展の巻』と『お鍋と黒猫の巻』であるが、柴田の回想以外には一切の記録が見つかっていない［242：8］。本当にこれらの映画が存在したのかどうかもわからないが、しかし、まだ記録が見つかっていない文部省の広報映画を制作していたという可能性は大いに考えられる。

ひょっとすると、東京の日仏協会が、パリで上映するための映画の使用を天活や日活に問い合わせていたことと関係があるのかもしれない。これは『活動之世界』1918年1月号で報じられており、日活はただちに4本の映画を選定し、さらに5本目の約束もしたという［129］[75]。その次号の『活動之世界』によれば、向島撮影所で制作された「凸坊漫画」の『桃太郎』を、1917年12月初頭に日仏協会へ渡しており、輸出される予定だとされている。日活は「漫画」のさらなる海外への輸出も期待していたようである［130］。

『桃太郎』の制作は1917年の暮れには終わっていたようだが[76]、日本の三友館での公開は1918年の3月1日になった［293：193］。実際にフランスで公開されたかどうかは定かではない。今のところフランスの新聞ではそうした映画が上映されたとの情報は確認できていないし、日本の朝日新聞や読売新聞でも該当する記事はない。そもそも当時のヨーロッパはいまだに第一次世界大戦の戦火の最中でもあった。

桃から生まれた桃太郎が動物のお供《とも》とともに鬼ヶ島の鬼と戦うこの映画は、もう失われたと考えてよいだろう。

松本夏樹は、玩具映画版の『桃太郎鬼ヶ島鬼退治』（ライオン、45秒）を所有している。これは

74 吉山旭光は、小林商会で幸内は3本の映画を制作していると1933年に述べている［326：64］。

75 約束されたうちの1本である『忠臣蔵』は、1917年10月13日［237／204］に公開された、牧野省三の『假名手本忠臣蔵《かなてほんちゅうしんぐら》』であろうと考えられる。他については不明である。

76 津堅は1918年との資料を挙げているが［273：119、278］、1919年としている部分もある［273：175、196］。

北山の映画が基になっているかもしれない。そして、北山の孫である安田彪《やすだたけし》は、北山の作品であると述べている。ただし、日活の『桃太郎』として津堅が示しているフィルムの1コマとは大きく画風が異なっている［273：171］（P311図15）。

ただ、杉本五郎は、あるエッセイで『モダン鬼ヶ島』という作品について書いており、その桃太郎はオープンカーに乗っているとも語っている［256：205］。これは玩具映画の絵と合致する。杉本の述べる桃太郎の「ヘルメット」を被っているなどといった他のディテール部分は一致しないが、玩具映画が一部を切り取ったものであることを考えれば説明はつくかもしれない。玩具映画版では、飛行機やオートバイ、「モダン」な桃太郎の住居などが確認でき、北山が昔話をそのように「近代化」したという証拠は見当たらないが、（補注70）玩具映画の『桃太郎鬼ヶ島鬼退治』は、北山の作品ではなく、『モダン鬼ヶ島』の一部であるということはありうると私は考える（ただし、松本と私はこの点で意見が一致していない）。

杉本は、『モダン鬼ヶ島』は1925年の幸内純一の作品だと断定している［256：205］が、その真偽は判断が難しい。山口と渡辺が列挙しているのは、大正期に制作された作品のタイトルと長さのみでしかない［293：195］。また杉本は別のエッセイで、幸内の桃太郎は1918年だったと述べている［256：277］[77]。他の場合と同様に疑問は尽きないが、話をややこしくするのはさらに別のバージョンである『桃太郎と鬼』（2巻、岩松洋行《いわまつひろゆき》）という作品もあるらしいことだ。この作品は1926年の制作と思われる［293：196］[78]。

（補注70）北山が『桃太郎』をアップデートしたのだと山口と渡辺は考えているが根拠は示されていない［293：193］。

77 杉本は木村白山《きむらはくざん》の『桃太郎』（1928年）にも言及しており［256：277］、この作品の桃太郎は鬼ヶ島に飛行船で向かう。山口と渡辺はタイトルを『鬼の住む島』としている［293：197］。より古典的な山本早苗の『桃太郎』も1928年で、山口と渡辺は同作を『日本一の桃太郎』としている［293：198／189：46］。この作品は現存している［v8］。

78 劇映画（実写）とされる『桃太郎と鬼』（2巻、朝日キネマ）もあり、これも近代化された桃太郎であるらしい。1930年の『教育映画目録』に載っている［189：45］。

第5章　1918年から1919年の日本アニメーション

5-1　1918年2月

2月1日、『浦島太郎』が浅草・オペラ館で上映された［293：193］。1918年以後の北山と日活の映画はオペラ館で上映されるようになった。浦島太郎は日本では非常によく知られた昔話で、ワシントン・アーヴィングの『リップ・ヴァン・ウィンクル』は浦島太郎に似ている。助けた亀に連れられて龍宮城へ行き、乙姫からもらった玉手箱を開けてしまって老人になるという、日本人には馴染みの深い物語である［286］。

松本夏樹は、2007年に『なまくら刀』とともに、玩具映画版の『浦島太郎』（ピンクに彩色されていた）も発掘している［182：96］（P311図16）。さらに2015年にはアメリカのハロルド・ロイド主演の実写映画“It's Wild Life”（ギルバート・プラット監督、1918年）も発掘した［183：14・3・2017］[79]。これら3つの箱にはすべて、同じハグルマ社のマークが入っていた。史料としてより重要な点は、持ち主がすべての箱にペンで題名を記入しているところだ［183：14・3・2017］。こうした点から、この3本の作品は同時に購入されたものと推定される。最近になるまで、この玩具映画版の『浦島太郎』［v10］は、本編中にタイトルが入ってはいないものの、北山が1918年に公開した『浦島太郎』の一部なのだろうと考えられてきた［173：63］。

しかし2017年に、漫画研究者の新美《にいみ》ぬゑは、当時の雑誌『幼年世界』に日活の『浦島太郎』についての図版と説明が掲載されているのを発見した［321／183：14．3．2017／286］。作品説明には浦島太郎が乙姫と会った際の劇中劇なども含まれている（補注71）［321］。また、『幼年世界』は、この映画を好きでも嫌いでも劇場では積極的に拍手をするようにとも求めている［321］。

この図版が確実に北山の映画のものであるならば（と言っても冒頭のタイトルや末尾に日活のマークがあることからして北山の作品ではないと考える理由はあまりない）、それとは違う松本が発掘した玩具映画の『浦島太郎』の正体は何なのだろう？　北山の作品とほぼ同時期に制作されたことは確かだが、誰が制作しえたものなのかはさっぱりわからない。1920年代のどこかで、大阪を拠点とするタケナカ商会が、フィルム1巻の『浦島太郎』を取り扱っていたことはわかっている［189：48］が、この会社についてはほぼ何も知られていない。文部省の目録には、他にも6本のタケナカ商会の線画が挙がっている［189：47f.］が、山口と渡辺は、2本しか取りあげていない。『因幡《いなば》の兎』（1巻）と『愚かな鳥』（1巻）で、ともに山本早苗の1929年の作品である［293：301］。

79　玩具映画でのタイトルは『ロイドくんの蛮勇』で、劇場用では『蛮勇ロイド』となっている［183：14．3．2017］。

（補注71）京都のおもちゃ映画ミュージアムにはまったく別の『浦島太郎』（1930年代制作とされる）が所蔵されていることにも留意されたい［v29］。

次に描画アニメーション映画として浦島太郎が題材とされるのは、1931年まで先になるようだ。宮下万蔵《みやしたまんぞう》が監督し日活で制作した16㎜フィルムで、レコードの再生と合わせて映写をするレコードトーキー用だった［293：206］[80]。

松本の玩具映画で特徴的なのは、アイリスショット（訳注＝アイリス・インとアイリス・アウトのこと。画面の一点から丸く別の画面が広がっていくのがアイリス・イン。その逆がアイリス・アウト）が使われていることと、幸内純一が『なまくら刀』で取り入れたような影絵アニメーションが使われていることだ［197／v10］。そして、幸内は『桃太郎』を作っているはずだから『浦島太郎』も作っているだろう、と杉本五郎は推測している［256：205、277］。ハグルマと"Y.N.& Co."マークが2本の玩具映画の最後に映るのは、映画館や製造会社、玩具映画会社との関係を表しているのか。あるいは重要ではないことなのかもしれない。ただ、いずれもすべて推測に過ぎない。

2月15日のオペラ館では、北山の『雪達磨《ゆきだるま》』が封切られた［293：193］。これは映画向けのオリジナル作品か、少なくとも当時を舞台にした現代劇と思われるが、詳細は不明［273：118］。

2月28日に公開された北山の『蛙の夢』も状況は同じだ［273：118／293：193］。

5-2 1918年3月

3月1日、北山の『桃太郎』が三友館で公開される［293：119］。

3月16日、『金太郎』がオペラ館で公開される［293：119］。「幼年世界活動写真」という『幼年世界』誌の図解によれば、サブタイトルは「足柄山《あしがらやま》の巻」であった［322：34］。金太郎の外見は、

『幼年世界』前号で紹介されている浦島太郎と非常によく似ている［321］。足柄山で幼年期を過ごす金太郎が動物たちと仲良くなり熊もその強さを認めるほどになる、という流れである［322］。

3月19日、『瘤《こぶ》取り』が千代田館で公開される［273：193］。大きな瘤を持つ翁《おきな》がふたり隣りあわせに住んでおり、そのひとりが鬼の宴会で踊りを披露すると喜んだ鬼たちが瘤を担保として取ってしまうが、翌日にやってきたもうひとりの踊りは気に入らず、預かっていた瘤を「返して」しまう、というおとぎ話を土台にしているはずだが、詳細は残されていない。

一方で、3月20日から三友館で公開された『一寸法師』は、上映時間が3分で［293：193］、「幼年世界活動写真」にも説明文が載っている（P311図17）。神社への祈禱《きとう》で授かった背丈一寸の子供が、京に上って武士の下で育ち、鬼との戦いに勝利して6尺の大男になる、というものだ［323］。

3月30日、『太郎の番兵』がオペラ館で公開される［293：193］。本作は続き物であったようだが、内容の詳細は不明だ。

5-3 1918年4月

4月1日、日活の『解けちがい』が三友館で公開される［293：193］。本作については何もわ

80 この映像はインターネット上でも見ることができるが、なぜか1918年の『浦島太郎』と誤ったタイトルが付されている［v30］。

かってない。

同じく4月1日、『腰折燕《こしおれつばめ》』が遊楽館で封切られた［293：193］。ただ、三友館が新聞広告で『日本漫画腰折燕』の告知をしているのは5月6日である［41］。これは再上映なのかもしれないが、再上映で広告されるものだろうか。もしかしたら、山口・渡辺［293：193］や津堅［273：119］の資料が間違っているのかもしれない。

1918年6月号の『幼年世界』では、『燕物語』と題されている［324］ものの、1917年の作品『舌切雀』と似ているように思われる。実際、雀と燕を入れ替えた民話もある［248：119］（訳注＝舌切雀と類似した物語はインドや韓国にも見られる）。物語はこうだ。あるところに貧しく親切な男と豊かで貪欲な男のふたりが住んでいた。2匹の燕の片割れが巣から落ちた時、親切な男は手当てして巣に戻してやった。男が燕から感謝の印としてもらった種を育てたところ、できた実《み》の中から金貨や銀貨が出てきた。欲にかられた隣人がそれを真似しようとして、自分で燕の巣を叩《たた》き落として強引に燕を手当てした。強欲な男も種をもらうが、その実からは化物が現れ、男は燕に謝罪する［324］。

5-4 1918年5月

先述のとおり、『腰折燕』は5月6日の可能性がある。

5-5 1918年7月

7月18日、オペラ館で『蟻と鳩』が公開される。上映時間は3分とされる［293：193］。トルストイの寓話を基にしている［273：119］と考えられる。1930年の資料によれば、『北山映画研究所』（訳注＝原資料によれば「北山映画製作所」ではない）による製作及び（または）配給となっている［189：47］。こうした初期の作品が北山の製作所として記録されるのは比較的珍しいことである。津堅の著作には静止画が掲載されている［273：171］。

5-6 1918年8月

日活と北山による最後の映画『太郎の兵隊 潜航艇の巻』(補注72)が、8月4日に封切られている［182：128／256：205］（P311図18）。1918年10月号の『幼年世界』による物語は以下のようなものだ。太郎少年はビール樽《だる》とやかんで潜水艦を組み立て、妹の花子に見送られながら出航する。沖に出た潜水艦はクジラに飲まれてしまう。しばらくしてクジラが洋上に顔を出すと多数の輸送船に囲まれていた。ドイツの潜水艦が発射した魚雷が命中しクジラは沈んでしまう。太郎はなんとかクジラ

(補注72)『太郎の番兵 潜航艇之巻』とする文献もある［273：119／293：193］。

から抜け出すが、潜水艦で海底を彷徨《さまよ》っているうちにドイツの潜水艦と衝突して水中に放り出されてしまい、必死に潜水艦の外側にしがみついていると、彼の潜水艦に海鳥が大きな卵を産んでいく。ドイツの潜水艦が浮上したところで、太郎はその舷側に寄せて海鳥の卵を爆弾だと信じこませて降伏させる。潜水艦で日本の艦の近くまで乗りつけ、ドイツ人の艦長は太郎のハッタリに驚く［325］81。

少なくともこの作品については杉本五郎と津堅の見解が一致しており、謙遜はあるにしろ北山自身も後に認めるところであるのは、彼のアニメーション水準が格別に卓越《たくえつ》したものではないという点だ［114：205／273：172／155：323］。そうでありながら日活と北山が『太郎』をシリーズ化しようとする試みであったことは興味深い。

1930年代から1940年代にかけて活躍する大石郁雄によると、彼は森永《もりなが》ミルクチョコレートの宣伝のために『兎と亀』という映画を1918年8月に制作したという［225：30／273：137］。しかし、そう説明する文献には出典が明記されておらず、機材をどうやってそろえたのかなどの情報もまったくない。

5-7 1919年

逓信省の宣伝映画『合点徳兵衛《がってんとくべえ》』が完成したのは1919年の半ばとされる。逓信省は貯金を奨励《しょうれい》する脚本を公募し、天活によって実写映画が撮影されている。この成功を受けて、公募で次点となった脚本についても製作を進めるよう日活は要請された［273：135f.］。この作品についてはあらすじが判明している。「合点合点」が口癖の徳兵衛は無駄遣いをしがちで、病気の時に往生《おうじょう》しないため貯金を考えるが、自宅での貯金が泥棒に盗まれそうになる。そこで火事や洪水の心配も要らない郵便貯金にしたところ、ついには大金を貯《た》めることができ、伊勢《いせ》参りのお土産《みやげ》を村中の子供たちに配るなどして貯蓄を奨励し、その後は村の誰もが貯金を始めるようになったというものだ［210：39 ff.］。『活動評論』の1919年6月号によれば、この作品は完全なアニメーションで、フィルムの長さは600m以上になり、上映時間も30分を超えていたという［273：136］。その時点までの日本で制作された最長の作品であっただろう。1918年の前半の日活と北山の仕事量を考えると、ほとんど不可能なことのようにも思える。1917年10月に『貯金の勤』が上映されたのと同じように映画館で商業的に扱われたのかどうかはとても気になるところだ。

81　杉本五郎が発見した玩具映画は、この映画の前半部分を含んでいる［183：23・7・2017］。玩具映画と『幼年世界』の図解は一致している。これらの事実から類推すると、同誌3月号で図解された北山の『浦島太郎』の玩具映画版も存在するかもしれない。ただいずれにせよ、日活と北山による『浦島太郎』と松本夏樹が発掘した玩具映画の『浦島太郎』は、別の作品である。

第6章　これからの課題

1917年に、日本のアニメーション、すなわち「アニメ」が誕生した、と記されることは多い（たとえば〔10：4／94：60〕）。

長い期間、『活動写真』のフィルムストリップは知られてこなかったし、2005年の発見後も、ないがしろにされることが多かった（たとえば〔72／274〕）。特に、フィルムになっていない、映画館で上映されていないといった理由でアニメーション映画というカテゴリーからは除外されてきた〔239：39〕り、古いゴミの中のガラクタとして無視されてきた〔61：20〕。最近もまた、アニメーション研究者グループが「産業史的な観点をとる」ならば、『活動写真』は産業的な性格が薄いため「日本におけるアニメーション産業の起点と見ることは難しい」と述べている。「製作・配給・興行」が「垂直統合」されるところにアニメーションの起点を見出そうとしている〔287〕。もちろんこうした議論で提起される問題、特に「アニメ産業」という観点から考えた場合の課題は理解している[82]。しかし、本書は日本のアニメーションの黎明を歴史的に記述しようとするものであって、日本のアニメーション産業の歴史だけを扱っているわけではない。そして、第1章第3項で扱った印刷アニメーションの『活動写真』は、間違いなく本格的なアニメーション作品である。ゆえに、現在までのところこれこそがアニメーション、すなわち、「アニメ」の始まりである。『活動写真』は確かに非常に短い作品であり、その後の産業の「持続的発展」への影響はないかもしれないが、日本のアニメーションの歴史から排除されてよいものではない。そして、『活動写真』が商業的な目的のために作られていたことは確かであり、その歴史こそ日本の商業アニメーションの歴史の一部であろう。ビンクやプランク、カレットといったドイツの初期映画会社にも同じことが言える。「リトフィルム」と呼ばれる多色刷りリトグラフによるループフィルムは、何の誇張も抜きで「映画史上最初のアニメーション作品」と言える[73]。

こう言い直してはどうだろうか。1917年は日本の劇場用アニメーション作品が始まった年である、と(この本の用語でいうならば、日本のアニメーション映画)。その時点での日本では、3人のアニメーターが活躍していた。さて、それはどんな影響があったと言えるだろうか。

北山清太郎の伝記を著した津堅信之によれば、北山は「新しい技法を開発しアニメーション映画を制作した」のだという。彼は自身の「大量生産システム」によって、年間10本もの短編映画製作を可能にした。「言い換えれば、起業家としての北山は、商業的なラインでアニメーション制作を行うことを優先した」。対照的に、下川凹天や幸内純一は「アニメーション制作という仕事は非常に手のかかる耐え難いもので…そして彼らに経済上の問題を引き起こしたと考えるのが妥当であろ

82 1920年代から1950年代までの日本のアニメ映画の多くは、映画館では上映されていない。多くは学校教材として制作されたり、「実験映像」とされているものだからだ。巡回興行師の産業性についての否定的な田中純一郎の見解もあるが[287/261:103]、投資や研究を惜しまない企業家の有無《うむ》ということを考えるならば、東映動画設立以前の日本のアニメーションの状況についての彼の指摘も無視するわけにはいかないだろう[262:270f.]。

う」〔276：26〕。津堅はさらに北山の図々《ずうずう》しいまでの自己アピールについて触れ、特に彼が自身の手法の「経済性」を下川や幸内と比較している点を指摘している〔155：323〕。この点は、作家性と商業性という二元論を連続させる形で捉える津堅の日本アニメーション史論とも合致する。そして、起業家である北山が勝った〔276：26〕。渡辺泰も、北山の商業性や国産アニメへの貢献を高く評価しているし〔293：48〕、ジョナサン・クレメンツも「最も成功した産業的アニメ制作者」と評している〔61：40〕。

しかし、津堅による日本のアニメーション映画の黎明期の分析には欠陥がある。下川が天活を辞めた理由は病気だったし、幸内が一時的であれアニメーション制作から離れたのは小林商会が倒産したからであり、彼の作品のせいではない（彼が本当に１９１７年で制作を止《や》めていたのかどうかは定かではない）。下川や幸内は有名な漫画家としてビジネスの才を見せていたし、１９２０年代の幸内のアニメーション作品が北山より劣っていたとも思えない。少なくとも幸内は自身の作品である『ちょん切れ蛇』の制作を実現させ１９３１年には劇場公開にまで至っている。一方で１９１８年以後の北山には、自身の作品と言えるものはなさそうである。

さらに、北山が「大量生産システム」を確立したという主張にもある程度の問題がある。北山が１９１７年５月から１９１８年４月までの間に多数のアニメーション映画を制作したことは確かであるが、同じように１９１７年の下川も多作である。そして、作品の発表間隔は均等ではなく、北山の「システム」はよくわからない理由で時々停止することになる[83]。１９１０年代末からアニメーション映画制作と並行して、あるいはアニメーション制作から離れて行われた北山の「多彩な活動」〔273：137〕を肯定的に捉えるにしろ否定的に考えるにしろ、彼はアニメーション以外の活動に専念する必要があったということだろう。ここから先の判断は読者に任せたい。サイレント映画での字幕や実写映画で用いられたアニメーションについて、北山がどういった仕事をしたのかはほとんどわかっていない。1920年代には幸内も同じような仕事をしていたはずだが、こちらもわかっていない。北山が制作したアニメーション作品について、津堅は「確認されているだけでも30作品を超えて」いるとしてその業績を高く評価する〔273：253〕が、そのうちの3分の2ほどは、1917年から1918年に制作されたもので、その他は1920年代初頭と考えられる。これでは、北山の「大量生産」は、一種の発作のようなものではないか。一時期に「大量公開」されたことは確かだが、背後に「システム」があったとするのはかなり疑わしい。たとえば村田安司は、多少の助けは借りつつも、1927年から1936年の期間に、実写とのハイブリッドを含む50本以上の作品を制作している〔217：47f.〕。そして海外の作家と比較すれば、たとえばJ・R・ブレイは1913年から1927年までの間に540本のアニメーション映画を制作している〔252〕。日本のアニメーション第一世代の作家たちの顔から血の気が引きそうな作品数である。

「大量生産システム」は具体的にはどのような特徴があったのか、そして北山によってどのような技法が導入されたと言えるのだろうか。津堅は、下川と幸内はスタッフを使わずに制作を行い〔27

83 クレメンツは「1917年以後、北山は確かにアニメーション映画を定期的に創り続けていた」〔61：38〕し、1923年の関東大震災以後の「北山は宣伝、教育、教本のような映画へそれまで以上に力を入れた」〔61：36〕と断定しているが、根拠となる資料がない。

３：１５１]、その点が北山と異なると述べているが、これは事実ではない（もちろん津堅は、下川と幸内がカメラマンと組んでいたことは承知している[２７３：１２８]）。今までに見てきたように、下川は助手ひとりとふたりのカメラマンを使っていた（第３章第１項参照）し、幸内も、少なくとも前川千帆の助けを借りていたことは間違いないし、撮影も手助けしてもらっていただろう。幸内はその後大藤信郎の手を借りているし、実際には単独作業ではなかっただろう。しかし、北山の作業状況ほどには、彼らの作業環境は明らかにされていない。津堅は、北山には１９１７年から１９２３年までの間に７人の助手がいたという[２７３：１５２ff.]が、全員が同時期に働いていたとは信じがたい[84]。さらには、全員が北山のスタッフだったのか、あるいは高城泰策のように日活の「漫画部」という詳細の不明なところにいたのかもわからない。北山と日活の関係にはわからないことが多く、北山が実質的には早い時期から独立した制作所を持っていたと言えるのか、それとも日活の漫画部を北山が統括していたのかもしれず、いずれにしても北山の「システム」は日活での企業風土や体験から生まれたものでもない。北山製作所が設立された１９２０年代初めには、少なくとも映画を大量生産するシステムというものが存在していた証拠はない。むしろ逆に、北山自身が述べているように、彼が採用した、あるいはセルがなかったために採用せざるをえなかった切り絵アニメーションの手法は、紙のアニメーションよりは効率的だとしても分業を困難にするという欠点を抱えていた[１５５：３３７]。それゆえこうした「線画」を多く含むアニメーションであればあるほど、製作は産業的でも経済的でもなくなっていくということになる。むしろ、１９３０年代から１９４０年代初頭にかけてのいくつかの例外を除いて、数十年間にわたって日本のアニメーション制作体制は変化しなかったし、大企業や軍による制作規模を拡大しようとする試みは、さまざまな理由によりどれも長続きしなかった[62]。北山と日活のアニメーション制作体制も、日活が運転席に座って主導しようとしたものの長続きしなかった、と考えたくなるところである。

さて、北山は何か新しい技法を導入したのだろうか。紙アニメーションより効率的な切り絵アニメーションを初めて使ったのは幸内だし、そして幸内にとどまらず他のパイオニアたちも同じだが、アメリカのやり方をモデルにした。北山の制作した作業台やカメラフレームも、彼の独創ではない。どちらも“Scientific American”の翻訳記事に基づいたものか[235／223：34]、あるいは既に他の日本のスタジオで使われていた。

最近の津堅の講演によれば、彼は北山と下川や幸内との違いをさらに数点取りあげている。まず①他のふたりはスカウトされたが北山は自ら売りこみ、能動的に動いたという[215]。しかしこれは、今までに確認してきたように疑わしい。そして、②宣伝映画や昔話に基づいた教育映画などを制作して「アニメーションの範囲を広げた」という[215]。ただ、こうした主張は下川についても幸内についてもできる。下川は初めて漫画をアニメにしたし、風刺をアニメに持ちこんだ。幸内は、初めて時代劇を制作したし政治PRアニメを作った。そして津堅自身も認めているとおり、

84 1933年の吉山旭光によれば、北山は「氏の流れを汲む人は非常に多い」[326：64]と評している。山口と渡辺は、北山は大勢を教育した点が讃えられるべきとし、金井喜一郎や山本早苗、木村白山といった名前を挙げている[293：14]。木村は、北山の弟子である橋口から指導を受けたという[155：324]。

北山が自身でそうした領域へアニメーションの範囲を広げていったのではなく、クライアントがそうした分野に取り組むよう依頼してきたのである［273：255］。さらに我々は、3人のパイオニアたちが、自身でアニメのテーマを選んでいたのか、それとも製作会社が選んでいたのかについて、今のところ知る術がないのである。下川は、漫画をアニメにするために雇われたのだろうか、それとも彼が持ちこんだのだろうか。

しかしながら、日活と北山が制作した子供市場向けのアニメーション民話は、確かに特筆するべきものだ。文部省は、1921年に推薦制度を、1923年にはより直接的な認定規定を教育市場に用意した［293：12f.］。これは日本のアニメ制作者たちにとって、アメリカのライバルたちと有利に戦えるニッチ市場を開いた。ただし、日本フィルム協会は、独立の制作所として北山より前に教育アニメ市場に参入していたことについては気をつける必要がある。アニメを使った広告はまた別のニッチだが、山本早苗がその市場を占有していた［186：94］し、1920年代は幸内純一もいた。しかし、海外の映画会社から守られたこうしたニッチ市場があったことは、日本のアニメ制作体制が1950年代に至るまで進歩も変化もしなかった理由でもあろう。

そして津堅は講演で、③北山は「日活向島撮影所にスタジオを構え」「プロデューサー的センス」を発揮したという［215］。しかし、幸内も1920年代にアニメーションスタジオを立ちあげ、メインが漫画であったにしろ、おそらく北山より長期間にわたってスタジオを維持した。そして、多くの映画製作所はこの時期に作られている（1920年から1921年にかけては14箇所［99：326f.］）。さらに言えば、北山のスタジオをアニメーション専門のスタジオと言うのは無理があるだろう［61：32］。金井喜一郎、大藤信郎、山本早苗など、あるいはその他の誰が、最初にアニメーション映画を作るためだけのスタジオを立ちあげたのかは研究の余地がある。

一点、津堅は指摘していないが、同時代の人たちからは指摘されていた北山の特徴がある。彼の作品の質が他のライバルたちより低いことだ。北山の経済的な取り組みは、彼の作品の質を大きく下げた。津堅は概《おおむ》ね北山を応援する側に回るが、それでも日活で作られた最後の作品である『太郎の兵隊 潜航艇の巻』の出来が良いものではないことは認めている［273：172］。

1930年には北山自身が、1秒あたりのコマ数が少ないというだけではない経済性の追求は、自発的にやりたかったわけではなく、ビジネスプランの一環ではあったと認めている［155：323、328］。そして北山は、自身の映画における質の問題についてもはっきりと自覚し、後日自身で「考えて見ると駄作ばかりで今日迄《まで》残ってほしいと思うものはひとつだってない」とまで記している［155：323］[85]。

北山の初の広告映画、『貯金の勤』のレビューがかなり好意的であったことを思い出した人もいるだろう［40］。どうも、逓信省は日活よりいい予算を提案したものと思われる［155：328］。そして、北山のアニメの質を限定していたのは、切り絵アニメーションという技法の問題ではない。幸内純一も切り絵アニメーションを用いていたし、後に切り絵アニメーションの大家となる村田安司は

---

85 1930年の時点で広告を出して16㎜フィルムを販売したいと考えていた『蟻と鳩』と『一寸法師』は、例外のようである。このふたつの作品がこの発言より後に作られたわけではないかぎりという限定はつくが、それはないと私は考えている。

『月の宮の王女様』（横浜シネマ、1934年）[v28]において、まるで手描きアニメのような絵を作り出すことにまで成功している。

大胆に言ってしまえば、北山、下川、幸内の3人は、みな日本のアニメーションの確固たる基盤の確立には失敗したのだ。ただこれは、彼らが大会社の社長だったわけでも、豊かな資金源があったわけでもないからだ。欠点があったとか大変に不運であったということではない。山本早苗が回想しているとおり問題は予算であり、1週間以内に100mのフィルムを完成させなければ資金が底を突く状態だったという[293：24]（1930年の幸内は、50m未満の切り絵アニメーションを週に7日働いて何とか完成させるという状態だった[315]）。特にセルは1930年代に入るまで日本では高価すぎて扱えなかったため[155：336]、当時可能だった技術で、多数のアニメーション作品を輸入映画と戦えるだけの値段で制作するのはそもそも困難だった。海外の作品は、自国の市場で製作費用を回収した状態で輸入されてくるからだ。日本のアニメーション映画は、山本の言葉で言えば「興行的な作品は無理」だった[295：82]。

1917年から1918年にかけての日本のアニメの発展を考えるうえで、日活・天活・小林商会の3社は、パイオニア3人たちと同じくらい重要な存在だ（ジャスパー・シャープが、より一般的に日本の映画における監督と製作会社との関係性を論じている[240：43]）。日活と北山との間の契約がどのようなものであったかはわからないので、なぜどのように彼らが袂《たもと》を分かつことになったのかもわからない。小林喜三郎がなぜ1917年以後アニメーションに興味を持たなくなったのかも不明だが、私の思うところとしては、これらの各社とパイオニアたちは、自分たちの有する技術や技法、日本で調達可能な人材などを鑑みた場合に、日本のアニメーション映画が娯楽として存在する余地はない、という確信に至ったのだろう。

　もしかしたら3人のパイオニアが今日の日本アニメに与えている影響は、先に取りあげたアニメーション作品『活動写真』のそれと似たものかもしれない。つまり、あまり大きな影響はなかった。日本の映画業界における広告、教育、そして特殊効果といったニッチ市場へは影響を与えた一方で、日本のアニメ産業の確立という部分への貢献は薄い、ということを考えてほしい。もちろん、北山は山本早苗（善次郎）を、幸内は大藤信郎を助手として迎え、その後数十年の日本アニメ産業を持続的に形作っていく、いわば「夢を担《にな》う」人材を育《はぐく》んだという点は特筆しなければなるまいが、1930年代から1940年代にかけての大石郁雄や瀬尾光世《せおみつよ》に比べると、山本や大藤はあまり「産業的」な人物とは見なされていない。

　山本早苗は、こうした意味合いで取りあげられることも多い（たとえば［273：256］）。彼のアニメーションスタジオは1956年に東映に買収され、その後は東映動画（現・東映アニメーション株式会社）の中核を担ったわけで、この種の「夢」を初めて現実化した人物だからである。ただ、北山と東映アニメーションのつながり（［201］参照）、たとえば『サルとカニの合戦』と『ONE PIECE』（東映アニメーション、1999年〜）との間に連続性はあるかというと、そのつながりは極めて脆弱である。北山は、「アニメ産業」を形成する基礎にはなっていない。だから、山本に産業面について何かを伝授したということもない。山本の作品は、30年以上にもわたって映画館で上映され続けてきたが、彼は自身も書き残しているように、金銭の話を嫌っていた。津堅の二分論で考えるならば、彼は間違いなく作家でありアーティストであり、起業家でも商人でもない。山本が東映動画へスタジオを売却した理由は、単に彼の友人がもう資金を貸してくれなくなったからに過ぎない［295：124ff.］。

他がしくじっていく中、東映動画だけが成功したのはなぜか。私の個人的な見解は、これはその他大勢とも一致するところであろうけれど、社長・大川博《おおかわひろし》によるものだとしたい。ためらいなくスタジオの立ちあげへ多額の投資を行い、東映の巨大な配給網も活用した。運もあったろうが、日本のアニメ映画産業を立ちあげていくうえでは完璧なタイミングで適切な行動を取っていた。その過程で山本や北山の弟子たちは、アニメ産業において決定的に重要な役割を果たした。ただ、北山の下での修業がアニメの産業化に関して大きな役割を持ったわけではなかった。

要点をまとめよう。日本のアニメ作品（訳注＝「映画」ではなく、映像作品。第1章第2項参照）は1917年までには既に存在していた。少なくとも『活動写真』があったことは間違いなく、それはドイツのやり方に着想を得たものだった。最初に日本の劇場で公開された欧米のアニメーション作品は、エミール・コールの"Les Exploits de Feu Follet"、邦題『ニッパルの変形』であり、公開されたのは1912年4月である。だが他の輸入アニメーション映画やハイブリッド映像がこれより前から上映されていて、絵だけが動くアニメーション作品がこれより前に輸入されていた可能性もある。1914年以後、劇場で上映される輸入アニメーション映画が増えていき、また1916年以後にはアニメの具体的な制作手法に関する情報も入るようになった。

最初のアニメーション映画が公開されたのは1917年で、それは下川凹天の『凸坊新画帖 芋助猪狩の巻』であり、初上映が1917年1月であった可能性が高い（『凸坊新画帖 名案の失敗』はこの作品の別タイトルであろう）。少なくとも18本の日本のアニメーション映画が1917年中に発表され、1917年5月だけで少なくとも10本の輸入映画が上映された。天活での下川や、日活での北山清太郎、小林商会での幸内純一のように、国産映画はさまざまな技法を用いて作品を制作した。下川や北山による後日の回想とは異なり、実際のところ多くの技術はアメリカで制作されたアニメーション映画の手法に倣っていた。3人のパイオニアたちが「イノベーション」を起こしたとは言いがたいし、ブームを巻き起こして大成功したとも言いがたい［263：37］。1918年の夏までにはいくばくかのアニメーション作品を残したものの、北山と日活がすべての作品を公開し終えたあたりで、蜜月は終焉を迎えてしまう。下川や北山、幸内が成功しなかった要因を、彼ら個人や、当時の時代状況、製作会社の責任に帰してしまうというのは良い発想ではないだろう。

もしどうしても3人の特色を示すとするならば、幸内は切り絵アニメーション作家であり、それゆえ1930年代までの日本のアニメーションの基本となる技法を切り開いたと言える。他のふたりより長期間アニメーション制作に取り組んでもいた。日活時代の北山は、特に1918年に多くの作品を制作したことによって、もっとも生産的な作家となり得たし、また広告映画やおそらく教育映画についても新しい道を開くことに成功した。下川は、運よく3人の中で最初に劇場で公開されるアニメーション作品を制作することとなった。この本の準備をしている段階で、私はそんな風に理解していた。下川が最初のアニメーション映画を制作した時点とほぼ時を同じくして、他のふたりもせいぜいが数か月差で作品を発表しているのだから、「最初」ということにさほどの重みはないのでは、と述べる人たちは津堅だけではない［273：254］。

しかし、である。少し脱線させてもらえば、1963年1月1日に手塚治虫と虫プロは『鉄腕アトム』の第1話を放映した。各話25分の手描きアニメーションによるTVシリーズで、当時テレビで放映される日本の手描きアニメーションの中では最長の作品だった。しかしその年の第4四半期までには、他のプロダクションによって4本の手描きアニメTVシリーズが放映された［61：125］。TVシリーズのためにスタッフを探し出し確保し仕事を割り当て、最初のエピソードを制作しテレビ局と調整して放映時間枠を決定するのは、間違いなく手間のかかる仕事である。少なくとも、1917年にせいぜい5分程度の映画を2、3人で制作して映画館で上映するよりは。しかし一方、TCJ制作の『仙人部落』を、初の深夜アニメであり日本で2番目の手描きTVアニメーション番組であるとして、『鉄腕アトム』や手塚治虫をTVアニメのパイオニアだと讃《たた》えるのと同じ調子で語る人はいないのも事実である。

私が理解するかぎり、天活の下川は、日活・北山や小林商会・幸内と競い合っていたわけではない。下川と天活により最初のアニメーション映画が公開されたのを受けて、他のふたりは真剣にこのジャンルへの参入を検討するようになったのだろう。北山の最初のアニメは、アニメーション映画としては4番目か5番目だ。幸内の作品は8番目になる。下川と天活は、たまたま最初になったわけではない。彼らは日本でアニメーション映画の製作が可能であることということを我が身で示し、新たなフィールドを切り開いたのだ。30分のTV番組枠にちょうどよいTVシリーズを作れるということを手塚や虫プロが初めて示したのと同じことだ[86]。以上のように、北山や幸内が最初の作品を立ちあげる前に広く一般に知られるまでに至った下川と天活は、その点について高く評価されるべきである。

1900年代から1910年代までの日本のアニメーション映画は、欧米の影響を強く、しかしながら不完全に受けている。そしてしばらくの間、アメリカだけではなくドイツなどのアニメからも遅れを取ってきた。1918年8月以後に劇場公開された日本のアニメ作品は、確認されているかぎりでは１９２６年７月15日の新宿松竹館《しょうちくかん》まで存在しない（補注73）。大藤信郎による『馬具田《バグダ》城の盗賊』である［293：194／186］（P311図19）。この白黒の切り絵アニメーションは、色のついた千代紙を使い、オリジナルは30分の長さがあったという。ただし、現存している「ダイジェスト版」は14分しかない［200］。同じ頃、ロッテ・ライニガーの影絵アニメーションである『アクメッド王子の冒険』（コメニウスフィルム社、１９２６年）は66分の上映時間があり、ベルリンで公開された［233：134ff.／d1］。１９２９年に日本でこの作品が封切られた後、大藤信郎は、たまらず筆を取り、朝日新聞の記事で「新技巧は無数に挙げることができ」、「この種の映画でこれに匹敵するもののないのはもちろん、今後といえども当分は望み得るかどうか疑問」と絶賛している［208］。

20世紀の最初の20年間に作られた日本のアニメーション界は、戦中や戦後とも類似し接続している部分があるが、今日のアニメ界はもはや、その域をはるかに超えている。いくつかの端緒となる

86 この対比が完璧ではないという人はいるだろう。日本でもアニメ映画が制作できる状況は１９１７年までに整っていたが、手塚と『鉄腕アトム』抜きで日本のアニメが成立したとは思えない。

（補注73）木村白山作画・演出による『ノンキナトウサン竜宮参り』［10：6］が映画館で公開されていないのは、キャラクターの人気の高さや浦島太郎モチーフのキャッチーさを考えれば、不思議なところである。ただ、配給側の問題によって作品が上映されないというケースはあり、たとえば瀬尾光世の『王様のしっぽ』（日本漫画映画社、１９４９年）は政治性を危惧されて公開を見送られ、その後瀬尾はアニメの世界を離れている［293：51、238／63：345］。

形式や技法が輸入され、国内制作という方式も輸入されて始まった小さな世界は、本当に「産業」になってしまった。１００年前にはとても想像することもできなかっただろう。20世紀初頭の20年間のアニメーションが袋小路と断絶に至っていたとしても、これもまた、アニメの歴史に位置づけられるものであるのだ。

15

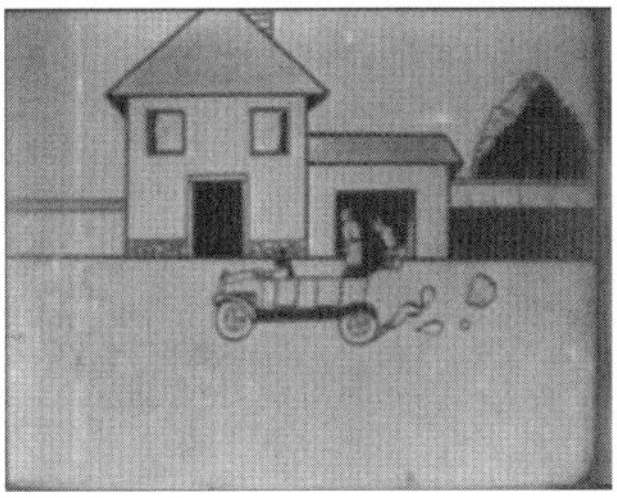

『桃太郎鬼ヶ島鬼退治』（玩具映画版）の1コマ（松本夏樹所蔵）

16

『浦島太郎』（玩具映画版）の1コマ。制作者不明（松本夏樹所蔵）

17

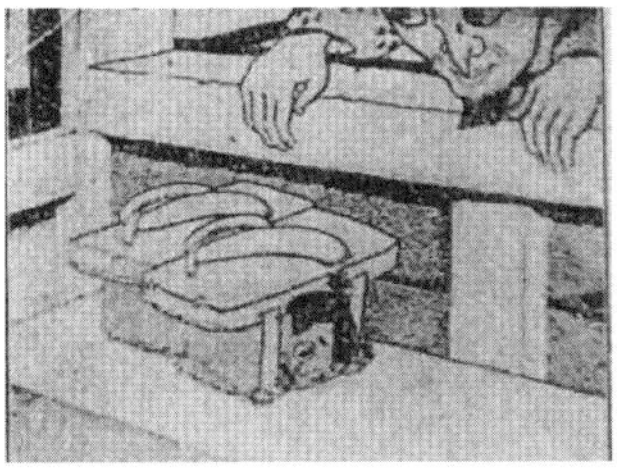

北山清太郎の『一寸法師』より、大臣の下駄に隠れる一寸法師。『幼年世界』1918年8巻5号の紹介記事［323］（大阪府立中央図書館国際児童文学館所蔵）

18

北山清太郎の『太郎の兵隊 潜航艇の巻』（1918年）より、花子と太郎［10:5］

19

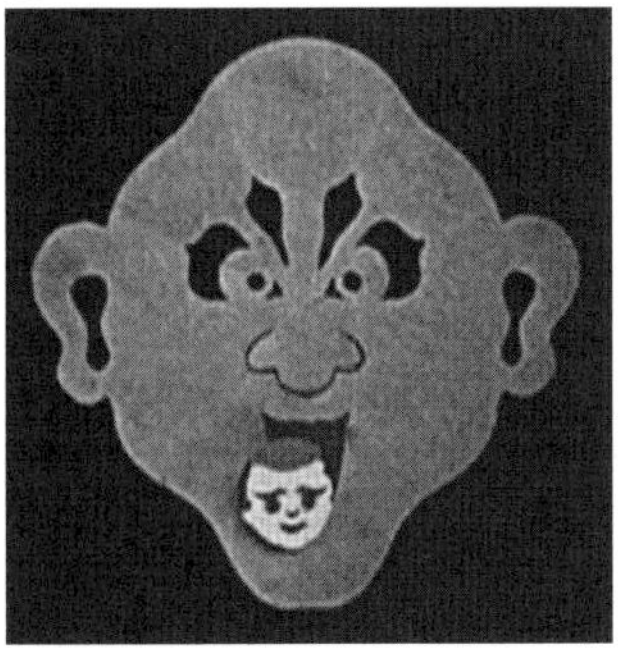

大藤信郎『馬具田（バグダ）城の盗賊』

謝辞

私の山のような質問に対して丁寧にかつ情熱的に応じてくださった松本夏樹氏に深く御礼を申し上げたい。また渡辺泰氏は、ご自身の発表前の研究まで快くご教示くださった。おふたりに加えて、福島可奈子氏、ダレン・ネメス氏、宮本久宣《みやもとひさのぶ》氏、大城宜武氏、トミー・ステーザス氏、安田彪氏の皆様からは、図版のご提供及び利用の許可をいただいた。ギュンター・ベック氏は原著の表紙デザインをご担当くださった。その他関係するすべての皆様に感謝を申し上げたい。

訳者あとがき

歴史の研究というものにはいろいろな手法があるが、ある時代のある場所で何があったのか、あったという記録もあるがそれは本当に事実なのか、といったことを複数のソースで確認し議論し結論を出し、その経緯《いきさつ》と確認された事象について淡々と並べていくというのは、歴史学の王道と言えるだろう。本書は、日本におけるアニメの確立に対して、極めて真摯に向きあった研究者による、初期日本アニメの丁寧な基礎史料への批判的研究書である。

本書は全編を通して淡々と硬質な筆致で進んでいく。アニメを称揚することもなく、政治的イデオロギーと接続するようなこともなく、既存の研究を用いながら史料を確認し批判的に歴史的事実を洗い出していこうとするものだ。もし本書を要約するというような作業をするならばそれはなかなかに困難であろうかとも思う。

しかし本書は楽しい。多数の矛盾する史料を突き合わせながら歴史的な事実を浮かびあがらせていくという構成は、何しろ作業自体が非常にスリリングだ。特にある程度評価が固まりつつある下川凹天や北山清太郎といった作家たちにまつわる史料を探り、確定的な事実を洗い出すという姿勢を徹底するリッテン氏の取り組みは、まるで難事件に挑む探偵のようにすら見えてくる。

先行していたドイツ語版とこの英語版とを比較しながら読んでいくと、細かな事実認定の山が少しずつ積みあがっていくことが一層よくわかる。事実を認定し推理を少しずつ進めていく名探偵そのものである。

何事も裏が取れるまで絶対に断言をしない姿勢を貫くリッテン氏が、本書の1段落・1文を書くまでに、どれほど多くの史料と調査を必要としているのか。そういうことにも思いを巡らせてみるのはアニメを歴史的に捉えるうえで大いに参考になるだろう。

本書は、初期アニメについてのポインタであるのみならず、アニメ史を研究するとはどういうことなのかということを理解するうえでも意義のある教科書である。歴史研究は、ミステリー小説の探偵のようなことができる、とても楽しい仕事なのだ。

■参考文献

[1] Adachi Gen 足立元 : Kusari o hikichigirō to suru otoko. “Kindai shisō” no sashi-e ni tsuite 鎖を引きちぎろうとする男。『近代思想』の挿絵について . In: Shoki shakaishugi kenkyū 初期社会主義研究 , 15, 2012, pp. 55–79.
[2] Adams, Eustace L.: The Secret of the Animated Cartoon. In: Popular science monthly, October 1915, pp. 443–444.
[3] The Advertiser (Adelaide): Amusement. 13 November 1911, p. 2.
[4] Akita Takahiro 秋田孝宏 : “Koma” kara “firumu” e. Manga to manga eiga「コマ」から「フィルム」へ。マンガとマンガ映画 . Tokyo: NTT, 2005.
[5] Angyasō 行脚僧 . Shi’nai kakukan meguri 市内各館めぐり . In: Katsudō gahō 活動畫報 , 1(3), 1917, pp. 188–189.
[6] Angyasō 行脚僧 . Shi’nai kakukan meguri 市内各館めぐり . In: Katsudō gahō 活動畫報 , 1(6), 1917, pp. 186–187.
[7] Angyasō 行脚僧 . Shi’nai kakukan meguri 市内各館めぐり . In: Katsudō gahō 活動畫報 , 1(7), 1917, pp. 184–185.
[8] Angyasō 行脚僧 . Shi’nai kakukan meguri 市内各館めぐり . In: Katsudō gahō 活動畫報 , 1(8), 1917, pp. 182–183.
[9] Angyasō 行脚僧 . Shi’nai kakukan meguri 市内各館めぐり . In: Katsudō gahō 活動畫報 , 1(9), 1917, pp. 182–183.
[10] Animēju henshūbu アニメージュ編集部 (ed.): The art of Japanese animation II: 70 years of theatrical films – Gekijō anime 70-nen shi 劇場アニメ 70 年史 . Tokyo: Tokuma Shoten 徳間書店 , 1989.
[11] Art Magazine Database by The University Museum, The University of Tokyo. http://umdb.um.u-tokyo.ac.jp/DBijutus/Zasshi/recordlist.php?-max=all&-action=findall&-skip=0
[12] Arusu shashin daikōza アルス写真大講座 . Tokyo: Arusu アルス , 1928. [Not seen! Metadata at http://dl.ndl.go.jp/info:ndljp/pid/1258462.]
[13] Asahi Shimbun 朝日新聞 : Kabukiza no koyaku shibai 歌舞伎座の子役芝居 . 23 March 1897, p. 7
[14] Asahi Shimbun 朝日新聞 : [advertisement by Yoshizawa Shōten 吉澤商店 .] 17 February 1904, p. 7.
[15] Asahi Shimbun 朝日新聞 : [advertisement by Yoshizawa Shōten 吉澤商店 .] 8 February 1905, p. 1.
[16] Asahi Shimbun 朝日新聞 : [advertisement by Konishi Honten 小西本店 .] 8 April 1905, p. 1.
[17] Asahi Shimbun 朝日新聞 : [advertisement by Ikeda Toraku 池田都樂 .] 18 November 1905, p. 5.
[18] Asahi Shimbun 朝日新聞 : Katsudō shashin dairyūkō 活動寫眞大流行 . 25 August 1908, p. 7.
[19] Asahi Shimbun 朝日新聞 : [cinema program.] 27 August 1908, p. 7.
[20] Asahi Shimbun 朝日新聞 : Natsumuki no omocha 夏向の玩具 . 20 June 1910, p. 6.
[21] Asahi Shimbun 朝日新聞 : Katsudō shashin to jidō (4) 活動寫眞と兒童（四）. 9 February 1912, p. 6.
[22] Asahi Shimbun 朝日新聞 : Shin jigyō no ryūkō 新事業の流行 . 1 April 1912, p. 3.
[23] Asahi Shimbun 朝日新聞 : Firumu seizō kaisha sōritsu フィルム製造會社創立 . 29 April 1912, p. 4.
[24] Asahi Shimbun 朝日新聞 : [advertisement by Nippon Katsudō Shashin KK 日本活動寫眞株式會社 .] 12 September 1912, p. 1.
[25] Asahi Shimbun 朝日新聞 : Hakubunkan no meiwaku 博文館の迷惑 . 9 July 1913, p. 4.
[26] Asahi Shimbun 朝日新聞 : [advertisement by Denkikan 電氣館 .] 15 March 1914, p. 7.
[27] Asahi Shimbun 朝日新聞 : [advertisement by Teikokukan 帝國館 .] 15 April 1914, p. 7.
[28] Asahi Shimbun 朝日新聞 : Engei bin 演藝瓶 . 29 July 1914, p. 7
[29] Asahi Shimbun 朝日新聞 : Bungei bijutsu 文藝美術 . 13 January 1915, p. 7.
[30] Asahi Shimbun 朝日新聞 : [advertisement by Teikokukan 帝國館 .] 6 June 1915, p. 5.
[31] Asahi Shimbun 朝日新聞 : [advertisement by Fujikan 富士館 .] 18 March 1916, p. 4.
[32] Asahi Shimbun 朝日新聞 : [advertisement by Yūrakuza 有樂座 .] 13 July 1916, p. 7.
[33] Asahi Shimbun 朝日新聞 : Kobayashi Kisaburō wa kongo dokuritsu eigyō itasu beku sōrō 小林喜三郎は今後独立営業可致候 . 13 October 1916, p. 6.
[34] Asahi Shimbun 朝日新聞 : [advertisement by Kobayashi Kōgyōbu 小林興行部 .] 5 November 1916, p. 6.
[35] Asahi Shimbun 朝日新聞 : Haru no kōgyōmono annai 春の興行物案内 . 30 December 1916, p. 4.
[36] Asahi Shimbun 朝日新聞 : [cinema program.] 10 January 1917, p. 7.
[37] Asahi Shimbun 朝日新聞 : [advertisement by Teikokukan 帝國館 .] 30 June 1917, p. 4.
[38] Asahi Shimbun 朝日新聞 : Katsudō torishimari iyoiyo kōfu 活動取締愈よ公布 . 12 July 1917, p. 5
[39] Asahi Shimbun 朝日新聞 : Katsudō shashin zutsū hachimaki 活動寫眞頭痛鉢巻 . 7 August 1917, p. 5.
[40] Asahi Shimbun 朝日新聞 : Katsudō shashin de kan’i hoken no kan’yū 活動寫眞で簡易保険の勧誘 . 12 August 1917, p. 5.
[41] Asahi Shimbun 朝日新聞 : [advertisement by Sanyūkan 三友館 .] 6 May 1918, p. 4.
[42] Asahi Shimbun 朝日新聞 : Eiga yori mo osoroshii kannai no akukanka 映畫よりも恐ろしい館内の悪感化 . 11 May 1918, p. 5.
[43] Asahi Shimbun 朝日新聞 : Katsudō shashin satsueijō yaku 活動寫眞撮影場焼く . 3 September 1918, p. 5.
[44] Asahi Shimbun 朝日新聞 : Bungei bijutsu 文藝美術 . 11 October 1918, p. 7.
[45] Asahi Shimbun 朝日新聞 : Katsudō tayori 活動たより . 28 December 1923, evening, p. 3.
[46] Asahi Shimbun 朝日新聞 : [advertisement by Zen Kantō Eiga Kyōkai 全關東映畫協會]. 9 July 1926, p. 11.
[47] Asahi Shimbun 朝日新聞 : Minasan ga daisukina „manga no katsudō“ dōshite tsukurareru ka? 皆さんが大好きな『漫畫の活動』どうして作られるか ? 19 March 1933, p. 5.
[48] Asahi Shimbun 朝日新聞 : Ugoku e de shi ya yume o – anime to torikumu Toritsu Hakuō kōsei 動く絵で詩や夢を アニメと取組む都立白鴎高生 . 19 September 1969, evening, p. 9.
[49] Auckland Star: [advertisements]. 1 April 1912, p. 12.
[50] Auckland Star: Amusement. 20 October 1914, p. 10.
[51] Auzel, Dominique: Emile Reynaud et l’image s’anima. Paris: Du May, 1992.
[52] Baecker, Carlernst; Haas, Dieter (eds.): Die anderen Nürnberger. Tech¬ni-sches Spielzeug aus der „Guten Alten Zeit“. Vol. 3: Eine Zusammenstellung alter Kataloge der Firmen [...] Ernst Plank [...]. Frankfurt: Hobby Haas, 1974.
[53] Bendazzi, Giannalberto: Animation. A world history. Vol. 1. Boca Raton/FL: CRC Press, 2016. [The essay on early Japanese animation on pp. 82–84 was written by Lisa Maya Quaianni Manuzzato.]
[54] Bing, Ignaz: Aus meinem Leben. Erinnerungen eines Nürnberger Umter¬neh¬mers und Höhlenforschers 1840–1918. Jülich: Verlag Marianne Cieslik, 2004.
[55] The Bioscope: The Nipper’s Transformations. 15 February 1912, p. xix.
[56] Brighton Toy Museum: The Brighton Toy and Model Index: Category: Georges Carette. http://www.brightontoymuseum.co.uk/info/Category: Georges_Carette
[57] The British Museum: Maekawa Senpan (前川千帆) (Biographical details). http://www.britishmuseum.org/research/search_the_collection_database/term_details.aspx?bioId=146144.
[58] Bruckner, Franziska: Hybrid image, hybrid montage: film analytical parameters for live action/animation hybrids. In: Animation. An inter-disciplinary journal, 10(1), 2015, pp. 22–41.
[59] Cavalier, Stephen: The world history of animation. London: Aurum Press, 2011.
[60] Cinematographes: Lapierre. http://cinematographes.free.fr/lapierre.html
[61] Clements, Jonathan: Anime. A history. Basingstoke: Palgrave Macmillan, 2013.
[62] Clements, Jonathan; Ip, Barry: The Shadow Staff: Japanese animators in the Toho Aviation Education Materials production office 1939–1945. In: Animation. An

interdisciplinary journal, 7(2), pp. 189–204.
[63] Clements, Jonathan; McCarthy, Helen: The Anime Encyclopedia. Third edition. Berkeley: Stone Bridge Press, 2015.
[64] CNC: Du praxinoscope au cellulo. Un demi-siècle de cinéma d'animation en France (1892–1948). Paris: Scope Éditions, 2007.
[65] Collier, Kevin Scott (comp.): Dreamy Dud. Wallace A. Carlson's animation classic. Burbank: Cartoon Research, 2017.
[66] Crafton, Donald: Emile Cohl, Caricature, and Film. Princeton: Princeton University Press, 1990.
[67] Crafton, Donald: Before Mickey. The animated film 1898–1928. Chica-go/IL: The University of Chicago Press, 1993.
[68] Davis, Northrop: Manga & Anime Go to Hollywood. New York, Bloomsbury Academic, 2016.
[69] De Roo, Henc R. A.: Cinematographs 1. http://www.luikerwaal.com/newframe_uk.htm?/kinematograaf_uk.htm
[70] De Vries, Tjitte; Mul, Ati: "They thought it was a marvel". Arthur Melbourne-Cooper (1874–1961) – pioneer of puppet animation. Amsterdam: Amster¬dam University Press, 2009.
[71] Dekobō 凸坊 : Bobī no nikki ボビーの日記 . Tokyo: Miyoshiya shoten 三芳屋書店 , 1912.
[72] Denison, Rayna: Anime. A critical introduction. London: Bloomsbury, 2015.
[73] Deutsches Filminstitut: Farbfilme aus der Sammlung des Deutschen Filminstituts. http://deutsches-filminstitut.de/wp-content/uploads/
2011/06/Farbfilme-aus-dem-DIF_Kurzfilmprogramm.pdf.
[74] Dewey, Donald: Buccaneer. James Stewart Blackton and the Birth of American Movies. Lanham: Rowman & Littlefield, 2016.
[75] Dym, Jeffrey A. Benshi, Japanese Silent Film Narrators, and Their Forgotten Narrative Art of Setsumei. A history of Japanese silent film narration. Lewiston: The Edwin Mellen Press, 2003.
[76] Eiga hyōron 映畫評論 : Manga eiga seisaku e no hōfu 漫畫映畫製作への抱負 . (7), 1934, pp. 40–41.
[77] Emile Cohl. L'Agitateur aux milles images 1908–1910. Booklet to the DVD collection 'Gaumont. Le Cinéma Premier 1907–1916. Volume 2: Emile Cohl, Jean Durand, L'Ecole des Buttes Chaumont. 2009.
[78] Exner, Eike: A Brief History of the Translation of American Comic Strips in Pre-World-War II Japan and the Origins of Contemporary Narrative Manga. In: International Journal of Comic Art, 18(2), 2016, pp. 156–174.
[79] Fukushima Kanako 福島可奈子 : "Shōnen sekai" no kōkoku ni miru kateiyō eizō kiki no hensen – gentō kara katsudō shashin e「少年世界」の広告にみる家庭用映像機器の変遷　幻燈から活動写真へ . In: Nihon eiga gakkai dai 12 kai taikai puroshīdingusu 日本映画学会第 12 回大会プロシーディングス , 2016, pp. 26–41. http://jscs.h.kyoto-u.ac.jp/proceedings-zenkoku-12.pdf.
[80] Furniss, Maureen: Animation. The global history. London: Thames & Hudson, 2017.
[81] Gebrüder Bing Aktiengesellschaft Nürnberg: Special-Preisliste über mechanische, optische und elektrische Lehrmittel und Spielwaaren. Ausgabe 1902.
[82] Gerow, Aaron: From Misemono to Zigomar. A discursive history of early Japanese cinema. In: Bean, Jennifer M.; Kapse, Anupama; Horak, Laura (eds.): Silent cinema and the politics of space. Bloomington: Indiana University Press, 2014, pp. 157–185.
[83] Gifford, Denis: British Animated Films, 1895–1985. Jefferson: McFarland & Company, 1987.
[84] Gonda Yasunosuke 權田保之助 : Katsudō shashin no genri oyobi ōyō 活動寫眞の原理及應用 . Tokyo: Uchida Rōkakuho 內田老鶴圃 , 1914.
[85] Greenberg, Raz: The Animated Text: Definition. In: Journal of Film and Video, 63(2), 2011, pp. 3–10.
[86] Hagihara Yukari 萩原由加里 : Masaoka Kenzō to sono jidai. "Nihon animēshon no chichi" no senzen to sengo 政岡憲三とその時代。「日本アニメーションの父」の戦前と戦後 . Tokyo: Seikyūsha 青弓社 , 2015.
[87] Hänselmann, Matthias C.: Der Zeichentrickfilm. Eine Einführung in die Semiotik und Narratologie der Bildanimation. Marburg: Schüren, 2016.
[88] Harrisson, Annie: Manga Histories: Beyond the paradigms of modernization and modernism. MA thesis, McGill University Montreal, 2016. http://digitool.library.mcgill.ca/webclient/DeliveryManager?pid=145511&custom_att_2=direct.
[89] Hayashi Tenpū 林天風 : Kyōto yori 京都より . Katsudō no sekai 活動の世界 , 2(4), 1917, p. 209.
[90] Herbert, Stephen: German home and toy magic lantern-cinema¬to-graphs. In: The new magic lantern journal, 5(2), 1987, pp. 11–15.
[91] Herbert, Stephen: An Indescribable "Something" …: The Magic Lantern and Colour. In: Living Pictures. The Journal of the Popular and Projected Image before 1914, 2(2), 2003, pp. 14–25.
[92] Hoffmann, Heike: Erziehung zur Moderne. Ein Branchenporträt der deutschen Spielwarenindustrie in der entstehenden Massenkonsumgesellschaft. Dissertation at Universität Tübingen, 2000.
[93] Hrabalek, Ernst: Laterna magica. Zauberwelt und Faszination des optischen Spielzeugs. München: Keyser, 1985.
[94] Hu, Tze-Yue G.: Frames of anime. Culture and image-building. Hong Kong: Hong Kong University Press, 2010.
[95] Ichini Sanshi 一二散史 : Sukina benshi kiraina benshi 好きな辯士嫌ひな辯士 . In: Katsudō gahō 活動畫報 , 1(1), 1917, pp. 72–73.
[96] Internet Movie Database: Rosie's Rancho. http://www.imdb.com/title/tt0327122/.
[97] Irie Yoshirō 入江良郎 : Nihon eigashi to Yoshizawa Shōten 日本映画史と吉澤商店 . In: Makino Mamoru 牧野守 (ed.): Meijiki eizō bunken shiryō koten shūsei 明治期映像文献資料古典集成 , vol. 2. Tokyo: Yumani Shobō ゆまに書房 , 2006, pp. 751–775.
[98] Ishida Keiko 石田圭子 : 1920~30 nendai Nihon ni okeru Jōji Gurosu no juyō o megutte 1920~30 年代日本におけるジョージ・グロスの受容をめぐって . In: Kokusai bunkagaku kenkyū: Kōbe Daigaku Daigakuin kokusai bunkagaku kenkyūka kiyō 国際文化学研究 : 神戸大学大学院国際文化学研究科紀要 , no. 45, 2015, pp. 1–25. http://www.lib.kobe-u.ac.jp/handle_kernel/81009194.
[99] Ishimaki Yoshio 石巻良夫 : Ō-Bei oyobi Nihon no eigashi 歐米及日本の映畫史 . Osaka: Puraton-sha プラトン社 , 1925.
[100] Iwaya Sazanami 巖谷小波 : Otsushu firumu ni tsuite 乙種映畫に就いて . In: Katsudō gahō 活動畫報 , 1(10), 1917, pp. 2–3.
[101] The Japan Weekly Mail : The Gaiety Cinematograph. LVII(12), 23 March 1912, p. 358.
[102] Japanese Cinema Database: Tsuki no henka no majutsu 月の変化の魔術 . http://www.japanese-cinema-db.jp/Details?id=43080.
[103] Japanese Cinema Database: Fushigi no odori 不思議の踊 . http://www.japanese-cinema-db.jp/Details?id=43131.
[104] Japanese Cinema Database: Shōgun Nogi 将軍乃木 . http://www.japanese-cinema-db.jp/Details?id=31872.
[105] Japanese Cinema Database: Hyōroku musha shugyō 兵六武者修行 . http://www.japanese-cinema-db.jp/Details?id=43343.
[106] Jeanmaire, Claude (ed.): Gebrüder Bing, Spielwaaren 1898. Deutsches Spielzeug „aus der guten alten Zeit". Villigen: Verlag Eisenbahn, 1992.
[107] Jo En 徐園 : Nihon ni okeru shinbun rensai kodomo manga no senzenshi 日本における新聞連載子ども漫画の戦前史 . Tokyo: Nihon Kyōhōsha 日本僑報社 , 2013.
[108] Judkins, Charlie: Early N.Y. animator profiles: John C. Terry. http://cartoonresearch.com/index.php/early-n-y-animator-profiles-john-c-terry/.
[109] Ka'ansei(?) 華鞍生 : Māku no satsueihō マークの撮影法 . In: Katsudō no sekai 活動之世界 , 1(12), 1916, pp. 18–19.
[110] Kabashima Eiichirō 樺島榮一郎 : Tōkī dōnyū ni yoru Nihon no eiga sangyō no henka トーキー導入による日本の映画産業の変化 . In: Sagami Joshi Daigaku kiyō, C, shakaikei

相模女子大学紀要、C、社会系 , 76, 2012, pp. 21–27.
[111] Kaeriyama Norimasa 帰山教正 . Katsudō shashingeki no sōsaku to satsueihō 活動寫眞劇の創作と撮影法 . (Second edition.) Tokyo: Seikōsha 正光社 , 1921.
[112] Katō Mikirō 加藤幹郎 : Eigakan to kankyaku no bunkashi 映画館と観客の文化史 . Tokyo: Chuokoron-shinsha 中央公論新社 , 2006.
[113] Katsudō gahō 活動畫報 : Hanashi no tane 話の種 . 1(3), 1917, pp. 152–153.
[114] Katsudō gahō 活動畫報 : Hanashi no tane 話の種 . 1(6), 1917, pp. 146–147.
[115] Katsudō gahō 活動畫報 : Hanashi no tane 話の種 . 1(8), 1917, p. 105.
[116] Katsudō gahō 活動畫報 : Fūkiri shashin gōhyō 封切寫眞合評 . 1(10), 1917, pp. 42–51.
[117] Katsudō gahō 活動畫報 : Fugōkaku to natta otushu eiga 不合格となった乙種映畫 . 1(10), 1917, pp. 163–164.
[118] Katsudō no sekai 活動之世界 : Gaikoku eiga 外國映畫 . 1(11), 1916, pp. 115–120.
[119] Katsudō no sekai 活動之世界 : Ichininmae no satsuei gishi to naru made 一人前の撮影技師となるまで . 2(4), 1917, pp. 33–36.
[120] Katsudō no sekai 活動之世界 : Kyōiku eiga "Ari to kōrogi" 教育映畫「蟻と蟋蟀」. 2(5), 1917, p. 49.
[121] Katsudō no sekai 活動之世界 : Dokusō geki hihyō 毒草劇批評 . 2(5), 1917, pp. 70–75.
[122] Katsudō no sekai 活動之世界 : Nihon katsudō joyū sōran 日本活動女優總覧 . 2(5), 1917, pp. 98–99.
[123] Katsudō no sekai 活動之世界 : Shitsugi ōtō – Nihon no bu 質疑應答 日本の部 . 2(5), 1917, pp. 224–225.
[124] Katsudō no sekai 活動之世界 : Shitsugi ōtō – Nihon no bu 質疑應答 日本の部 . 2(6), 1917, pp. 204–205.
[125] Katsudō no sekai 活動之世界 : Keihau tokubetsu tsūshin 京阪特別通信 . 2(7), 1917, pp. 162–163.
[126] Katsudō no sekai 活動之世界 : Firumu ichiran フィルム一覧 . 2(7), 1917, pp. 168–179.
[127] Katsudō no sekai 活動之世界 : Shitsugi ōtō – Nihon no bu 質疑應答 日本の部 . 2(7), 1917, pp. 196–197.
[128] Katsudō no sekai 活動之世界 : Nikkatsu Mukōjima no shin keikaku 日活向島の新計畫 . 2(7), 1917, p. 222.
[129] Katsudō no sekai 活動之世界 : Nikkatsu eiga no yushutsu 日活映畫の輸出 . 3(1), 1918, p. 31 [information received from Matsumoto Natsuki].
[130] Katsudō no sekai 活動之世界 : Katsudō shashin geppō 活動寫眞月報 Movie news. 3(2), 1918, p. 244 [information received from Matsumoto Natsuki].
[131] Katsudō shashin zasshi 活動寫眞雜誌 : Nihonmono 日本物 . 3(3), 1917, p. 113.
[132] Katsudō shashin zasshi 活動寫眞雜誌 : Nihonmono 日本物 . 3(4), 1917, pp. 53–54.
[133] Katsudō shashin zasshi 活動寫眞雜誌 : Nihonmono 日本物 . 3(5), 1917, p. 158.
[134] Katsudō shashin zasshi 活動寫眞雜誌 : Firumu ichiran (Gogatsuchū) フィルム一覧 (五月中). 3(7), 1917, pp. 76–83.
[135] Katsudō shashin zasshi 活動寫真雜誌 : Deko-chan unchū no ryokō no maki 凸坊雲中旅行の巻 . 3(7), 1917, p. 126.
[136] Katsudō shashin zasshi 活動寫眞雜誌 : Katsudō jihō 活動時報 . 3(7), 1917, p. 207.
[137] Katsudō shashin zasshi 活動寫眞雜誌 : Nihonmono 日本物 . 3(8), 1917, pp. 222–223.
[138] Katsudō shashin zasshi 活動寫眞雜誌 : Nihonmono 日本物 . 3(9), 1917, pp. 204–205.
[139] Katsudō shashin zasshi 活動寫眞雜誌 : Nihonmono 日本物 . 3(10), 1917, p. 184.
[140] Katsudō shashin zasshi 活動寫眞雜誌 : Nihonmono 日本物 . 3(11), 1917, p. 92.
[141] Katsudō shashin zasshi 活動寫眞雜誌 : Nihonmono 日本物 . 3(12), 1917, p. 106.
[142] Ketoru ケトル : Nihon no anime ga tanjō 日本のアニメが誕生 . 35, February 2017, pp. 66–69.
[143] The Kinema Record キネマ・レコード : [cinema program.] 2(11), 10 May 1914, p. 26.
[144] The Kinema Record キネマ・レコード : [cinema program.] 3(15), 10 September 1914, p. 26.
[145] The Kinema Record キネマ・レコード : [cinema program.] 3(17), 10 November 1914, p. 25.
[146] The Kinema Record キネマ・レコード : [cinema program.] 3(18), 10 December 1914, p. 21.
[147] The Kinema Record キネマ・レコード : [cinema program.] 4(19), 10 January 1915, pp. 28–34.
[148] The Kinema Record キネマ・レコード : [cinema program.] 4(20), 10 February 1915, p. 22.
[149] The Kinema Record キネマ・レコード : Kisha no koe 記者の聲 The Editor's Voice. 5(44), 10 February 1917, p. 96.
[150] The Kinema Record キネマ・レコード : Honpōsei firumu 本邦製フィルム Japanese films. 5(45), 10 March 1917, pp. 139–141.
[151] The Kinema Record キネマ・レコード : Honpōsei firumu 本邦製フィルム Japanese films. 5(48), 15 June 1917, pp. 301–309.
[152] The Kinema Record キネマ・レコード : Kobayashi Shōkai no soshiki henkō 小林商會の組織變更 . 5(50), October 1917, p. 6.
[153] The Kinema Record キネマ・レコード : Honpōsei firumu 本邦製フィルム Japanese films. 5(50), October 1917, pp. 25–26.
[154] The Kinema Record キネマ・レコード : Trade Notes of the Month. 5(51), December 1917, p. 5.
[155] Kitayama Seitarō 北山清太郎 : Sen'eiga no tsukurikata 線映畫の作り方 . In: Zen Nihon Katsuei Kyōiku Kenkyūkai 全日本活映教育研究会 (eds.): Eiga kyōiku no kiso chishiki 映画教育の基礎知識 . Tokyo: Zen Nihon Katsuei Kyōiku Kenkyūkai 全日本活映教育研究会 , 1930, pp. 321–341.
[156] Koga Futoshi 古賀太 : Meriesu wa itsu kara shirareteita no ka – Nihon ni okeru Meriesu kotohajime メリエスはいつから知られていたのか 日本におけるメリエス事始 . In: Iwamoto Kenji 岩本憲児 (ed.): Nihon eiga no tanjō 日本映画の誕生 . Tokyo: Shinwasha 森話社 , 2011, pp. 43–62.
[157] Komatsu Hiroshi: From natural colour to the pure motion picture drama. The meaning of Tenkatsu company in the 1910s of Japanese film history. In: Film history, 7(1), 1995, pp. 69–86.
[158] Kōuchi Jun'ichi 幸内純一 : Hangan yorimo Yuranosuke 判官よりも由良之助 . In: Nihon ichi 日本一 , 6, 1 April 1920, pp. 233–235.
[159] Kōuchi Jun'ichi 幸内純一 ; Ishida Ryūzō 石田龍藏 : Karadeppō. Jiji manga からでっぽう。時事漫畫 . Tokyo: Shōyōdō 松陽堂 , 1922.
[160] Koyama-Richard, Brigitte: Japanese animation. From painted scrolls to Pokémon. Paris: Flammarion, 2010.
[161] Kunikawa Y.: Eiga taitoru ichiran. <D–G> 映画タイトル一覧 . <D–G>. http://www015.upp.so-net.ne.jp/hp18fps/sub212.htm.
[162] Kunikawa Y.: Eiga taitoru ichiran. <Ta gyō> 映画タイトル一覧 . た行 . http://www015.upp.so-net.ne.jp/hp18fps/sub224.htm.
[163] Kyoto International Manga Museum: The Dawn of Nippon Animation – The pioneers of "moving cartoon". https://www.kyotomm.jp/en/event/exh_animationkotohajime/.
[164] Lebermann, Kurt: Die Konzentration der Bingwerke Nürnberg. Leipzig: A. Deichertsche Verlagsbuchhandlung Dr. Werner Scholl, 1924.
[165] Lenburg, Jeff: Who's Who in Animated Cartoons. New York: Applause Theatre & Cinema Books, 2006.
[166] Leong, Jane: Reviewing the "Japaneseness" of Japanese Animation. Genre theory and fan spectatorship. In: Cinephile, 7(1), 2011, pp. 20–25.
[167] Leskosky, Richard J.: Phenakiscope: 19th century science turned to animation. In: Film History, 5, 1993, pp. 176–189.
[168] Levy, Allen (ed.): The great toys of Georges Carette. A trade catalogue for mechanical, optical and electrical "teaching material" and toys (Lehrmittel und Spielwaren) first published by Georges Carette in 1911, with a supplement for 1905 and 1914. London: New Cavendish Books, 1975.
[169] Litten, Frederick S.: A mixed picture – Drawn

animation/live action hybrids worldwide from the 1960s to the 1980s. [München:] 2011. http://litten.de/fulltext/mixedpix.pdf.
[170] Litten, Frederick S.: On the earliest (foreign) animation films shown in Japanese cinemas. [München:] 2014 [first version on 4.1.2013]. http://litten.de/fulltext/nipper.pdf.
[171] Litten, Frederick S.: Some remarks on the first Japanese animation films in 1917. [München:] 2014 [first version on 1.6.2013]. http://litten.de/fulltext/ani1917.pdf.
[172] Litten, Frederick S.: Japanese color animation from ca. 1907 to 1945. [München:] 2014 [first version on 17.6.2014]. http://litten.de/fulltext/color.pdf.
[173] Litten, Freddy: Animationsfilm in Japan bis 1917. Die Anfänge des Anime und seine westlichen Wurzeln. Norderstedt: BoD, 2016.
[174] Lonjon, Bernard: Émile Reynaud. Le véritable inventeur du cinéma. n.p.: Éditions du Roure, 2007.
[175] López, Antonio: A new perspective on the first Japanese animation. In: CONFIA. International Conference in Illustration & Animation. Ofir: Edição IPCA, 2012, pp. 579–586.
[176] Lutz, E. G.: Animated Cartoons. How they are made, their origin and development. New York: Charles Scribner's Sons, 1920.
[177] Mainichi Shimbun 毎日新聞 : Nami ni noru animēshon jidai 波にのるアニメーション時代 . 25 February 1962, evening, p. 4.
[178] Maltin, Leonard: Of Mice and Magic. A history of American animated cartoons. Rev. edition. New York: Plume, 1987.
[179] Mannoni, Laurent; Pesenti Campagnoni, Donata: Lanterna magica e film dipinto. 400 anni di cinema. Torino: La Venaria Reale, 2010.
[180] Martinez, Omar O. Linares: Criteria for Defining Animation: A revision of the definition of animation in the advent of digital moving images. In: Animation. An interdisciplinary journal, 10(1), 2015, pp. 42–57.
[181] Massuet, Jean-Baptiste: L'invention française du dessin animé. Réflexions historiographiques autour de la figure d'Émile Cohl. In: Denis, Sébastien; Duchet, Chantal; et.al. (eds.): Archives et acteurs des cinémas d'animation en France. Paris: L'Harmattan, 2014. pp. 27–36.
[182] Matsumoto Natsuki 松本夏樹 : Eiga torai zengo no kateiyō eizō kiki – Gentō, animēshon, gangu eiga 映画渡来前後の家庭用映像機器　幻燈・アニメーション・玩具映画 . In: Iwamoto Kenji 岩本憲児 (ed.): Nihon eiga no tanjō 日本映画の誕生 . Tokyo: Shinwasha 森話社 , 2011, pp. 95–128.
[183] Matsumoto Natsuki: Private communication to the author on ...
[184] Matsumoto Natsuki 松本夏樹 ; Tsugata Nobuyuki 津堅信之 : Kokusan saiko to kangaerareru animēshon firumu no hakken ni tsuite 国産最古と考えられるアニメーションフィルムの発見について . In: Eizōgaku 映像学 – Iconics. Japanese journal of image arts and sciences, 76, 2006, pp. 86–105.
[185] Miyao Daisuke: Before "anime": animation and the Pure Film Movement in pre-war Japan. In: Japan Forum, 14(2), 2002, pp. 191–209.
[186] Miyao Daisuke: Thieves of Baghdad: Transnational networks of cinema and anime in the 1920s. In: Mechademia, 2, 2007, pp. 83–102.
[187] "Mizue" no sekai「みづゑ」の世界 . http://mizue.bookarchive.jp/kiji/kiji_2575.html.
[188] Moen, Kristian: Imagination and Natural Movement: The Bray Studios and the "Invention" on Animated Film. In: Film History. An International Journal, 27(4), 2015, pp. 130–150.
[189] Monbushō shakai kyōikubu 文部省社會教育部 (ed.): Kyōiku eiga mokuroku 教育映畫目録 . [Tokyo: Monbushō 文部省 , 1930]
[190] Monbushō shakai kyōikubu 文部省社會教育部 (ed.): Honpō eiga kyōiku no hattatsu 本邦映畫教育の発達 . Tokyo: Monbushō 文部省 , 1938.
[191] Mori Takuya 森卓也 : 'Atarashii dōga' (rimiteddo anime) no tanjō – "Purasu gomannen" nado ni tsuite 「あたらしい動画」(リミテッド・アニメ) の誕生『プラス五万年』などについて . In: Eiga hyōron 映画評論 , 18(12), 1961, pp. 46–49.
[192] Motion Pictures, 1912–1939. [Catalog of Copyright Entries.] Washington,DC: Library of Congress, 1951.
[193] The Moving Picture World: The Bottom of the Sea. 20(2), 11 April 1914, p. 212.
[194] The Moving Picture World: A Strenuous Ride. 20(2), 11 April 1914, p. 256.
[195] The Moving Picture World : "That Universal Program". 17 June 1916, p. 2019.
[196] Murayama Tenji 村山天兒 : Shin shashin hyōbanki 新寫眞評判記 . In: Katsudō gahō 活動畫報 , 1(1), 1917, pp. 142–151.
[197] National Film Center, the National Museum of Modern Art, Tokyo; Daibō Masaki 大傍正規 : Kōuchi Jun'ichi 幸内純一 : Namakuragatana なまくら刀 . http://animation.filmarchives.jp/works/view/100183.
[198] National Film Center, the National Museum of Modern Art, Tokyo: Seitaro Kitayama. http://animation.filmarchives.jp/en/writer06.html.
[199] National Film Center, the National Museum of Modern Art, Tokyo: Noburo Ofuji Memorial Museum – Biography and Filmography. http://animation.filmarchives.jp/en/oofuji1.html.
[200] National Film Center, the National Museum of Modern Art, Tokyo: Burglars of "Baghdad Castle". http://animation.filmarchives.jp/en/works/view/15479.
[201] National Film Center, the National Museum of Modern Art, Tokyo: FAQ about the films. http://animation.filmarchives.jp/en/aboutworks.html.
[202] Neupert, Richard: French Animation History. Chichester: Wiley-Blackwell, 2011.
[203] Nikkatsu KK 日活株式会社 (ed.): Nikkatsu gojūnenshi 日活五十年史 . Tokyo: 1962.
[204] Nikkatsu 日活 : Kanadehon Chūshingura 假名手本忠臣蔵 . http://www.nikkatsu.com/movie/11064.html.
[205] Nishimura Tomohiro 西村智弘 : Senzen no Nihon ni animēshon to iu gainen wa nakatta 戦前の日本にアニメーションという概念はなかった . In: Tama Bijutsu Daigaku kenkyū kiyō 多摩美術大学研究紀要 , 27, 2012, pp. 171–185.
[206] Novielli, Maria Roberta: Animerama. Storia del cinema d'animazione giapponese. Venezia: Marsilia Editori, 2015.
[207] Numata ? 沼田穰 : Posutā no machi ni tachite ポスターの衢に立ちて . In: Katsudō gahō 活動畫報 , 1(4), 1917, pp. 112–115.
[208] Ōfuji Noburō 大藤信郎 : Shin eiga hyō "Akumeddo ōji no bōken" 新映畫評「アクメッド王子の冒険」. In: Asahi Shimbun 朝日新聞 , 6 March 1929, p. 6.
[209] Oh Hye-Kyung 呉恵京 : Ōfuji Noburō ni okeru manga eiga no hyōgen bunseki 大藤信郎における漫画映画の表現分析 . In: Zaidan hōjin Tokuma ki'nen animēshon bunka zaidan nenpō 2009–2010 bessatsu – Heisei 20-nendo Animēshon bunka chōsa kenkyū katsudō josei seidō Kenkyū seika happyō 財団法人徳間記念アニメーション文化財団年報 2009–2010 別冊　平成 20 年度 アニメーション文化調査研究活動助成制度 研究成果発表 . [Tokyo: 2010,] pp. 10–49. http://www.ghibli-museum.jp/image/2010 助成論文 -2.pdf.
[210] Okamoto Manabu 岡本学 : Chokin isshin. "Ichimei" yūbin chokin ichiwari rishoku hiden 貯金一新。「一名」郵便貯金一割利殖秘傳 . Tokyo: Chokin Bunko 貯金文庫 , 1922.
[211] Okamoto Masao 岡本昌雄 : Murata Yasuji to manga eiga 村田安司と漫画映画 . In: Eiga terebi gijutsu 映画テレビ技術 , 472, December 1991, pp. 60–61.
[212] Okamoto Masao 岡本昌雄 : Murata Yasuji to manga eiga (owari) 村田安司と漫画映画 (終). In: Eiga terebi gijutsu 映画テレビ技術 , 480, August 1992, pp. 47–49.
[213] Okamura Shihō 岡村紫峰 : Wagahai wa firumu de aru 吾輩はフィルムである . Tokyo: Katsudō shashin zasshi-sha 活動寫眞雜誌社 , 1917.
[214] Okuda Yoshito 奥田義人 : Arasou hima ni kangaeyo 争ふ暇に考えよ . In: Katsudō no sekai 活動之世界 , 2(6), June 1917, pp. 5–6.
[215] Omocha Eiga Myūjiamu おもちゃ映画ミュージアム : Daiseikai!! Kokusan animēshon tanjō 100 shūnen kōen "Dekobō shingachō kara anime e" 大盛会!!国産アニメーショ

ン誕生100周年講演「凸坊新画帖からアニメへ」. http://toyfilm-museum.jp/blog/column/4885.html.
[216] Ōshima Hōsui 大島寶水 : Shoki no Nihonmono shashin 初期の日本物寫眞 . In: Katsudō gahō 活動畫報 , 1(5), 1917, pp. 78–80.
[217] Ōshiro Yoshitake 大城宜武 : Shimokawa Hekoten kenkyū (2) – Nihon ni okeru animēshon eiga no reimei 下川凹天研究（2） 日本におけるアニメーション映画の黎明 . In: Okinawa Kirisuto-kyō Tanki Daigaku kiyō 沖縄キリスト教短期大学紀要 , 24, 1995, pp. 63–74.
[218] Ōshiro Yoshitake 大城宜武 : Shimokawa Hekoten kenkyū (3) – Hekoten nenpu kōchū 下川凹天研究（3） 凹天年譜校註 . In: Okinawa Kirisuto-kyō Tanki Daigaku kiyō 沖縄キリスト教短期大学紀要 , 26, 1997, pp. 125–139.
[219] Ōshiro Yoshitake 大城宜武 : Okinawa manga shi, shiron – Okinawa manga no reimeiki 沖縄マンガ史・試論 – 沖縄マンガの黎明期 . In: Okinawa Kirisuto-kyō Gakuin Daigaku ronshū 沖縄キリスト教学院大学論集 , 7, 2010, pp. 29¬–38.
[220] Ōta Yoneo 太田米男 ; Matsumoto Natsuki 松本夏樹 : Omocha eiga to firumu ākaibu ni tsuite 玩具映画とフィルム・アーカイブについて . In: Geijutsu. Ōsaka Geijutsu Daigaku kiyō 藝術。大阪芸術大学紀要 , 25, 2002, pp. 165–179.
[221] Plank, Ernst: Die Nürnberg-Fürther Metallspielwaren-Industrie mit besonderer Berücksichtigung der optischen Metallspielwaren-Industrie. Dissertation at Universität Erlangen, 1922.
[222] Rakuyōsei(?) 落葉生 : Dekobō shingachō no seisakuhō. Saientekku Amerikan shosai 凸坊新畫帳の製作法。サイエンテックアメリカン所載 . In: Katsudō gahō 活動畫報 , 1(2), 1917, pp. 32–36.
[223] Richie, Donald: A hundred years of Japanese film. A concise history ... Revised edition. Tokyo: Kodansha International, 2005.
[224] Rifaux, Yves: A propos de l'invention du cinema d'animation. Annecy: JICA Diffusion, 1990.
[225] Risuto seisaku iinkai リスト制作委員会 (ed.): Animage Anime poketto dēta 2000 アニメージュ アニメポケットデータ 2000. Tokyo: Tokuma Shoten 徳間書店 , 2000.
[226] Robinson, David: Masterpieces of animation 1833–1908. Capolavori dell'animazione 1833–1908. Griffithiana. Rivista della Cineteca del Friuli, 14(43), 1991.
[227] Rosenbaum, Roman: Towards a Graphical Representation of Japanese Society in the Taishō Period: Jiji Manga in Shinseinen. In: Japan Review, 23, 2011, pp. 177–197.
[228] Sakuramura gyoshi 櫻村漁史 . Mūvī tōzachō ムーヴィー當座帳 . In: Katsudō gahō 活動畫報 , 1(4), 1917, pp. 132–133.
[229] Sano Akiko: Chiyogami, cartoon, silhouette. The transitions of Ōfuji Noburō. In: Yokota Masao; Hu, Tze-yue G. (eds.): Japanese animation. East Asian perspectives. Jackson: University Press of Mississippi, 2013, pp. 87–97.
[230] Satō Tadao 佐藤忠男 : Nihon eigashi 日本映画史 . Vol. 2. Tokyo: Iwanami shoten 岩波書店 , 1995.
[231] Satō Tadao 佐藤忠男 : Nihon eigashi 日本映画史 . Vol. 4. Tokyo: Iwanami shoten 岩波書店 , 1995.
[232] Savada, Elias (comp.): The American Film Institute Catalog of Motion Pictures produced in the United States. Vol. A: Film Beginnings, 1893–1910. Metuchen: The Scare Crow Press, 1996.
[233] Schoemann, Annika: Der deutsche Animationsfilm. Von den Anfän¬gen bis zur Gegenwart 1909–2001. Sankt Augustin: Gardez! Verlag, 2003.
[234] Schwarz, Bernhard J.: Carette, Georges – Nürnberg. http://www.zinnfiguren-bleifiguren.com/Firmengeschichten/Carette_Georges_Nuernberg/Carette_Nuernberg.html#Top.
[235] Scientific American: Animated cartoons in the making. 115(16), 1916, p. 354.
[236] Seeber, Guido: Der Trickfilm in seinen grundsätzlichen Möglichkeiten. Eine praktische und theoretische Darstellung des photographischen Filmtricks. Berlin: Verlag die „Lichtbühne", 1927.
[237] Sekizawa K.: News in English. In: The Kinema Record キネマ・レコード , 5(44), 10 February 1917, p. 77.
[238] Senst, Otto: Die Metallspielwarenindustrie und der Spielwarenhandel von Nürnberg und Fürth. Dissertation at Universität Erlangen, 1901.
[239] Sharp, Jasper: Forgotten roots of Japanimation: In praise of shadows. In: Film international, 4(3), July 2006, pp. 30–39.
[240] Sharp, Jasper: Behind the pink curtain. The complete history of Japanese sex cinema. Godalming/Surrey: FAB Press, 2008.
[241] Sharp, Jasper: Historical dictionary of Japanese cinema. Lanham: The Scarecrow Press, 2011.
[242] Shibata Masaru 柴田勝 : Tenkatsu, Kokkatsu no kiroku 天活、国活の記録 . Tokyo: 1973.
[243] Shibata Masaru 柴田勝 : Katsudō shashin o omo to shita watashi no jijoden (1) 活動写真を主とした私の自叙伝（一）. In: Eizōshi kenkyū 映像史研究 , (3), 1974, pp. 45–59.
[244] Shimizu Isao 清水勲 : Manga no rekishi 漫画の歴史 . Tokyo: Iwanami Shoten 岩波書店 , 1991.
[245] Shimizu Isao 清水勲 : Manga tanjō. Taishō demokurashī kara no shuppatsu マンガ誕生。大正デモクラシーからの出発 . Tokyo: Yoshikawa Kōbunkan 吉川弘文館 , 1999.
[246] Shimokawa Ōten 下川凹天 : Manga jinbutsu byōhō 漫畫人物描法 . Tokyo: Kōbunsha 弘文社 , 1925.
[247] Shimokawa Ōten 下川凹天 : Nihon saisho no manga eiga seisaku no omoide 日本最初の漫畫映畫製作の思ひ出 . In: Eiga hyōron 映畫評論 , (7), 1934, p. 39.
[248] Shirane, Haruo: Japan and the Culture of the Four Seasons. Nature, Literature, and the Arts. New York: Columbia University Press, 2012.
[249] Shōfūsei(?) 松風生 : Dekobō shingachō no hanashi 凸坊新畫帖の話 . In: Katsudō no sekai 活動之世界 , 1(11), 1916, pp. 28–31.
[250] Shōji Tamaichi 小路玉一 : Katsudō shashin no chishiki 活動寫眞の知識 . Tokyo: Seibundō shoten 誠文堂書店 , 1927.
[251] Solomon, Charles: The history of animation. Enchanted drawings. New York: Random House, 1994.
[252] Stathes, Tommy José: The Bray Studios of New York City. http://brayanimation.weebly.com/studio-history.html.
[253] Stathes, Tommy José: Col. Heeza Liar (1913–1917; 1922–1924). http://brayanimation.weebly.com/colonel-heeza-liar.html.
[254] Stingray Co., Ltd; Nichigai Associates (eds.): Anime sakuhin jiten アニメ作品事典 . Dictionary of Animation Works. Tokyo: Nichigai Asoshiētsu 日外アソシエーツ , 2010.
[255] Sugii Gisaburō 杉井ギサブロー : Anime to seimei to hōrō to. 'Atomu' 'Tatchi' 'Ginga Tetsudō no Yoru' o nagareru hyōgen no keifu アニメと生命と放浪と「アトム」「タッチ」「銀河鉄道の夜」を流れる表現の系譜 . Tokyo: Wanibukkusu ワニブックス , 2012.
[256] Sugimoto Gorō 杉本五郎 : Eiga o atsumete. Kore ga densetsu no Sugimoto Gorō da 映画をあつめて。これが伝説の杉本五郎だ . Edited by Namiki Takashi なみきたかし . Tokyo: Heibonsha 平凡社 , 1990.
[257] Supreme Court Appellate Division – First Department. Grace Humiston, Plaintiff-Respondent, against Universal Film Manufacturing Company and Universal Film Exchange of New York, Inc., Defendants-Appellants. Papers on Appeal. New York: Chas. P. Young Co., 1917.
[258] Tajima Ryōichi 田島良一 : Kōgyōshi no jidai to Kobayashi Kisaburō 興行師の時代と小林喜三郎 . In: Iwamoto Kenji 岩本憲児 (ed.): Nihon eiga no tanjō 日本映画の誕生 . Tokyo: Shinwasha 森話社 , 2011, pp. 241–272.
[259] Takahata Isao 高畑勲 : Jūni seiki no animēshon. Kokuhō emakimono ni miru mangateki, animeteki naru mono 十二世紀のアニメーション。国宝絵巻物に見る漫画的・アニメ的なるもの . Tokyo: Tokuma shoten 徳間書店 , 1999.
[260] Tamura 田村 : Firumu kenbutsu. Shigatsu no maki フィルム見物　四月の巻 . In: The Kinema Record キネマ・レコード , 5(47), 15 May 1917, pp. 239–240.
[261] Tanaka Jun'ichirō 田中純一郎 . Nihon eiga hattatsushi 日本映画発達史 . Vol. 1: Katsudō shashin jidai 活動写真時代 . Tokyo: Chūō Kōron-sha 中央公論社 , 1975.
[262] Tanaka Jun'ichirō 田中純一郎 . Nihon eiga hattatsushi 日本映画発達史 . Vol. 4: Shijō saikō no eiga jidai 史上最高の映画時代 . Tokyo: Chūō Kōron-sha 中央公論社 , 1976.

[263] Tanaka Jun'ichirō 田中純一郎 : Nihon kyōiku eiga hattatsushi 日本教育映画発達史 . Tokyo: Kagyūsha 蝸牛社 , 1979.
[264] Tavassi, Guido: Storia dell'animazione giapponese. Autori, arti, industria, successo dal 1917 a oggi. Latina: Tunué, 2012.
[265] Terasaki Kōgyō 寺崎廣業 : Dekobō shingachō to Kinemakarā 凸坊新畫帖とキネマカラー . In: Katsudō no sekai 活動之世界 , 1(1), 1916, pp. 100–103.
[266] Tokyo International Anime Fair 2006. "Nihon no anime o tsukutta 20 nin" shōkai「日本のアニメをつくった 20 人」紹介 . http://www.t-ds.info/work/taf2006/ja/news_a/20050923_02.html.
[267] Tōkyō Nichinichi Shinbun 東京日日新聞 : Tsuta-za no katsudō daishashin 蔦座の活動大寫眞 . 15 May 1897, p. 4.
[268] Tomita Mika 富田美香 ; Matsumoto Natsuki 松本夏樹 ; Kozaki Taiji 小崎泰嗣 : Eizō bunka no ichichōryū – mō hitotsu no, gokushō katsu bōdaina eizōshi 映像文化の一潮流 もう一つの、極小かつ膨大な映像史 . In: Art Research アート・リサーチ , 8, 2008, pp. 1–14.
[269] Toya Hakuu 戸谷白羽 : Manga to Nihonjin 漫畫と日本人 . Asahi Shimbun 朝日新聞 : 24 September 1917, p. 3.
[270] Toyoda Chiake 豊田千明 : Shōwa Joshi Daigaku toshokanzō "Shōjo gahō" kaidai to mokuji (jō) 昭和女子大学図書館蔵『少女画報』解題と目次（上）. In: Gakuen 学苑 , 845, 1 March 2011, pp. 72–95.
[271] Tsugata Nobuyuki: Research on the achievements of Japan's first three animators. In: Asian Cinema, Spring/Summer 2003, pp. 13–27.
[272] Tsugata Nobuyuki 津堅信之 : Nihon animēshon no chikara. 80 nen no rekishi o tsuranuku 2-tsu no jiku 日本アニメーションの力。80 年の歴史を貫く 2 つの軸 . Tokyo: NTT, 2004.
[273] Tsugata Nobuyuki 津堅信之 : Nihonhatsu no animēshon sakka Kitayama Seitarō 日本初のアニメーション作家北山清太郎 . Kyoto: Rinsen Shoten 臨川書店 , 2007.
[274] Tsugata Nobuyuki 津堅信之 : Nihon no shoki animēshon no shosō to hattatsu 日本の初期アニメーションの諸相と発達 . In: Anime wa ekkyō suru アニメは越境する . Tokyo: Iwanami Shoten 岩波書店 , 2010, pp. 9–30.
[275] Tsugata Nobuyuki 津堅信之 : Anime no rekishi アニメの歴史 . In: Takahashi Mitsuteru 高橋光輝 ; Tsugata Nobuyuki 津堅信之 (eds.): Anime gaku アニメ学 . Tokyo: NTT, 2011, pp. 24–44.
[276] Tsugata Nobuyuki: A bipolar approach to understanding the history of Japanese animation. In: Yokota Masao; Hu, Tze-yue G. (eds.): Japanese animation. East Asian perspectives. Jackson: University Press of Mississippi, 2013, pp. 25–33.
[277] Tsugata Nobuyuki 津堅信之 : Shinpan Animēshon-gaku nyūmon 新版 アニメーション学入門 . Tokyo: Heibonsha 平凡社 , 2017.
[278] Tsuruya Makoto 鶴谷真 : Nihon animeshi: Shinsetsu, "saiko" wa Shimokawa Ōten betsu sakuhin 日本アニメ史 : 新説、「最古」は下川凹天別作品 . In: Mainichi Shimbun 毎日新聞 , 8 July 2013, evening, p. 5.
[279] Unno Kōtoku 海野幸徳 : Gakkō to katsudō shashin 學校と活動寫眞 . Tokyo: Naigai shuppan 内外出版 , 1924.
[280] Urban, Charles: Terse History of Natural Colour Kinematography. [Introduced by Luke McKernan.] In: Living Pictures. The Journal of the Popular and Projected Image before 1914, 2(2), 2003, pp. 59–68.
[281] Wakayama Kenritsu Kindai Bijutsukan 和歌山県立近代美術館 (ed.): Ugokidasu! Kaiga 動き出す! 絵画 . Wakayama: Wakayama Kenritsu Kindai Bijutsukan 和歌山県立近代美術館 , 2016. [Exhibition pamphlet; slightly different from its English version: Paintings GO Motion! Kitayama Seitaro and Artists in the Taisho Era.]
[282] Watanabe Takeo 渡辺武男 : Sugamo satsueijo monogatari. Tenkatsu, Kokukatsu, Kawai, Daito o kakenuketa eigajintachi 巣鴨撮影所物語。天活・国活・河合・大都を駆け抜けた映画人たち . Tokyo: Nishida Shoten 西田書店 , 2009.
[283] Watanabe Yasushi 渡辺泰 : Nihon de sekaihatsu no animēshon ga kōkai sareta kanōsei ni tsuite no kōsatsu 日本で世界初のアニメーションが公開された可能性についての考察 . In: Animēshon kenkyū アニメーション研究 – The Japanese Journal of Animation Studies, 3(1A), 2001, pp. 17–24.
[284] Watanabe Yasushi 渡辺泰 : Meiji makki kara Taishō shoki ni kakete kōkai sareta gaikoku anime 明治末期から大正初期にかけて公開された外国アニメ . January 2013. (Manuscript.)
[285] Watanabe Yasushi 渡辺泰 : 1917 (Taishō 6) nen paionia 3-ningumi seisaku animēshon 1917（大正 6）年パイオニア 3 人組制作アニメーション . May 2013. (Manuscript.)
[286] Watanabe Yasushi 渡辺泰 : Kitayama Seitarō seisaku "Urashima Tarō" no shin shiryō hakken ni tsuite 北山清太郎制作『浦島太郎』の新資料発見について . In NFC Newsletter, 132, 2017, p. 12.
[287] Watanabe Yasushi 渡辺泰 , Daitoku Tetsuo 大徳哲雄 , Kimura Tomoya 木村智哉 : Nihon no animēshon kenkyū 1: Nihon no anime taizen. Kokusan shōgyō animēshon eiga dai ichi gō ni kan suru chōsa repōto. 2017/01/01 chūkan hōkoku 日本のアニメーション研究 1: 日本のアニメ大全 国産商業アニメーション映画第一号に関する調査レポート 2017/01/01 中間報告 . http://anime100.jp/series.html.
[288] Wells, Brian: Frame of reference: toward a definition of animation. In: Animation Practice, Process & Production, 1(1), pp. 11–32.
[289] The West Australian: Amusements. 2 December 1908, p. 1.
[290] Wikipedia (eng.): Antony and Cleopatra (1913). https://en.wikipedia.org/wiki/Antony_and_Cleopatra_(1913_film).
[291] Wikipedia (jap.): Kanai Kiichirō 金井喜一郎 . https://ja.wikipedia.org/wiki/ 金井喜一郎 .
[292] Yamaguchi Katsunori 山口且訓 : Kōuchi Jun'ichi-san no koto 幸内純一さんのこと . In: Eiga hyōron 映画評論 , 28(1), 1971, p. 96.
[293] Yamaguchi Katsunori 山口且訓 ; Watanabe Yasushi 渡辺泰 : Nihon animēshon eigashi 日本アニメーション映画史 . Osaka: Yūbunsha 有文社 , 1977.
[294] Yamaguchi Yasuo 山口康男 : Nihon no anime zenshi. Sekai o sei shita Nihon anime no kiseki 日本のアニメ全史。世界を制した日本アニメの奇跡 . Tokyo: Ten-Books, 2004.
[295] Yamamoto Sanae 山本早苗 : Manga eiga to tomo ni 漫画映画と共に . Tokyo: 1982.
[296] Yokoyama Ryūichi Ki'nen Manga-kan. Jōsetsu tenji zuroku 横山隆一記念まんが館 . 常設展示図録 . Takachi: Yokoyama Ryūichi Ki'nen Manga-kan, 2002.
[297] Yomiuri Shimbun 読売新聞 : Katsudō shashin 活動寫眞 . 3 March 1897, p. 4.
[298] Yomiuri Shimbun 読売新聞 : [advertisement by Yoshizawa Shōten 吉澤商店 .] 3 November 1903, p. 42.
[299] Yomiuri Shimbun 読売新聞 : [advertisement by Yoshizawa Shōten 吉澤商店 .] 25 February 1905, p. 6.
[300] Yomiuri Shimbun 読売新聞 : [advertisement by Yoshizawa Shōten 吉澤商店 .] 20 March 1906, p. 4.
[301] Yomiuri Shimbun 読売新聞 : [advertisement by Yoshizawa Shōten 吉澤商店 .] 17 November 1908, p. 2.
[302] Yomiuri Shimbun 読売新聞 : Denkikan no san daishashin 電氣館の三大寫眞 . 26 February 1915, p. 7.
[303] Yomiuri Shimbun 読売新聞 : Seruroido to bunmei セルロイドと文明 . 24 March 1916, p. 5.
[304] Yomiuri Shimbun 読売新聞 : Yūrakuza no dekobōkai 有樂座の凸坊會 . 14 July 1916, p. 5.
[305] Yomiuri Shimbun 読売新聞 : Yabuiri ni wa rensageki 藪入りには連鎖劇 . 15 July 1916, p. 4.
[306] Yomiuri Shimbun 読売新聞 : Dekobō taikai 凸坊大會 . 13 January 1917, p. 5.
[307] Yomiuri Shimbun 読売新聞 : Kobayashi Kōgyōbu sashiosaeraru 小林興行部差押へらる . 6 April 1917, p. 5.
[308] Yomiuri Shimbun 読売新聞 : Tenkatsu to Kobayashi wakai 天活と小林和解 . 25 April 1917, p. 5.
[309] Yomiuri Shimbun 読売新聞 : Katsudō torishimari enki no chinjō 活動取締延期の陳情 . 26 July 1917, p. 5.
[310] Yomiuri Shimbun 読売新聞 : Shokun no gekkyū ga agarimasu 諸君の月給が上がります . 2 August 1917, p. 5.
[311] Yomiuri Shimbun 読売新聞 : Firumu no kawari ni zasshi 映畫の代わりに雜誌 . 26 September 1917, p. 5.
[312] Yomirui Shimbun 読売新聞 : [advertisement by Ōkura

Jūhōten 大倉銃砲店.] 29 October 1917, p. 1.
[313] Yomiuri Shimbun 読売新聞: Shinkan shōkai 新刊紹介. 16 February 1925, p. 4.
[314] Yomiuri Shimbun 読売新聞: Kinema sunshin キネマ寸信. 7 October 1930, p. 10.
[315] Yomiuri Shimbun 読 売 新 聞: Manga firumu no seisakuhō o kaiso Kōuchi Jun'ichi-shi ga hanashite kureru 漫画フィルムの製作法を開祖幸内純一氏が話してくれる. 20 October 1930, evening, p. 5.
[316] Yomiuri Shimbun 読売新聞: Yomiuri manga よみうりマンガ. Kyōdō seisaku 共同製作. 13 June 1932, evening, p. 3.
[317] Yomiuri Shimbun 読売新聞: Kuri Yōji-ra no animēshon 久里洋二らのアニメーション. 22 November 1960, evening, p. 3.
[318] Yomiuri Shimbun 読売新聞: [advertisement for Sen'ya ichiya monogatari 千夜一夜物語.] 12 June 1969, evening, p. 12.
[319] Yomiuri Shimbun 読売新聞: Shimokawa Ōten shi 下川凹天氏. 31 May 1973, p. 23.
[320] Yomota Inuhiko 四方田犬彦: Nihon eigashi 110 nen 日本映画史 110 年. Tokyo: Shūeisha 集英社, 2014.
[321] Yōnen sekai 幼年世界: Urashima Tarō 浦島太郎. 8(3), 1918 [copy without page numbers received from Watanabe Yasushi].
[322] Yōnen sekai 幼年世界: Kintarō 金太郎. 8(4), 1918 [copy without page numbers received from Matsumoto Natsuki].
[323] Yōnen sekai 幼年世界: Issun-bōshi 一寸法師. 8(5), 1918 [copy without page numbers received from Matsumoto Natsuki].
[324] Yōnen sekai 幼年世界: Tsubame monogatari 燕物語. 8(6), 1918 [copy without page numbers received from Matsumoto Natsuki].
[325] Yōnen sekai 幼年世界: Tarō no heitai – Senkōtei no maki 太郎の兵隊 潜航艇の巻. 8(10), 1918 [copy without page numbers received from Matsumoto Natsuki].
[326] Yoshiyama Kyokkō 吉山旭光: Nihon eigakai jibutsu kigen 日本映畫界事物起源. Tokyo: "Shinema to Engei"-sha「シネマと演藝」社, 1933. [Reprint: Tokyo: Yumani Shobō ゆまに書房, 2006.]
[327] Yoshiyama Kyokkō 吉山旭光: Nihon eigashi nenpyō 日本映画史年表. Tokyo: Eiga Hōkokusha 映畫報國社, 1940. [Reprint: Tokyo: Yumani Shobō ゆまに書房, 2006.]
[328] Yoshizawa Shōten 吉澤商店: Katsudō shashin kikai dō firumu (renzoku shashin) teikahyō 活動寫眞器械同フィルム(連続寫眞)定價表. Tokyo: Yoshizawa Shōten, 1905. [Reprint: Tokyo: Yumani Shobō ゆまに書房, 2006.]
[329] Yoshizawa Shōten 吉澤商店: Katsudō shashin kikai dō firumu (renzoku shashin) teikahyō 活動寫眞器械同フィルム(連續寫眞)定價表. Tokyo: Yoshizawa Shōten, 1907. [Reprint: Tokyo: Yumani Shobō ゆまに書房, 2006.]
[330] Yoshizawa Shōten 吉澤商店: Fukkoku Patē Kaisha sei Eikoku Aruban Kaisha sei Sono ta sho kaisha sei Katsudō shashin firumu seikahyō 佛國パテー會社製英國アルバン會社製其他諸會社製活動寫眞フィルム正價表. Tokyo: Yoshizawa Shōten, 1908. [Reprint: Tokyo: Yumani Shobō ゆまに書房, 2006.]
[331] Yoshizawa Shōten 吉澤商店: Katsudō shashin kikai dō firumu (renzoku shashin) teikahyō 活動寫眞器械同フィルム(連續寫真)定價表. Tokyo: Yoshizawa Shōten, 1910. [Reprint: Tokyo: Yumani Shobō ゆまに書房, 2006.]
[332] Yume(?) 夢: Wasei kāton, komedi o miru 和製カートン、コメデイを見る. In: The Kinema Record キネマ・レコード, 5(49), 15 July 1917, p. 339.

DVDs

[d1] Die Abenteuer des Prinzen Achmed. (Die Klassiker von Lotte Reiniger.) absolut Medien, 2005.
[d2] The Roots of Japanese Anime. Until the end of World War II. Zakka Films, 2008.
[d3] Von tanzenden Zigaretten und Elchen. Der deutsche Animationsfilm in Werbung und Musikvideo. (Curated by Ulrich Wegenast.) absolut Medien, 2011.
[d4] Cartoon Roots: the Bray Studios animation pioneers. Cartoons on Film, 2016.

Movies/films on the internet:

[v1] https://archive.org/details/The_Impossible_Voyage
[v2] https://archive.org/details/ThePuppetsNightmare
[v3] https://archive.org/details/LeRetapeurDeCervelles
[v4] https://archive.org/details/LeReveDesMarmitons
[v5] https://archive.org/details/Levoyagedanslalune
[v6] http://animation.filmarchives.jp/en/works/view/43609 [Eiga enzetsu]
[v7] http://animation.filmarchives.jp/en/works/view/42168 [Nansensu monogatari]
[v8] http://animation.filmarchives.jp/works/view/41087 [Nihon-ichi Momotarō]
[v9] http://animation.filmarchives.jp/en/works/view/43683 [Saru kani gassen; Murata]
[v10] http://animation.filmarchives.jp/works/view/72126 [Urashima Tarō)
[v11] http://animation.filmarchives.jp/en/works/view/42154 [Usagi to kame; Yamamoto]
[v12] http://www.toverlantaarn.eu/celluloid_32.html [Magician]
[v13] http://www.toverlantaarn.eu/celluloid_34.html [Gymnastics]
[v14] http://www.toverlantaarn.eu/celluloid_37.html [A Good Drop]
[v15] https://www.youtube.com/watch?v=g8SMIiQZUcs [The Astronomer's Dream]
[v16] https://www.youtube.com/watch?v=kzKcVFjo45s [Le chevalier mystère]
[v17] https://www.youtube.com/watch?v=heYi4C7AMUE [La cigale et la fourmi]
[v18] https://www.youtube.com/watch?v=JwxEnVCex0M [Les exploits de feu follet]
[v19] https://www.youtube.com/watch?v=aEAObel8yIE [Fantasmagorie]
[v20] https://www.youtube.com/watch?v=MDRaPC4EXpo [The Haunted Hotel; Blackton]
[v21] https://www.youtube.com/watch?v=7W2KItoS3Ww [How Animated Cartoons Are Made]
[v22] https://www.youtube.com/watch?v=LHXzVufTX_8 [Humorous Phases of Funny Faces]
[v23] https://www.youtube.com/watch?v=UN3jvV0GGYA [loop films]
[v24] https://www.youtube.com/watch?v=o8oArgBopVY [The Montreal Herald Screen Magazine, 7, 1919; part 2; Hy Mayer]
[v25] https://www.youtube.com/watch?v=LI4tuBJ7TMY [La musicomanie]
[v26] https://www.youtube.com/watch?v=426mqlB-kAY [Pauvre Pierrot]
[v27] https://www.youtube.com/watch?v=wXgWt7s6Vuc [Strekoza i muravej]
[v28] https://www.youtube.com/watch?v=ZC7o00tOcCQ [Tsuki no miya no ōjosama]
[v29] https://www.youtube.com/watch?v=2OFuDv6u56o [Urashima Tarō; toy film 1930s]
[v30] https://www.youtube.com/watch?v=vLYLiFYkMsw [Urashima Tarō; 1931]

■下川凹天作品フィルモグラフィ

作成：渡辺泰

	劇場公開題名	製作会社	公開劇場	公開年月日	摘要
1	凸坊新畫帖　芋助猪狩の巻	天活（＝天然色活動寫眞株式會社）	キネマ倶樂部	1917.1	『凸坊新畫帖　芋助猪狩の巻』と『凸坊新畫帖　名案の失敗』は同一作品と思われる。
2	凸坊新畫帖　名案の失敗	天活	キネマ倶樂部	1917.2月上旬	
3	芋川椋三　玄關番の巻	天活	キネマ倶樂部	1917.4	
4	茶目坊新畫帖　蚤の仇討（別題：蚤夫婦仕返しの巻）	天活	キネマ倶樂部	1917.4.21	
5	芋川椋三　宙返りの巻	天活	キネマ倶樂部	1917.5月中旬	『芋川椋三　宙返りの巻』と『芋川椋三　空氣球の巻』は同一作品と思われる。
6	芋川椋三　空氣球の巻	天活	大勝館	1917.5.21	
7	兎と亀	天活	大勝館	1917.7.14	
8	芋川椋三　チャップリンの巻	天活	キネマ倶樂部	1917.7.14	
9	茶目坊の魚釣（別題：芋川椋三釣の巻）	天活	キネマ倶樂部	1917.9.9	
10	文展の巻	（天活）			『文展の巻』及び『お鍋と黒猫の巻』の2作とも、撮影は行われたらしいが、公開記録は不明。
11	お鍋と黒猫の巻	（天活）			

■北山清太郎作品フィルモグラフィ

	劇場公開題名	製作会社	公開劇場	公開年月日	摘要
1	猿蟹合戦（別題：サルとカニの合戦、ほか）	日活向島（日活＝日本活動寫眞株式會社）	淺草オペラ館	1917.5.20	黒板にチョークで絵を描き、1コマ撮影すると、動きを消して新しい動きを描き、アニメ化したと推測される。
2	夢の自働車（原文ママ）	日活向島	淺草第二遊樂館	1917.5月下旬	当時、自動車は「自働車」と表記されていた。本作は切り紙システムを採用したと推測される。
3	猫と鼠	日活向島	淺草電氣館	1917.7.4	
4	ポストの悪戯（別題：いたづらポスト、ほか）	日活向島	淺草オペラ館	1917.7.29	
5	花咲爺（別題：凸坊新畫帖花咲ぢゝい）	日活向島	淺草オペラ館	1917.8.26	
6	貯金の勸（別表記：貯金の勧）	逓信省貯金局	淺草オペラ館	1917.10.7	実写とアニメ。逓信省貯金局が貯金のPRアニメを北山に発注。日本のPRアニメ第1号。人気俳優の立花貞二郎が実写パートで女手品師に扮し出演。
7	文福茶釜	日活向島	三友館	1917.10.10	
8	舌切雀	日活向島	淺草オペラ館	1917.10.15	
9	カチ〳〵山	日活向島	三友館	1917.10.20	
10	塵も積もれば山となる	逓信省貯金局	（巡回上映）	1917	『貯金の勸』の成功をうけて制作されたPRアニメ第2弾。貯金をテーマに6つのエピソードをアニメ化した15分のフィルムは全国で巡回上映された。
11	浦島太郎	日活向島	淺草オペラ館	1918.2.1	
12	雪達磨	日活向島	淺草オペラ館	1918.2.15	

13	蛙の夢	日活向島	淺草オペラ館	1918.2.28	
14	桃太郎	日活向島	三友館	1918.3.1	お伽噺の『桃太郎』の現代版で、桃太郎は自動車に乗って鬼退治に行く。同年12月、フランスに輸出され、国産アニメの海外輸出第1号となった。
15	金太郎	日活向島	淺草オペラ館	1918.3.16	
16	瘤（こぶ）取り	日活向島	千代田館	1918.3.19	
17	一寸法師	日活向島	三友館	1918.3.20	
18	太郎の番兵	日活向島	淺草オペラ館	1918.3.30	
19	腰折燕	日活向島	遊樂館	1918.4.1	
20	解けちがい	日活向島	三友館	1918.4.1	
21	國の誉※	日活向島	淺草オペラ館	1918.6.18	監督＝小口忠。6巻の劇映画。劇中に死神のアニメが登場。
22	蟻と鳩（トルストイ・シリーズ第一編）	日活向島	淺草オペラ館	1918.7.18	文部省（現在の文部科学省）推薦映画。
23	太郎の兵隊　潜航艇の巻	日活向島	淺草オペラ館	1918.8.4	冒頭のメイン・タイトルは北山のレタリング。
24	乃木將軍※	日活向島	三友館	1918.9.1	監督＝小口忠。5巻の劇映画。劇中に流れ星のアニメが登場。
25	合點徳兵衛	逓信省貯金局		1919	逓信省が日活向島に制作依頼。中編のアニメらしいが詳細不明。
26	氣圧と水揚ポンプ※	北山映畫製作所		1922	小学理科教育映画。実写映画の中にアニメが挿入されたと推測される。
27	協調	協調會		1922.5.20	教育劇映画。協調會が山根幹人に依頼。劇映画中にアニメが登場したと推測される。
28	植物生理・生殖の巻	大阪毎日新聞社		1922	教育映画。理科教材用。
29	地球の巻	北山映畫製作所		1922.8	科学教育映画。理科教材用。
30	転ばぬ先の杖	日本フィルム協會		1923.5	文部省認定映画。
31	植物の生理	北山映畫製作所		1923.8	1922年制作の『植物生理・生殖の巻』と同一作品の可能性もある。
32	惡魔祓い	逓信省貯金局		1923	
33	口腔衛生	白い玉社	大阪・中央公會堂	1923.11.29	歯磨等のメーカー、小林商店（現・ライオン）がスポンサーの実写と図解アニメ。6巻、8巻、12巻説もあるが詳細不明。
34	教育お伽漫畫　兎と亀	ナカジマ活動寫眞部		1924.1	1923年9月の関東大震災後、北山は郷里の和歌山に帰る。北山映畫製作所のスタッフだった山本早苗がスタジオを継承し、制作した作品。
35	郵便の旅	逓信省	日本統治時代の朝鮮で上映されたと推測	1924	朝鮮（当時）総督府委託のPRアニメ
36	大毎キネマニュース	大阪毎日新聞社		1924.4.3～	大阪毎日新聞社（大毎）は月2回、劇場用定期ニュース映画を制作、日本のニュース映画のパイオニアとなった。北山がフィルム撮影及び現像作業を受託した。
37	教育線畫　頓智博士	日本フィルム協會		1925.4.	
38	圓※	大阪毎日新聞社		1932.	実写とアニメ。算術科教材フィルムとして制作された。原案＝北野藤治郎　監督＝近藤伊与吉　作　画・撮影＝北山清太郎。

39	峠	北山活映商會		1932	実写教育映画。北山は1929年に北山活映商會を作り、実写映画も制作した。本作は児童映画の脚本を募集し一席入選作を映画化したもの。4巻1220フィート。
40	ポケット	北山活映商會		1933	実写教育映画。入選第二席を映画化。3巻1010フィート。
41	勤労の蟻	北山映畫製作所			
42	蒸氣機關	北山映畫製作所			教育映画
43	CMアニメ（カテイ石鹼）	北山映畫製作所		1921	北山作品と推定される。1921年に制作された中山太陽堂（現・クラブコスメチックス）の石鹼のCM。劇場で上映された。
44	良心のひらめき	北山映畫製作所			小林商店（現・ライオン）の口腔衛生部が製作した実写劇映画。劇中にアニメが挿入されたと推測される。

■幸内純一作品フィルモグラフィ

	劇場公開題名	製作会社	公開劇場	公開年月日	摘要
1	なまくら刀（別題：日本凸坊新畫帖　塙凹內新刀の卷、ほか）	小林商會	帝國館	1917.6.30	公開時、小林商會によって『日本凸坊新畫帖　塙凹內新刀の卷』と改題される。キャラクターは友人の前川千帆が創造したらしい。
2	茶目坊　空氣銃の卷（別題：茶目スケッチ　空氣銃の卷）	小林商會	帝國館	1917.8.11	完成作品は劇場公開されたが「子供にいたずらを教える」と検閲で問題になり上映禁止になった。
3	塙凹內かっぱまつり	小林商會		1917	
4	兵六武者修行			1920	
5	人氣の焦点に立てる後藤新平	スミカズ映畫創作社	虎ノ門復興會館	1924.2	当時の東京市長後藤新平の生涯・業績をアニメ化したPR映画。幸内の私邸をアニメ制作スタジオにするため、スミカズ映畫創作社を1923年に設立。
6	寶珠のささやき	スミカズ映畫創作社		1924	武藤山治・鐘紡社長（当時）が党首を務める政党「實業同志會」の綱領PRアニメ。武藤が制作資金を提供し、24～29年にかけて政治PRアニメを制作させた。
7	國家を救へ	スミカズ映畫創作社		1925.9	
8	醒めよ有權者	スミカズ映畫創作社		1925.9	
9	豫算政治	スミカズ映畫創作社		1925.9	
10	市政刷新	スミカズ映畫創作社		1925.10	
11	映畫演説　政治の倫理化　後藤新平	スミカズ映畫創作社		1926.1	
12	協同の力	スミカズ映畫創作社		1927.9	
13	普選漫史 特別議會	スミカズ映畫創作社		1928.10	
14	普選漫史 協定案の巻	スミカズ映畫創作社		1929.5	
15	ちょん切れ蛇	スミカズ映畫創作社	新宿松竹座	1931.3.19	幸内初のトーキー・アニメ。原作は前川千帆。セリフの吹きこみは漫談家の大辻司郎。1巻4分の短編アニメ。

■公開劇場、公開年月日の空欄は詳細不明。
■「※」は、劇中のアニメ部分のみを制作した作品。

あとがき　『にっぽんアニメ創生記』と「日本のアニメ大全」

一般社団法人日本動画協会　副理事長
『アニメNEXT＿100』プロジェクト「日本のアニメ大全」チームリーダー
株式会社トムス・エンタテインメント 特別顧問
吉田力雄

「日本のアニメ大全」は、「日本のアニメーション史」「データベース」「オーラルヒストリー」国際シンポジウム」を主要な取り組みとし、これまで日本製商業アニメーションの起源の探求をめざし「アニメの日制定」「国産商業アニメーション映画第一号に関する調査」『データベース・アニメ大全』の制作」を推進してまいりました。

まず、アニメの日の制定ですが、アニメ１００周年となる２０１７年、プロジェクトとして「アニメの日」を記念日として制定したいと考え、検討を重ねた結果、１９５８年に日本初の長編カラー・アニメ映画『白蛇伝』が公開された日である「10月22日」を一般社団法人日本記念日協会に申請し、２０１７年9月4日に記念日として登録されることになりました。

また、それを検討するに際し、そもそも日本における日本製商業アニメーションの起源と最初に劇場公開されたアニメーション作品第1作は、「何であり」「誰によって作られたのか」、そして「公開日は、いつなのか」ということが問題になり、『日本アニメーション映画史』の著者である渡辺泰氏に加え、大徳哲雄氏、木村智哉氏を中心に、笠井修氏、神北恵太氏、山脇壮介氏、檜山大悟氏の7名で研究調査チームを組成し「国産商業アニメーション映画第一号に関する調査」を開始。その後松本夏樹氏、福島可奈子氏、中川譲氏がチームに加わり、調査を進めました。

調査の結果、1917（大正6）年1月、東京・浅草キネマ倶樂部にて、下川凹天作の『凸坊新畫帖　芋助猪狩の巻』が、アニメーションとして日本で最初に劇場公開されたことが確認されました。その調査の詳しい内容については、『アニメNEXT＿100』公式サイトにて公開されておりますので、是非そちらをご覧ください。調査を通じて歴史的所蔵物の大切さを痛感し、スペシャリストの方々の知見の素晴らしさに敬服いたしました。ご協力いただいた皆さまには深く感謝を申しあげます。

1917年以来、日本で制作されてきたアニメーション作品は、2020年1月末現在、シリーズ作品を含めて、作品数13、311件　エピソード数174、972件（P312の表参照）にもなります。この100年で、膨大な数のアニメ作品が作られてきました。こうした蓄積を整理・記録・保存し、正確なデータとして後世に伝える必要があるのではないでしょうか。

それが、「データベース・アニメ大全」ということになります。

1917年の日本の商業アニメーション第1作『凸坊新畫帖　芋助猪狩の巻』の公開。1958年の日本初の長編カラー劇場用アニメ映画『白蛇伝』の公開。こうしたエポックに続き、手塚治虫先生が制作された1963年の『鉄腕アトム』が、日本初の30分テレビシリーズ・アニメとなりました。当初は、テレビ紙芝居、リミテッド・アニメーションなどと言われることもあったアニメですが、今やマンガ・ゲーム・音楽・玩具とともにファッションや食文化などにも広がり、日本を代表するコンテンツとして全世界に高く評価されています。これは、その後、多くの作品を作り続け、表現手法や撮影技術などを進化させてきた先人たちの日々の挑戦と努力の成果なのだと確信しております。


今回、日本のアニメーション100年の記念誌として、日本製商業アニメーションの起源をめぐる歴史と文化を編纂した『にっぽんアニメ創生記』を刊行するにあたり、集英社の皆様に多大なる協力とご理解をいただき感謝申しあげます。

私たちは、キャラクターを誕生させ、良質な作品を作り続けていくこと、供給することを使命としています。アニメ業界に携わってきたことを誇りに思い、先人たちから受け継いだ「優れた作品・技術・熱き想い」を次の時代へ伝えていきたいと思っています。

そのために、この記念誌が日本のアニメ研究のバイブルとなることを願ってやみません。

1917年～2019年／日本のアニメ作品数

[2019年12月31日までの集計結果]

出典：一般社団法人日本動画協会『アニメNEXT_100』「データベース・アニメ大全」

年代	作品タイトル数	エピソード数	作品タイトル数			
			MOVIE	TV	OVA	その他
1910年代	33	33	32	0	0	1
1920年代	112	115	53	0	0	59
1930年代	227	227	114	0	0	113
1940年代	153	157	110	0	0	43
1950年代	128	136	82	1	0	45
1960年代	367	14,273	116	241	0	10
1970年代	437	18,121	190	238	0	9
1980年代	1,181	22,738	355	439	376	11
1990年代	2,317	34,246	494	741	1,062	20
2000年代	2,970	47,267	382	1,633	924	31
2010年代	5,319	37,612	718	2,251	1,680	670
不明	7	0	0	0	0	7
合計	13,251	174,925	2,646	5,544	4,042	1,019

注＝「その他」……他メディアに分類しきれない作品
教育番組など番組内番組の不確定な情報は未収録

「日本のアニメ大全」スタッフ

リーダー　吉田力雄

サブリーダー　千島守／東伊里彌

委員　堀毛敦子／八重野明子／酒見弘人／増田弘道／檜山大悟

顧問・アドバイザー　松谷孝征／大徳哲雄／とちぎあきら／
太下義之／鈴木伸一／福井健策／高野明彦

■国産商業アニメーション映画第一号に関する調査

渡辺泰／松本夏樹／大徳哲雄／木村智哉／笠井修／神北恵太／檜山大悟／山脇壮介／齋藤麻美／中川譲／福島加奈子

■調査協力

安田 彪／神戸映画資料館／プラネット映画資料図書館／京都府京都文化博物館／早稲田大学演劇博物館／台東区立下町風俗資料館／川崎市市民ミュージアム／京都国際マンガミュージアム／台東区立中央図書館／国立映画アーカイブ／国立国会図書館／公益財団法人川喜多記念映画文化財団／公益財団法人松竹大谷図書館／株式会社東京現像所／城西国際大学

編者あとがき

『アニメNEXT＿100』プロジェクト アドバイザー
「日本のアニメ大全」国産商業アニメーション映画第一号に関する調査チーム 代表
株式会社樹想社 代表取締役
大徳哲雄

『アニメNEXT＿100』プロジェクト 事務局長
一般社団法人日本動画協会 データベースアーカイブ委員会 委員長
株式会社アーイメージ 代表取締役
植野淳子

起源や過去を問うことは、ともすると後ろ向きの姿勢と思われがちですが、はたして本当にそうなのでしょうか。現在の状況を正確にとらえ、未来を展望しようとするとき、わたしたちは、つい目先のことばかりに気をとられたり、利益の追求という目的に惑わされたりしがちです。しかし、これまでの道程を振り返り、検証しなければ、かえって真実や行くべき方向を見失うことになってしまいかねません。起源や過去を探求することが、実は現在を明らかにし未来への展望をひらく可能性を秘めているのではないでしょうか。

現在、日本のアニメ産業の規模は、年間2兆1814億円（『アニメ産業レポート2019』日本動画協会発行）となっています。長年にわたり隆盛をみせている日本のアニメ業界は、クールジャパンの代表格として大きな期待が寄せられています。しかし、今後これから進むべき明確なビジョンというものが、はたして打ち出されているか？　むしろ混迷ともいうべき状況にさしかかっているのではないでしょうか。

日本で初めてアニメーションが制作されて100年という記念すべき年、2017年を迎えるに際し、一般社団法人日本動画協会は、いまこそ日本のアニメの歴史や全体状況を捉え直す絶好の機会であると考え、２０１５年10月より検討着手、２０１６年12月に開催されたキックオフシンポジウム『アニメのつくる未来』を皮きりに２０２２年３月までをひとつの区切りとして『アニメＮＥＸＴ＿１００』プロジェクトを立ちあげました。それらについての具体的な内容は、本書におさめられた記述や関係者の方々のメッセージを見れば、おわかりいただけるかと思います。

そうした一連の動きの中で、ひとつの成果と言えるのが、「国産商業アニメーション映画第一号に関する調査」です。この調査によって、日本製商業アニメーションの第１号作品は、それまで通説とされてきた下川凹天作の『芋川椋三玄關番の巻』ではなく、同じ下川作の『凸坊新畫帖　芋助猪狩の巻』であることを発見しました。次いで、原作と思われる漫画も発見することができました。結果、そのアニメーションのタイトルが何であり、いつ誰の手によって作られ、どこで公開されたのかまでは、ほぼ判明したのです。しかしながら、その映像自体の実体がいかなるものなのかについては、さらにさまざまな機会をとらえて調査の手を伸ばしたものの、残念ながら決定的な証拠を発見するまでには至らず、最終的な確定をすることができませんでした。

これらの調査活動を通して、私たちが痛感したことは、単に１００年もの過去の事象を調べることの難しさだけでなく、関東大震災と東京大空襲という惨禍によって、いかに多くのものが失われてしまったか、さらに今、日々多くの貴重な産業文化資源となる映像をはじめとする資料が劣化、散逸、消失の危機にさらされている、という実感であり、アーカイブとデータベースの重要性でした。過去というものは、一度関連の記録を消失してしまうと復元がほとんど不可能であるという壁が、実証的な検証を困難にしてしまっているのです。

また、調査を進め、資料にあたるうちに、日本のアニメの歴史を体系的な記述として残しているまとまった文献が、私たちの知るかぎりでは非常に少なく、ムックや専門的な研究論文や雑誌等に掲載された一部の文書を除いて、『日本アニメーション映画史』(渡辺泰、山口且訓・共著、有文社刊)、および『日本のアニメ全史』(山口康男・編著、TEN BOOKS刊)のたった2冊である実状を知りました。ましてや、日本のアニメーションの起源問題について書籍として詳しく書かれたものとしては『日本初のアニメーション作家　北山清太郎』(津堅信之・著、臨川書店刊)しかない、という事実にも気づかされたのです。これは驚きというよりも、いま世界中から注目を浴びつつある日本のアニメの隆盛ぶりと比べて、なんとも貧しい状況であり、アニメもひとつの文化として考える視点からすれば、恥ずかしいとすら言えることではないでしょうか。

だとすれば、日本のアニメーション誕生100周年を機に、「データベース・アニメ大全」を構築し、今回の活動等を踏まえ、現段階におけるこれまでの情報をまとめ、日本製商業アニメーションの起源とその草創期の歴史を整理・記録し、文書として残しておく必要があるのではないか、という思いを私たちは強く抱きました。本書の企画は、そうした問題意識から出発しました。

まず、長年にわたり初期日本アニメーションの研究等を続けてこられ、『日本アニメーション映画史』の著者のひとりであり、また「国産商業アニメーション映画第一号に関する調査」においてもチームの要を務めてくださった渡辺泰氏に執筆をお願いしたところ、快諾をいただきました。

さらに渡辺氏からは、映像文化史家の松本夏樹氏にも執筆を依頼してはどうか、というお話もいただきました。松本氏は映像文化全体を歴史的かつグローバルな視野から追究する研究者であると同時に、古フィルムの収集家で、何より、現存する最古の国産アニメーション・フィルム『なまくら刀』の発見者でもあります。私たちはその提案に同意し、松本氏も執筆依頼を快くお引き受けくださいました。

そうした折、思いがけないニュースが私たちの耳に入ってきました。ドイツで『Animationsfilm in

Japan bis 1917』という日本の初期アニメの研究書が出版されたというのです。著者はドイツ人の近現代史研究家フレデリック・S・リッテン氏。幸運にも、松本夏樹氏がリッテン氏の研究の協力者でドイツ語にも堪能であると知り、内容を翻訳していただきました。私たちは、その内容がきわめて綿密で正確であり、日本で紹介するに値すると考えました。しかし、リッテン氏の研究はさらに進展し、新たな研究成果を加えた英文の『ANIMATED FILM IN JAPAN UNTIL 1919』が出版されたのです。そこで、アニメの研究者である中川譲氏に英語版を翻訳していただき、本書に収録することにしました。

こうしてまとまった本書の企画を集英社にご相談したところ、幸いにも企画の意義をご理解いただき、刊行の運びになったのです。

以上が、本書がこのような構成として成立するに至った経緯になります。図らずも日本のアニメの起源を、日本と海外からの三者の視点から捉える複眼的な構成になりました。

渡辺泰氏の「日本のアニメーションの黎明」は、日本のアニメのパイオニアである3人に対する、氏の永年にわたる地道な研究と、広範な交流によるネットワークを駆使した（特に、高齢である渡辺氏の足となって粘り強い調査を続けてこられた新美ぬゑ氏らの研究グループの成果に多くを負っています）調査との結晶とでもいうべきものでしょう。

また、松本夏樹氏の「『なまくら刀』発見ものがたり」は、単に『なまくら刀』を発見するまでの具体的な経過を語ったというだけではなく、当時の時代状況や娯楽を中心にした文化的背景からこの作品の成立過程をあぶり出した画期的なもので、作品内容に関しても、こめられた諷刺性まで指摘した深い考察には、思わず唸るものがありました。

そして、フレデリック・S・リッテン氏。日本から遠く離れた海外において、しかも在日経験がないにもかかわらず、日本のアニメの起源というよりも、映像とアニメーションの定義から出発して、その発生から商業的な娯楽映像の展開に至るまでを、欧米から日本にわたる世界的な範囲をカバーした視点で、実に詳細かつ厳密な検討を加えながら、真実に迫る姿勢には、研究とはかくあるべしという研究者魂を見せつけられる思いがしたのでした。しかも、その探究のプロセスは、まるでミステリーを読むかのような知的興奮を読む者におぼえさせ、曖昧さと妥協を許さず核心を突いてゆく鮮やかな手つきは、驚きというほかありません。そのため、他の研究者との見解の相異が多くありますが、私たちは、今後の研究のための課題として、手を加えずに収録したいと考えました。また、ともすれば煩雑と感じる注釈の類も可能な限り残すよう努めました。なお、渡辺泰氏所蔵の膨大な資料の整理、目録作成をになわれた「データベース・アニメ大全」のディレクター檜山大悟氏には、広範にわたる作品情報と画像に関する貴重な助言もいただきました。

本書の『にっぽんアニメ創生記』という書名についてですが、もちろん「創生記」という言葉はありません。本来ならば「創世記」と記すべきかもしれませんが、「日本のアニメ創生の記録」という意味で、あえてこのタイトルを採用いたしました。

また、下川凹天の呼称について、従来は「しもかわおうてん」と多く読まれていましたが、最近の研究によって「しもかわへこてん」のほうが主として使用されていた事実が判明したことを、付け加えておきます。

最後に、本書が単著ではなく、クリアすべきさまざまな現実的ハードルがあったことから、編集に思いのほか時間がかかってしまったことをお詫びいたします。

本書が完成する過程で、実に多くの方々、グループ、企業、組織、機関等に大変お世話になりました。プロジェクトにご賛同、ご協力いただいた皆さまのお名前を掲載することによって深い感謝に代えさせていただき、心からのお礼を申しあげます。

■『アニメ NEXT_100』 賛同団体（50 音順）

NPO 法人映像産業振興機構 / 国立映画アーカイブ / 公益財団法人画像情報教育振興協会 / コミック出版社の会 / 一般社団法人コンテンツ海外流通促進機構 / 一般社団法人コンピュータエンターテインメント協会 / 一般財団法人デジタルコンテンツ協会 / 日本アニメーション学会 / 日本アニメーション協会 / 一般社団法人日本アニメーター・演出協会 / 一般社団法人日本映像ソフト協会 / 一般社団法人日本音声製作者連盟 / 一般社団法人日本玩具協会 / 一般社団法人日本商品化権協会 / 公益社団法人日本漫画家協会 / 一般社団法人練馬アニメーション / 公益財団法人ユニジャパン

一般社団法人日本動画協会は、2017 年の日本のアニメーション 100 周年を契機にアニメの未来をつくる取り組みとして、『アニメ NEXT_100』 プロジェクトを推進しております。
2015 年より検討を始め、2016 年チームを組成しこれまでアニメーション関連業界の皆様を始め、多くの皆様にご協力をいただいてまいりました。
詳しくは、『アニメ NEXT_100』 公式サイト
http://anime100.jp をご覧ください。

著者・訳者 / プロフィール

渡辺泰　わたなべやすし　アニメーション研究家

1934年、大阪市生まれ。高校生の時、ディズニー長編アニメーション『白雪姫』を見て感動して以来、世界のアニメーションの歴史研究を始める。高校卒業後、毎日新聞大阪本社で36年間、新聞制作に従事。友人の山口且訓（現在は旦訓）氏、プラネット映画資料図書館、フィルムコレクターの杉本五郎氏等の協力を得て、77年『日本アニメーション映画史』（共著、有文社）を上梓。他の著作に『劇場アニメ70年史』（共著、アニメージュ編集部編、徳間書店）。『キネマ旬報（復刻版）』（文生書院）、『ビランジ』（同人誌 / 「戦後劇場アニメ公開史」を長期連載）などで執筆。

松本夏樹　まつもとなつき　映像文化史研究家

1952年、堺市生まれ。ドイツ・クリステンゲマインシャフト神学単科大学に学び、帰国後、大学講師を務めるかたわら翻訳と著述に従事。2004年、当時最古の日本製アニメーション『活動写真（仮題）』を発見。次いで2007年、国産最古の劇場公開アニメーション『なまくら刀』を発見。約50年にわたり幻燈や映写機、フィルムやガラススライドなど映像機器を収集している。著・訳書に『コロンブスの卵』（朝日出版社）、『神秘主義』（せりか書房）、『バロックの神秘』（工作舎）、『錬金術図像大全』（平凡社）、『錬金術』（平凡社）、『日本映画の誕生』（森話社）、『ケルトの魂』（平凡社）など。

Frederick S Litten（フレデリック・S・リッテン）　近・現代史研究家 / 理学博士

1964年、カナダ・モントリオール生まれ、ドイツに育つ。1982〜1991年、ミュンヘン・ルートヴィヒ＝マクシミリアン大学に学び、1988年に中国学で修士号、1991年に科学史で博士号取得。ミュンヘン・ルートヴィヒ＝マクシミリアン大学及びアウクスブルク大学で、種々の研究プロジェクトと非常勤講師を経て、2006年からミュンヘンにあるバイエルン州立図書館研究員。数冊の著書があり、また雑誌と新聞に近・現代史について数多くの文章と記事を寄稿している。近年は日本のアニメ、マンガ、絵本、動物などに関する研究に従事している。

中川譲　なかがわゆずる　キャラクター表現研究家

多摩大学情報社会学研究所 客員准教授・専修大学ネットワーク情報学部兼任講師。東京大学大学院学際情報学府修士課程修了、博士課程単位取得満期退学。三菱総合研究所嘱託研究員、日本映画大学准教授、国際日本文化研究センター共同研究員などを経て現職。アニメーション・マンガ・ゲームなどの表現を取り囲む、技術史・産業史・文化史といった観点からのキャラクター表現研究をライフワークとする。著書に『「二次創作」とは何か』（公益社団法人著作権情報センター）、訳書に『なぜ日本は〈メディアミックスする国〉なのか』（角川学芸出版）など。

『にっぽんアニメ創生記』

企画・監修
一般社団法人日本動画協会『アニメ NEXT_100』

企画構成
大徳哲雄＜（株）樹想社＞、植野淳子

監修協力
新美ぬゑ

編集協力
檜山大悟＜（株）アーイメージ＞
日本アニメーション協会
長澤國雄
福島可奈子＜日本学術振興会特別研究員＞
新井しのぶ＜（株）作品舎＞
谷口明弘＜（有）由木デザイン＞

にっぽんアニメ創生記《そうせいき》

2020年3月10日　第1版第1刷発行
2020年9月6日　第2版第1刷発行

著　者　渡辺泰《わたなべやすし》
　　　　松本夏樹《まつもとなつき》
　　　　Frederick S. Litten
訳　者　中川譲《なかがわゆずる》（第3部）
企画・監修　一般社団法人日本動画協会『アニメNEXT_100』

発行者　茨木政彦
発行所　株式会社　集英社
〒101-8050
東京都千代田区一ツ橋2-5-10
編集部：03-3230-6068
読者係：03-3230-6080
販売部：03-3230-6393（書店専用）
印刷所　大日本印刷株式会社
製本所　加藤製本株式会社

ISBN978-4-08-781687-7　C 0095